2016 한국의사수필가협회 공동수필 제 8집

버리고 갈 것들만 남아

버리고 갈 것들만 남아

초   판 1쇄 발행 | 2016년 11월 19일

지은이 | 전경홍 외 지음
펴낸이 | 홍윤경

상임고문 | 성하길
편집고문 | 김인호
편집위원 | 김민우

편집진행 | 신영미
북디자인 | 오정화

펴낸곳 | 도서출판 재남
주소 | 서울시 도봉구 시루봉로 105 55동 204호
대표전화 | (070) 8865-5562
출판등록 | 제2014-29호

저작권자 ⓒ 2016, 한국의사수필가협회

* 이 책의 저작권은 저자에게 있습니다.
ISBN 979-11-953597-8-3 03810

값 | 12,000원

* 잘못 제본된 책은 바꿔드립니다.

Printed in KOREA

2016 한국의사수필가협회 공동수필 제 8집

버리고 갈 것들만 남아

전경홍 외 지음

재남

발간사

아픈 마음도
사랑으로 어루만져

전경홍 회장

    올해도 우리 회원들이 수필을 창작하여 이를 읽는 독자들에게 공감과 감동을 줄 수 있는 동인지를 발간하게 되어 매우 기쁩니다.

    올해는 유난히도 여름이 일찍 찾아 왔습니다. 낮에는 불볕더위로 밤에는 열대야 현상으로 모든 국민이 힘겨워했습니다. 그럼에도 불구하고 우리 의사들은 환자들을 진료하는데 최선을 다했습니다. 또한 의학도들이 의학공부에 열정을 쏟으면서도 우수한 수필들을 많이 응모하여 예년에 비하여 더욱 향상된 양상을 보였습니다. 이런 의미에서 의학도들을 위한 수필창작을 공모한 것에 대해 큰 보람을 느꼈습니다. 또한 자기성찰과 생명의 존엄성을 주제로 선택한 글들이 많았는데 개인적으로 훌륭하고 유능한 의사 상이 비쳐져 흐뭇했습

● 발간사

니다. 이번에도 지난 9월 24일 수상한 수필공모전 수상자들의 글을 함께 엮었습니다.

우리 회원들의 글에는 환자진료에 책임감을 가지고 그들의 신음소리에 더욱 귀를 기울이며 정확한 진단과 치료에 최선을 다하는 모습이 나타나 있습니다. 치료에 어려움이 있을 때는 환자들을 향한 연민의 정이 느껴져 감동이었습니다. 여기에는 일상생활에 복귀하도록 환자들의 완치에 최선을 다하는 충실한 의사의 모습이 글 속에 그려져 있습니다.

2015년 모스크바 세계의사대회에서 의사의 웰빙이 환자 안정의 절대적인 필요요소라고 했습니다. 우리나라는 세계경제 10위권이며 이 대회의 의장국을 역임하였지만 정작 의사들의 진료환경과 제반 여건은 선진국에 비해 너무나 낮은 수준입니다. 그리고 의료전달체계가 제대로 확립되지 않아 환자들이 대형병원에 집중적으로 몰려서 혼란스럽고 동네의원은 경영난을 겪고 폐업하는 경우가 다수입니다. 또 우리의 영역을 한의사, 치과의사들이 침범해서 환자들에게도 피해를 줄 수도 있는데 보건당국은 확실한 한계를 긋거나 설정하지 못하고 있습니다. 이러한 상황에서 '의권신장'은 언제나 이루어질까요? 가까운 시일에 해결되기를 소망합니다.

우리는 국민에게 최선의 인술을 베풀어야 할 의사로서 선한 사마리아인답게 처신해야 합니다. 환자의 진단결과가 위중한 경우에 나타나는 현상은 부인, 분노, 협상, 우울과 수용입니다. 이러한 환자들의 심적인 변화를 알고 육신의 질병을 치료하면서 그 분들의 아픈 마음도 사랑으로 어루만져드리는 의료현장의 갖가지 이야기들이 독자들에게 공감과 감동으로 다가가기를 바랍니다. 함께 참여하신 회원들에게 감사드립니다.

끝으로 편집과 출판에 이르기까지 애써 주신 분들에게 감사의 뜻을 전합니다.

차례

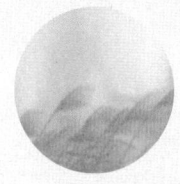

제 1부 | 버리고 갈 것들만 남아

거짓말 _ 이효석 · 12

'최후의 심판' 벽화와 예술가의 장인정신 _ 이병훈 · 17

보답 _ 황건 · 22

쓰레기 같다고? _ 이동민 · 26

호랑이와 곶감 _ 박관석 · 30

사랑둥지 사람들 _ 전경홍 · 35

목숨과 바꾼 조선(朝鮮)사랑 _ 맹광호 · 40

걸맞은 자리 _ 유인철 · 45

아스클레피오스의 운명과 메르스사태 _ 신종찬 · 50

욕지도(欲知島)의 보름달 _ 최시호 · 57

버리고 갈 것들만 남아 _ 김인호 · 61

제2부 | 인연의 그물

M 과 W _ 심종길 · 70

가을엔 친구가 _ 윤주홍 · 76

얼굴이식 _ 박대환 · 79

초시계 _ 여운갑 · 83

세상을 움직이는 작은 손들 _ 김금미 · 88

호작질 _ 이무일 · 92

무더 구다리(Maden Ghudali)의 두 여인 _이종규 · 96

아직은 쓸 만한 김 선배님 _오인동 · 102

지진의 추억 _김석권 · 108

문제의 이모님 _안혜선 · 114

인연의 그물 _조광현 · 119

제3부 | 밤의 한가운데서

손자의 얼굴 _강혜민 · 128

세상을 변화시키는 1초 _황치일 · 134

대물림 _임선영 · 138

억새의 미소 _이방헌 · 143

희망 판단자 _김예은 · 148

뉴욕 타임스퀘어 광장 _정준기 · 154

어느 환자의 마지막 소원 _김화숙 · 159

어머니의 꽃다발 _정경헌 · 165

인생은 외줄타기 _김애양 · 169

불 끄면 500원 _권경자 · 174

밤의 한가운데서 _조우신 · 178

제4부 | 내면의 빛

통영 앞 바다에서 _이정희 · 184

세상에서 가장 슬픈 이유 _남호탁 · 189

뭣이 중헌디 _이희 · 193

원격을 소묘하다 _유형준 · 197

침묵에 대한 기억 _정찬경 · 203

진짜 대화 _정명희 · 208

당신은 사랑하고 있나요 _박언휘 · 213

부부 인생의 마지막 장면 _이원락 · 218

내게 주는 상장 _이석우 · 223

여느날 _윤태욱 · 226

내면의 빛 _신길자 · 234

특집 | 임만빈 전 회장님을 추모합니다

추모수필_ 천국에 제 자리도 하나 잡아주세요 _맹광호 · 242

임만빈 약력 · 246

대표작3편 〈나는 엉덩이를 좋아한다〉〈병실 꽃밭〉〈모티〉 · 248

2016 한국의학도 수필공모전 당선작

대상 | 분만실, 탄생 그리고 재회 _이지선 · 259

금상 | 고통의 병태생리학 _김양우 · 264

은상 | 고시원은 사랑입니다 _서선미 · 269

은상 | 그림 한 점에 담긴 철학 _김보민 · 273

동상 | 능소화의 꽃말 _정연주 · 277

동상 | 스마일 로드, 그 한 걸음 _최태양 · 281

동상 | 기내의 의학도 혹은 벙어리 _임현아 · 285

동상 | 너구리 _박현진 · 292

| 2016 한국의사수필가협회 공동수필 제 8집
버리고 갈 것들만 남아

거짓말 | 이효석

'최후의 심판' 벽화와 예술가의 장인정신 | 이병훈

보답 | 황건

쓰레기 같다고? | 이동민

호랑이와 곶감 | 박관석

사랑둥지 사람들 | 전경홍

목숨과 바꾼 조선(朝鮮)사랑 | 맹광호

걸맞은 자리 | 유인철

아스클레피오스의 운명과 메르스사태 | 신종찬

욕지도(欲知島)의 보름달 | 최시호

버리고 갈 것들만 남아 | 김인호

1부

버리고
갈 것들만 남아

거짓말

이효석

✝

전남의대졸업

전남대학교병원 안과 전임의

한미수필문학상 수상

hyosuk9@naver.com

작년 여름, 일본 아베 총리의 근대 역사 왜곡과 위안부 할머니들에 대한 망언이 한창 언론에 오르내리던 때였다. 어느 날 저녁, 집에서 아내와 같이 텔레비전을 보면서 "어떻게 저럴 수가 있느냐, 저게 말이 되느냐."라고 하며 이야기를 하고 있었다. 그러나 정작 텔레비전 위에는 아베 총리의 얼굴 위로 내가 오늘 오전에 보았던 환자의 얼굴이 일렁이고 있었다.

K할머니가 우리 안과로 온 것은, 왼쪽 눈이 아프기 시작한지 한 달쯤 되었을 때였다. 일 개월 전, 교통사고로 외상성 뇌출혈이 발생하여 우리 병원 신경외과에서 10여 일 동안 입원치료를 받으셨는데, 당시부터 있었던 왼쪽 눈의 통증과 이물감이 점점 더 심해져서 다시 외래로 오신 것이다. 뇌출혈이 있다고는 해도 의식은 있으셨기에, 교통사고 이후 왼쪽 눈의 통증을 지속적으로 호소하셔서 신경외과 입원기간 중에 안과 협진 진료도 두어 번 전공의들에게 받았다. 그러나 각막 껍질이 벗겨져서 그런 거라는 설명을 듣고 항생제와 인공눈물, 안약만을 처방 받았을 뿐이었다.

퇴원 후에도 통증이 점차 심해져서 근처 안과 의원에서 몇 번 진료를 보았지만, 그때마다 항생제와 인공눈물 등을 처방받고, 시간이 지나면 괜찮아질 거라는 말 만 믿고 열심히 안약을 넣으셨다고 한다. 그러나 좋아지기는커녕 밤에 잠도 못 주무실 정도로 통증이 심해져

다시 다른 안과를 찾았고, 거기서 각막궤양이 의심되니 빨리 대학병원으로 가셔야 한다는 이야기를 듣고는 놀라 다시 우리 병원으로 오신 것이었다.

전공의한테 전화로 환자에 대해서 보고를 받고 일반적인 각막궤양이겠거니 하고 외래로 가서 세극등 현미경으로 환자의 눈을 들여다보는데, 각막궤양하고는 양상이 조금 달랐다. 각막 크기의 3분의 1 정도 영역에 걸쳐서 겉껍질이 벗겨지고 그 밑의 기질이 거의 대부분 녹으면서 주위 각막에 부종이 심한 상태였다. 이것만 본다면 각막 궤양이라고 할 수도 있겠지만, 녹아버린 각막 기질 위쪽에 일직선으로 심하게 패인 줄이 여러 개 그어져 있는 것이다. 눈을 긁으신 적 있냐고 여쭤보니, 만지기만 해도 아파서 안약도 조심히 넣었을 뿐, 눈은 한 번도 긁은 적이 없다는 대답이 돌아왔다.

혹시나 싶어서 윗 눈꺼풀을 뒤집어보니, 아뿔싸, 눈꺼풀 안쪽에 유리조각이 박혀있는 게 아닌가. 교통사고가 날 당시, 깨진 유리창 조각이 할머니의 눈꺼풀에 박혀서 한 달 동안 할머니의 눈을 긁어대고 있었던 것이다. 우리 병원의 전공의들이나 안과 원장님들 모두 눈꺼풀을 뒤집어 본다는, 그 간단한 진단 술기를 하지 않고 현미경으로 들여다보기만 하다가 이를 놓친 것이다.

유리 조각을 본 순간, 반사적으로 빼기는 했지만 그 순간 내 머리 속에는 이제라도 유리조각을 발견해서 제거했으니 다행이라는 생각보다는, 이걸 사실대로 환자와 보호자에게 말했다가는, 그렇지 않아도 1개월 동안의 치료에도 불구하고 악화되기만 한다면서 씩씩대던 보호자가 우리 병원을 아주 뒤집어 놓겠구나, 라는 생각이 먼저 들었다. 특히 협진을 본 전공의, 아끼는 후배인 L군은 만약 일이 잘못되면 옷을 벗고 나가게 될 지도 모르는데, 어차피 중심부가 녹아서 시력 회복의 가능성이 없는 눈이고 이 사실을 밝힌다고 해서 환자가 시력 회복이 되는 것도 아닌데, 굳이 과가 뒤집히고 병원이 시끄러워지고 후배가 옷을 벗게 되는 상황을 만들 필요는 없지 않나? 라는 생각이 점점 더 내 머릿속을 차지하기 시작했다.

결국 나는 거즈에 싸두었던 유리조각을 보호자에게 보여주는 대신 내 가운 호주머니 깊숙한 곳에 쑤셔 넣고 말았다. 할머니와 밖에서 기다리던 보호자에게는, 각막 궤양이 심해서 시력 예후는 안 좋을 거 같고, 상태가 좋지 않아서 입원해서 수술을 받으셔야 할 수도 있겠다며 얼버무렸다. 보호자는 어떻게 1개월 동안이나 여기저기서 치료 받았는데, 껍질 벗겨진 상처에 감염이 생겨서 악화가 될 수 있냐며 투덜대기는 했지만, 워낙 할머니가 고령이신 터라 그럴 수도 있다는 내 설명에 고개를 주억거리며 납득하는 듯했다. K할머니는 유리조각은 뽑았으되 각막이 너무 많이 해지고 녹아서, 어쩔 수 없이 그날 입원하였다. 멀쩡한 부분을 당겨서 꿰매고, 그 위로 양막이라는, 각막의 재생을 도와주는 보호막을 꿰매서 덮는 수술을 받아야 했다.

아침에 회진 할 때, 현미경 너머로 보이는 할머니 얼굴을 볼 때마다 죄송하고 참담한 마음을 금할 길 없었다. 이 사실을 모르는 K할머니는 나를 만나고 나서 그렇게 심하던 통증이 싹 사라졌다고 아이처럼 방긋방긋 웃으시며 내 손을 꼭 잡고 고마워하시고, 가끔씩 간식거리도 챙겨주시는 것이었다. 그럴 때마다 나는 할머니의 밝은 미소를 바라보지 못하고 슬며시 고개를 숙이며 호주머니 한켠의 유리조각을 꼭 쥐고, 살을 파고드는 날카로운 아픔을 느끼면서, 마치 그 통증이 나를 속죄라도 해주는 양 유리조각에다 대고 "죄송합니다, 죄송합니다."라는 말을 되뇔 수밖에 없었다.

 그 뒤 K할머니가 퇴원하고 외래에서 몇 번 뵙다가 상태가 안정되어 집 근처 안과로 다니시라고 말씀드릴 때까지, 언제나 내 마음속에는 호주머니에 고이 보관해둔 유리조각을 할머니에게 보여드리며, 미리 말씀드리지 못한 죄에 대해서 용서를 구하는 것을 희망하고 꿈꾸어왔다. 마지막 외래 날, 나가시는 뒷모습을 보면서 마음속으로 수십 번 외쳤지만, 결국 입 밖으로 진실을 내뱉지는 못했다. 결국 나는 진실을 외면하고, 사실을 왜곡시킨 것이다.

 이후, 나는 텔레비전, 신문에서 일본의 아베 총리의 얼굴을 볼 때마다, 심장 언저리를 꽉 파고드는 죄책감에 괴로워하게 되었다. 국민의 한사람으로서, 엄연하게 밝혀진 진실에 눈을 돌리고 편파적인 망언을 일삼는 그를 자신 있게 꾸짖을 수 있으면 좋으련만, K할머니를 뵌 이후에는 "내가 그보다 나은 게 무엇이냐? 내가 도덕적으로 그에게 뭐라 할 수 있겠는가? 결국 너는 네 주변이 입을 피해가 두려워서 할머니에게 거짓말을 한 것이 아니냐!"라는 생각이 머리를 맴도는 것이다. 전화로라도 말씀을 드릴까 하고, 전화기를 든 적도 몇 번 있었지만, 끝내 내 손가락은 번호판을 끝내 누르지 못하였다. 아마, 내가 죽을 때까지 마음속의 이 고통과 괴로움은 계속되리라.

'최후의 심판' 벽화와
예술가의 장인정신

이병훈

✝

서울의대 졸업

대한의사협회 고문

한국 100세인 연합회 총재

국제라이온스협회 354-D 자문위원

세계발명가협회 명예회장

2015년 한국수필 등단

한국수필가협회 회원

한국문인협회 회원

국제펜클럽 회원

bhoonlee@empas.com

미켈란젤로(1475~1564)는 이탈리아 피렌체 근교 카프레세에서 은행가인 아버지 로드비코와 어머니 프란체스카 사이에서 둘째 아들로 태어났다. 학교에 들어가서 그림 그리기를 좋아했으나 부친은 예술가가 나온다는 것은 가문의 수치라고 못마땅하게 여기고 아들의 희망을 꺾기 위하여 매질까지 했지만 아들은 포기하지 않았다. 주위에서 그림 그리는 재주가 뛰어나다고 알려졌기 때문에 아버지는 12살 된 아들을 데리고 친구 화가에게 부탁을 하였다. 15살이 될 즈음 피렌체의 최고 재력가인 메디치 가문의 후원을 받고 그림, 조각을 전문으로 공부하는 학교에 들어갔다. 천재의 재능은 일찍 발견되었으며 그 후에 오랜 기간 수련을 쌓았다.

그는 조각가이며 화가, 건축가이며 철학가 그리고 시인으로 활동했던 천재 예술가였다. 그는 살아있는 동안은 물론 현대에 이르기까지 여러 세기에 걸쳐 가장 위대한 예술가의 한 사람으로 추앙 받고 있다. 그는 살아있는 동안에 전기가 2편이나 출판된 최초의 예술가였다.

그가 교황 율리우스 2세의 명으로 시스티나 성당 천장에 '천지창조(1508~12)'를 그렸다. 무려 4년여 동안 고개를 뒤로 젖힌 채 거의 누운 자세로 천장화를 그리는 일에만 몰두하였다. 천장 높이가 20m가 넘는 높은 작업대를 세우고 고개를 뒤로 젖힌 채 정성들여 그림을 그리는 작업은 무척 힘들었다. 때로는 작업대에서 떨어져 다리를 다쳐 목발을 짚고 다니고 목을 뒤로 젖히다 보니 허리가 뒤틀어져서 아팠고 구부려 작업하다 보니 관절염이 생겼으며 염료가 눈과 얼굴, 몸에 떨어져 눈병과 피부병이 발생하였다. 천지창조 그림은 완성 되었으나 그의 정신적, 육체적 고통은 매우 심하여 오랫동안 고생하였다고 한다.

교황은 그에게 전통적인 종교주제인 최후의 심판 벽화를 요청하였다. 그는 우선 비밀리에 작업을 할 것이며 작품이 4분의 3정도가 진행됐을 때 공개할 수 있게 해 달라고 교황에게 요청하였는데 화가의 천재적 예술성을 존중한 교황은 그의 말을 받아들였다. 작품이 3/4정도가 진행되었을 때 교황과 수행원들은 그림을 보고 많이 놀랐다고 한다. 그가 그린 최후의 심판 벽화는 그들의 시각으로 볼 때 너무나 못마땅한 점이 많이 있었다. 이 작품에는 옷을 벗은 나체의 군상이 너무 많았고 당초 그림 취지와는 달리 이단적인 요소가 들어 있다고 시비를 걸었다. 교황청의 체세나 추기경은 교황의 예배당 같은 신성한 장소에 어울리는 것이 아니라 대중목욕탕이나 술집에 어울리겠다고 혹평을 하였다. 성직자와 교황청 관료들 성인, 성녀들을 포함한 등장인물들이 거의 다 알몸인 것을 보고 경악하여 그림을 치울 것을 요구하였으나 미켈란젤로는 "교황께서 먼지 세상을 바로 잡으시라고 전하게. 그러면 저까짓 그림 따위야 저절로 바로 잡힐 테니까."라고하며 수정 거부의사를 정중하게 말했고 죽기 한 달 전 까지도 허락하지 않았다. '최후의 심판(1536~41)'은 종교개혁으로 기독교가 매우 혼란한 시기에 그려진 세계적으로 유명한 명작으로 그림 중앙 상부에는 예수님과 성모마리아, 제자들, 그 주위에 성인들과 천당에 온 많은 사람들, 왼쪽 하부에는 지상에서 천당으로 올라가는 많은 군중들 그리고 오른쪽 하부에는 지옥으로 떨어지는 군중들과 지옥에서 고통 받는 무리들 등 그림의 등장인물들은 모두 391명이 그려진 대작이었다.

미켈란젤로 사망 직전 교황은 수정명령을 내렸으나 위대한 예술가의 그림을 감히 수정할 화가가 없었다. 미켈란젤로의 제자인 볼테라에게 노출이 심한 인물에 옷을 입히라고 명령을 하였지만 볼테라는 스승님의 원작을 최대한 유지하기 위하여 성기노출 부위만 가리는 작업을 하였다. 나중에 사람들은 볼테라를 '기저귀 그린 화가'라는 별명을 붙여서 조롱을 하였다.

어린 시절 친구와 싸움하다가 코에 상처가 나서 코가 낮아진 미켈란젤로는 이후 자신의 외모에 대하여 항상 열등감을 가졌다고 하며 고집이 유난히 세고 타협을 모르고 자존심이 강한 예술가였다. 누가 알아주든 말든, 남이 보든지 말든지 자기가 맡은 일만 열정을 가지고 최선을 다하는 자존심이 강한 완벽주의자였기 때문에 자신의 외모에 대한 열등감을 승화시키면서 인체를 생명력이 넘치게 미화시키며 자연적이고 아름다운 누드화를 그리는데 정열을 쏟아 부었다.

미켈란젤로의 최후의 심판에 대하여 긍정적으로 생각하는 사람들이 점차 늘어나면서 불란서, 독일 등 수많은 나라에서 많은 예술가들과 유명 화가들이 견학을 오고, 그들은 위대한 예술가의 초인적인 작품에 감탄을 하였고 초창기 작품으로 원상 복원하도록 진정하였다고 한다.

20세기에 들어와 교황 요한 바오로 2세가 최후의 심판 작품을 원래 상태로 복원할 것을 허락함으로써 그의 의도대로 덧없는 가치에는 눈 돌리지 않으며 영원한 형태인 자연스러운 성인들이 다시 등장하게 되었고 이 작업이 마무리되어 관광객들에게 개방되던 날에 교황은 그의 위대한 예술성을 찬양한다는 글을 남겼다.

일반적으로 다이아몬드나 사파이어, 루비 등을 보석이라고 하는데 예술은 가장 아름다운 보석이다(The art is the finest jewel). 예술을 보석이라고 한다면 위대한 예술가는 더 가치가 있는 보석 및 보물일 것이고 더 나아가 위대한 예술적 명작을 이해 못하고 외설적이라고 비평하는 교황과 추기경의 요구에 맞서 벽화를 수정하지 않은 미켈란젤로의 자존심, 예술가의 장인정신은 더 높이 평가해야 할 것이라고 여긴다.

보답

황 건

✝

서울의대 졸업

인하대학교 성형외과 교수

2004년 《창작수필》로 등단

2005년 시와 시학 등단

2016년 저서 《거인의 어깨에 올라서서》

jokerhg@naver.com

3개월간의 안식년을 지내고 영국에서 돌아와 시차적응을 못하고 비몽사몽 하던 중에 낯선 전화번호의 문자메시지를 받았다.
　"교수님, 문자보시는 대로 전화 한번 주세요. 비행기 안에서 선생님 도움으로 살아난 사람입니다"

　비행기를 타고 아이들이 있는 영국에 갈 때는 비교적 시차적응이 쉽게 되는데 한국으로 돌아올 때마다 시차적응으로 고생을 하였기에 이번에는 그 동안 모아놓은 누적거리(mileage)를 사용해 수평으로 누울 수 있는 이등석을 타고 오는 행운을 누렸다. 기내식도 사양한다는 스티커를 머리맡에 붙여놓고 수면제를 한 알 먹고 잠을 청했다. 석 달간 자리를 비웠으니 돌아가서 할 일이 태산이라 조금이라도 잠을 자 두어야 할 터였다.
　불현 듯 기내방송에 선잠이 깨어 귀를 기울였다. 승객 중에 의사가 있으면 나와 달라는 내용이었다. 근무 중에 병원 원내방송에서 '외과계 중환자실 코드블루(code blue)'를 들을 때처럼 반사적으로 냉큼 일어났다.

　처음 타보는 A-380기는 이등석이 이층에 있었으므로 앞 계단으로 서둘러 내려갔다. 일등석을 지나는데 승객이 하나도 없었다. 일등석과 삼등석 사이의 주방(갤리) 바닥에 60세 조금 넘어 보이는 남자가 누워있었다. 담요를 바닥에 깔고 옷을 다 입은 채로 담요를 또 덮고 있었다. 어두운 기내에서 주방의 그리 밝지도 않은 조명으로 얼굴을 보니 핏기가 없이 허애 보였다. 승무원에게 듣기로는 15일간의 여행 중 이틀째에 설사가 나고 몸이 아파 일행과 헤어져 귀국하는 길이며, 좀 전에 잰 혈압은 정상이라고 하였다. 환자의 의식은 명료하였으나 힘이 없어 묻는 말에 겨우 대답하였다. 어제까지는 여러 번 설사를 하여 아무것도 안 먹었기에 오늘은 설사를 안 하였다고 하였다. 손등을 꼬집어보니 피부탄성(skin turgor)이 떨어져 있었다. 혀도 말라 있었다. 아마 장염으로 설사를 여러 번 하여 탈수증상이 생긴 것 같았다. 기내에 수액이 준비되어있지 않기에 한 시간마다 더운 물 한 컵에 설탕 큰 수저로 하나 소금 작은 수저로 하나 넣어 빨대로 먹이도록 하였다.

   자리로 돌아와 누웠는데 수면제 때문에 졸리기는 해도 잠은 좀처럼 다시 오지 않았다. 달포 전 '테이트 브리튼(Tate Britain)'에서 보았던 '루크 필즈'가 그린 '의사(The doctor)'라는 작품이 생각났다.

   새벽녘, 의자를 붙여 만든 간이침대에 어린 환자가 잠들어 있다. 의사는 그 옆 의자에 앉아 턱을 괴고 환자를 유심히 들여다보고 있다. 환자의 머리맡 탁자에는 물병과 그릇이 놓여 있고, 왕진 온 의사 옆의 탁자에는 찻잔과 램프가 놓여있었다. 오른편 창가에서는 희미한 새벽빛이 비치고 있었다.

   그 환자가 잘 있는지 궁금해졌다. 잠시 후 다시 내려가 그 동안 마신 물의 양을 물었다. 환자는 소변을 한 번 보았다고 했다. 환자의 손을 잡고 "소변이 나왔으니 되었습니다."라고 안심시키고 물을 더 주라고 하였다. 다시 자리로 돌아와 눈을 감고 쉬는데 승무원이 와서 물었다. 환자가 나아져서 자신의 자리로 돌아갔는데 아침식사를 먹어도 되는지 물었다. 두 번째 기내식 메뉴에 죽이 있으니 그것으로 주라고 일렀다. 그리고 집에 돌아와서는 그 일을 잊고 있었는데 문자가 온 것이다. 그 번호를 눌렀다. 목포에 있는 교회의 목사라고 하였다. 내 덕분에 살았으니 어떻게 보답할 수 있을지 물었다.

"저는 천주교 신자입니다만, 주일 예배 때 '그 의사'가 죽을 때까지 초심을 잃지 않도록 기도해 주세요." 답하는 내 목소리가 떨리는 것을 그가 알아챘는지는 모르겠으나 그는 꼭 그렇게 하겠노라고 약속하였다.

오늘도 수면제 먹을 시간이 되었다. 내일부터 출근이니….

쓰레기 같다고?

이동민

✣

소아과 전문의. 1992년《수필문학》으로 등단

1998년《수필과 비평》수필평론 공모 당선

수필문학지 수필문학상(1999), 황의순 문학상(2010) 수상

수필집《뭐하는 짓이고》《잘사는 게 뭐지?》외 4권

수필평론집《수필, 누구를 쓸 것인가》《수필쓰기 방법론 넷》《수필, 어떻게 쓸까?》

기타《육아책, 우리아이는 잘 자라고 있는가》《우리 고을 지킴이 팔공산》

《문학치료와 수필》《한국근현대 서예사》《조선후기 회화사》《도원에 부는 바람》

donmie2000@hanmail.net

영화를 상영하자 주인공의 고달픈 삶이 펼쳐졌다. 고막이 찢어질 듯한 금속성 효과음이 극장 안을 흔들고 흥남 부두에서 어린 아이는 살 길을 찾아 우왕좌왕하는 피난민들 속을 헤매고 있었다. 아슬아슬하게 배를 탔으나 아버지와는 헤어지고 말았다. '영화는 슬프게 보이려고 모두 그렇게 만드는 거야.' 애써 마음을 가라앉혔다. 귓가에는 젊었을 적에 불렀던 '바람찬 흥남부두에…….'라는 노래가 맴돌았다.

소달구지에 짐을 싣고 산내의 감산골로 피난 갔던 길이 생각났다. 벼가 노랗게 익어가고 있었다. 개울 건너 밤나무 아래서 형과 알밤을 줍던 기억이 어렴풋하다. 지금도 그때가 자꾸 소풍 길처럼 느껴진다.

배를 탄 가족은 부산의 국제시장에서 터전을 잡았다. 먹고 살기 위해서 거리로 나서는 구두닦이 소년의 모습은 눈에 익숙하다. 내가 아닌 남의 모습으로 자주 보았기 때문이리라.

시골 학교의 운동장 구석에 큼지막한 천막을 치고 머무르던 군인들도 생각난다. 그 보다는 옆집 식이와 개울에 가서 멱을 감던 일이 더 선명하다. 땡볕이 내리쬐던 신작로를 터벅터벅 걸어오던 하교 길에 먼지를 날리며 요란하게 달리던 군용트럭도 기억 속에 남아 있다. 나와 다른 세계로 보였던 그 기억도 흐릿하다.

셋 째 형수님의 남동생이 서독에 돈벌이를 하러 간다더라는 말도 생각난다. 왜 광부보다는 '돈벌이'라는 말이 더 깊이 각인되어 있을까? 대학에 진학하고 나서 등록금을 마련하지 못하여 한 해를 휴학하였던 아픔 때문인지 모르겠다.

대학을 다닐 때 방학을 맞아 고향 마을로 내려가서 '고추친구'들을 만났다. 해병대 모자를 쓰고 팔에는 붕대를 감고 있었다. 월남을 다녀왔다면서 뻐기던 그가 생각난다. 텔레비전도 갖고 왔다며 동네 사람들이 부러워하였다. 전쟁터가 힘든 곳이라는 것보다는 외국을 다녀왔다는 것과 돈을 벌어 왔다는 것이 부러웠다. 한 해, 한 해가 지나가면서 나와 가까웠던 사람들도 월남으로 갔다. 월남은 우리에게, 나에게 결코 먼 나라가 아니었다. 지금도 고등학교 동기 모임에 나가면 군인이 되어 월남전에 참여하였다는 친구가 한 두 명이 아니다.

"야간 정찰을 나가면 모기 때문에 미칠 지경이야. 월남 모기는 정말 지독해."

한 친구가 월남 전쟁 이야기를 시작하면 여기저기서 맞장구를 친다.

"야간 정찰을 나갈 때는 고엽제를 얼굴에 바르고 나갔어. 그러면 모기들이 얼씬거리지도 않아."

그때 학교를 다니고, 수련의 생활을 하느라 월남에는 가보지 못하였던 내가 놀라서 물어보았다.

"그 독한 약을 얼굴에 발랐다고?"

'모기 때문에'와 '그 독한 약을'이 주는 의미의 차이는 말뜻의 차이만은 아닐 것이다. 같은 시대를 살면서도 서로 다른 길을 걸어왔던 많은 것들을 함축하고 있다. 월남을 다녀 온 친구 중의 한 명은 이유도 모르고 암으로 세상을 떠났다.

월남전이 끝나 갈 즈음에 영화 속의 주인공도 가족을 건사하러 월남으로 갔다. 그때까지 살아오면서 나처럼 부인도 맞이하여 가정을 꾸렸다. 아이들도 태어났다. 얼굴에 주름이 많이 늘어나 있는 어머니를 모셨다. 아내는 국제시장의 한 귀퉁이에 '꽃분이네 가게'를 열고 잡화상품을 팔러 바락바락 악을 쓰고 있었다. 저런 걸 '쓰레기처럼 사는 사람'이라고 하는 걸까? 패망하는 월남에서 생사를 걸고 도망 나오는 이야기는 영화라서 그렇게 만든 거겠지. 영화라서······. 애써 감정을 억눌러 본다. 그래도 뒷맛이 영 개운치 않았다.

　그 시간에 나는 대학병원에서 흰 가운을 걸치고 거들먹거리면서 산 것은 아닐까? 예쁜 아내는 시장바닥에서 악다구니를 하는 여자와는 다르다. 교양이 있고, 남을 배려할 줄도 알고! 그런데도 왜 마음이 편안하지 않을까?

　영화에서 흩어진 가족을 찾으려 여의도 광장을 가득 메운 사람을 보니 지난날이 떠올랐다. 80년 대 라고? 벌써 30년 가까이나 흘렀나. 그때도 나는 텔레비전 화면의 바깥에서 화면 안에서 일어나는 일을 바라보기만 하였다. 그들은 아팠던 세월을 끌어안고 살았지만 나는 여전히 그들을 구경만 하고 살았다. 어느 신문에서 저 사람의 삶을 다룬 이 영화를 쓰레기 같다고 하였다. 나는 그들과 다르게 살아오지 않았는가. 쓰레기는 아니겠지. 억지로 위로를 해본다.

　그들의 삶에서 비껴나 언제나 구경만 하던 내가 영화를 보면서 자꾸 눈물을 닦았다. 줄줄 흐르는 눈물을 손으로 가리면서 옆을 보니 아내도 눈물을 훔치고 있었다. 아내와 나도 구경꾼이 아니었고 바로 '덕수와 영자'였다.

호랑이와 곶감

박관석

✝

내과 전문의

신제일병원 대표원장

한미수필문학상, 보령수필문학상 수상

생활문예대상 수상

2015년《에세이문학》등단

drpks@hanmail.net

나는 곶감을 참 좋아한다. 마치 흰 눈이 살포시 뿌려진 듯 하얀 가루가 군데군데 묻은 곶감을 한 입 베어 무는 순간, 씹을 때의 쫀득한 느낌과 혀끝으로 전해오는 달콤한 맛은, 여느 주전부리도 따라올 수 없을 정도다. 그 맛이 얼마나 좋았으면, 옛이야기에 호랑이가 잡아간다고 해도 계속 울던 아이가, 곶감을 준다고 하자 울음을 뚝 그쳤을까?

〈호랑이와 곶감〉 이야기에서와 같이 병원에서도 '호랑이' 역할을 하는 것이 있다. 진료를 받던 아이들이 울거나 보채면, 빨리 그치게 할 요량으로 겁을 주면서 "너 자꾸 울면 선생님이 주사 놓는다." 라는 말이나, 어른들의 경우에도 "술과 담배 계속하시면 암에 걸려 일찍 죽을 수도 있습니다." 란 말이 그것이다. 어쩌면, 바쁜 시간에 빨리 환자를 진료하기 위한 편법이라 변명할 수도 있겠지만, 실상 일일이 설명 해주고 기다려 주는 것이 좀 귀찮아서 일지도 모르겠다. 요즈음은 이것이 일상화되어, 울며 보채는 아이에게 엄마들이 먼저 이 말을 사용하곤 한다. "너 자꾸 울면, 선생님께 주사 놔달라고 한다." 라거나 "얘는 집에서 말을 안 들어서 큰일이에요. 말 잘 듣는 주사 좀 놓아 주세요."라고······.

하지만 세상에 말 잘 듣게 하는 주사가 있을 리 없고, 오히려 훌쩍이던 아이도 주사란 말에 더 큰소리로 울게 되니, 난처할 때가 더 많다. 우는 아이에게 단 번에 효과를 보게 하는 말이 마땅히 없기에 어쩔 수 없다지만, 매번 이런 말을 듣다보면, 기우(杞憂) 같기는 해도, 어릴 적부터 '의사는 무섭고 다가가기 힘든 사람으로 각인 되지는 않을까?' 하는 걱정이 앞서기도 한다. 하루는 젊은 엄마가 아들과 함께 진료를 받으러 왔다. 아이가 어찌나 울고 보채던지 엄마가 "너, 울면 의사 선생님한테 주사 놔 달라고 한다."는 말을 몇 번을 되풀이했고, 그런 아이 엄마에게 한마디 한 적이 있었다.

"아니 제가 주사 놓는 사람도 아니고, 애를 더 울리시면 어떡해요."
 이 말을 들은 보호자가 이상한 눈으로 나를 빤히 쳐다보는 것이다. 그 후 엄마와 아이를 진료실에서 다시 볼 수 없었으니, 내가 맞장구 쳐주지 않았던 게, 무척 섭섭했었나보다.

곶감은 만드는데 손도 많이 가고, 정성이 제법 들어가야 하는 음식이다. 어린 시절 할머니 댁에 가면, 싸리나무 대에 감을 줄줄이 꿰어 매달아 놓고, 늦가을의 찬바람을 쐬며 말리는 것을 종종 보곤 했다. 곶감을 워낙 좋아하는 손자를 생각하는 마음에, 매년 준비해 놓으시곤 했던 것이다. 추수가 끝날 무렵, 할머니는 발갛게 익은 감을 하나하나 꼭지가 떨어지지 않게 정성스럽게 따서 씻은 후, 껍질을 벗겨 한 달 보름정도 햇볕에 말리셨다,

간혹 말리는 중에 습하거나 비가 오는 날에는 곰팡이가 피기 때문에, 걸어놓았던 감을 다시 채반에 널어 수시로 뒤집어 가면서 말리곤 했는데, 이렇게 웬만한 공을 들이지 않고서는 좋은 곶감을 얻기란 애초부터 그른 일이다. 요즘에야 기계를 써서 쉽게 곶감을 만든다지만, 정성을 들인 할머니의 곶감과 어찌 비교할 수 있을까?

곶감을 만들 때처럼 손이 가는 일이 세상에 많지만, 의사가 환자를

대할 때만큼 더 정성이 필요한 것은 없을 듯하다. 인턴 때의 일이다. 사지마비가 된 환자들이 입원해 있던 병실에서 간호사와 보호자가 실랑이를 하고 있는 모습을 보게 되었다.

"아니! 이런 일은 당연히 의사나 간호사가 해줘야 하는 것 아니에요?"

"물론 처음 입원한 환자는 저희가 해 주지만, 저희도 바쁘고 또 환자가 퇴원하면 이 일은 보호자분이 해야 하는데. 지금 좀 배워놓으시면 안되나요?"

싸움의 발단은 환자의 가래를 뽑아주는 일에서 발생했다. 사지 마비 환자들은 스스로 가래를 뱉어내지 못하기에, 목에 관을 꽂고 그곳을 통해 매일 수 십 번씩 가래를 인위적으로 뽑아 주어야 한다. 한두 번만 걸러도 진득한 가래가 차올라, 호흡이 가빠지고 폐렴이 쉽게 생겨, 환자가 고통을 받게 된다. 그 일은 물론 의료진이 해야 하지만 인력이 한정되다 보니, 처음 입원한 신환(新患) 말고는 보호자를 교육시킨 후, 빼주도록 해 왔던 것인데, 그날따라 누가 그것을 하느냐를 두고 실랑이가 벌어졌던 것이다.

막 학생딱지를 뗀, 풋내기의사의 투철한 히포크라테스 정신에서랄까, 내가 나섰다.

"아! 그럼 제가 도와서 뽑아주도록 하시요. 뭐"

말은 이렇게 뱉어 놨지만, 아뿔싸 보통 일이 아니란 걸 직감하곤 바로 후회가 시작됐다. 보호자 입장에서는 여간 반길 일이 아니었겠지만 말이다. 환자가 퇴원 할 때까지 의사인 내가 뽑고, 간호사도 수시로 가래를 뽑아 내 합병증 없이 퇴원했으니, 책에서만 배웠던 의사의 정성과 노력이 얼마나 큰 도움이 되는가를 몸소 깨달은 시간이 아니었던가 싶다. 하지만 나도 사람인지라, 어찌나 그 환자가 퇴원하기를 학수고대 했던지…….

의사가 된 후 여러 해가 지나다 보니, 타성에 젖어 또 제한된 시간에 많은 환자를 진료해야 한다는 핑계로 그 분들께 소홀했던 점이 많았던 것 같다. 단순히 질병만 찾아내고, 간단한 설명만 해 주면 의사인 내 임무는 끝이라고 생각하기도 했고.

환자들의 마음을 진심으로 이해해 주고, 할머니가 곶감을 만드실 때처럼 오랜 시간과 정성으로 대했던 것이 언제였던가? 빠른 시간에 의사의 말을 따르게 할 요량으로 '호랑이'와 같은 겁주는 말을 먼저 꺼냈던 것은 아니었는지? 하는 자책감마저 들기도 한다.

하지만 결국 아이의 울음을 그치게 했던 것은 '호랑이'란 무서운 말 보다는 '곶감'이란 달콤한 말이었으니, 단순히 곶감의 달콤함만이 아이의 울음을 그치게 하지는 않았을 것이다. 할머니가 늦가을부터 정성스레 손질하고, 손자를 생각하며 오랜 시간 햇볕에 말리는 노력과 사랑이 듬뿍 들어간 그런 곶감이었기에, 아이의 울음을 그치게 할 수 있었던 것은 아니었을까?

창밖으로 진눈깨비가 내리고 하늘이 수상한 것이, 아무래도 오늘밤은 폭설이 올 듯싶다. 문득 군불 땐 따뜻한 아랫목에서, 할머니가 만들어 주신 하얀 가루가 곱게 앉은 곶감을 먹던 때가 생각나면서 벌써부터 입안에 군침이 가득 고이기 시작했다. 아무래도 퇴근하는 길에 가게에 들러 곶감 한 꾸러미나 사가지고 가야겠다.

사랑둥지 사람들

전경홍

✞

경북 문경 동산가정의학과 원장

2003년 《한국문인》으로 등단

2003년 한국 문인 수필 신인상

한국장로문인회 이사

한국수필작가회 이사

매일신문 칼럼리스트

한국의사수필가협회 회장

주말에세이 필자

보령수필문학상 수상

문경YMCA이사장 역임

공저 《결혼의 조건》《내 이름은 시냇물》《별 밭에서 놀다》

수필집 《할 말은 많은데》

dongsanhome@hanmail.net

나는 요즘에 ○○교회가 창립 100주년 기념으로 개원한 사랑둥지요양원에 촉탁의사가 되어 사랑을 열심히 실천하는 분들과 함께 봉사 할 수 있어서 기쁘다.

오늘도 집을 나서 차에 오르자 동승한 정 간호사는 그간 환자들의 일상 상황을 보고하기 시작한다. 며칠 전에 김선동 할아버지에게 아들이 왔는데 한참 바라보더니 "우리 형님!"하며 아들을 끌어안자 아들은 눈물을 흘리면서 "저 영식이에요."라고 해도 "나 집에 가고 싶다. 형!" 이렇게 말했다는 얘기를 듣고 나는 그의 치매증세가 더 악화되고 있는 것 같아 염려가 되었다.

박상진 할아버지는 어제 설사를 하면서도 옷을 벗지 않으려 떼를 써서 간병인이 옷을 벗기고 목욕을 시키는 동안 악취로 인해 머리가 아플 정도였고, 송점순 할머니는 당뇨병성 망막증으로 안과치료를 받는 중인데도 침대 밑에 사탕을 숨겨 놓고 먹다가 발각되어 빼앗기자 사탕을 돌려 달라고 간병인과 싸웠다고 한다. 또 함정자 할머니는 밥을 먹다가 소변 주머니를 빼는 바람에 식당 바닥이 소변 바다가 되어 난리가 났었다고 한다. 우울증이 심한 노정자 할머니가 늘 잠이 모자라는 듯 그림을 그리다가도 졸았다는 정간호사 이야기에 귀를 기울이는 동안 사랑둥지에 도착했다.

나는 요양원에 들어서면서 "안녕하셨어요." 하며 인사를 하고 진찰실로 들어가 가운을 입고 청진기를 챙기며 진료를 시작한다. 간호사의 환자 관리 기록을 점검하고 진료를 하면 환자들은 양순하게 응한다. 대부분 중풍으로 인한 지체장애인들이라 잠자는 시간외에는 거의 휠체어를 이용하기 때문에 진찰실 입구에는 기마병들이 줄지어 선 것같은 착각이 들 때도 있다.

누구나 청진을 한 후 "어디가 편찮으세요."라고 물으면 아이들이 부모에게 천진스럽게 눈물을 흘리면서 호소하듯 저마다 자신의 고통과 불편함을 털어 놓을 때는 불쌍한 생각이 들어 마음이 짠하다.

치매와 우울증이 있는 김선동 씨에게 "아들 만났어요?" 하고 물으니 "우리 형 왔다 갔어요."라는 대답이 돌아왔는데 이는 치매증세가 점점 심해지는 현상이어서 정신과의사에게 진료를 받도록 간호사에게 지시를 했다.

다음은 당뇨합병증이 있으면서도 사탕을 즐기는 송점순 씨에게 사탕을 자꾸 먹으면 맹인이 된다고 경고를 하고 당뇨약 용량을 높여 처방하고 간병인에게 잘 주시하라고 했다. 그리고 소뇌종양 제거로 운동장애가 심하고 안면 신경마비로 왼쪽 눈이 감겨있고 음식을 잘 씹지 못해 가장 불평이 많은 이소자 씨는 음식을 잘 먹지 못해서 영양부족으로 체중이 많이 감소하는 것이 뚜렷하게 보였다. 유동 영양식으로 처방하고 자주 먹게 하도록 상소했다. 그리고 불행하게도 자궁암 전이로 방광까지 제거하고 우울증까지 겸한 함정자 씨의 소변 주머니를 자주 체크하라고 간병인에게 부탁했다. 젊은 날의 마라톤 금메달을 항시 목에 걸고 있는 남상규 씨는 뇌졸중으로 온 하체 마비 환자라 늘 투정과 짜증을 부리는 분이라서 나는 금메달이 참 멋있다고 칭찬을 해서 환심을 사곤 한다. 때로 "계속 물리치료를 하니까 다리에 힘이 생겼나요?" 하고 물으면 "힘없어, 힘없어······. " 하며 눈물을 흘린다. 나는 측은한 마음에 위로하고 격려하려고 "좋은 약으로 처방하고 있으니 힘이 들어도 꾸준히 달려서 예전에 금메달을 딴 것처럼 물리치료도 잘 하세요."라고 말해준다.

사랑둥지 가족의 반장인 장옥란 씨(92세)는 초진 때 고혈압, 당뇨에 시달려서 참 초췌했는데 저염, 당제한 식사에 순응하고 약을 잘 먹고 규칙적인 운동으로 건강이 많이 회복된 모습에 나는 기뻐서 "누님! 고혈압, 당뇨 잘 조절되어 백수 하시겠어요?"라고 하면 "고맙소. 하고 씩 웃으면서 자리를 뜬다.

끝으로 나와 동갑인 김명자 씨는 무릎수술 후 혈전으로 뇌경색증이 왔으며, 의료사고 사건으로 재판에서 의사의 불가항력적인 사고라고 판결이 난 억울한 환자라 나도 대하기 민망스러운데 그 의사에게 데려다 달라고 내 손목을 잡는다.

나는 임기응변으로 "보따리 싸가지고 오세요." 하고 불가피하게 거짓말을 하면서 손을 떼어 놓는다. 그리고 병실 회진을 하고 복도로 나오면 사랑둥지 가족들이 텔레비전 앞이나 휠체어와 소파에 앉아서 휴식하고 있는데 정 간호사가 "선생님 가십니다." 하면 모두가 "선생님, 선생님, 안녕, 안녕······." 하면서 마치 어린 아이들처럼 힘껏 손을 흔든다. 나는 두 손을 머리위로 올려 "여러분 사랑해요."라고 크게 외치고 돌아서지만 요양원을 떠나올 때는 투병중인 환우들의 고통을 공유한 내 마음은 착잡하다.

그러나 이 요양원은 원장님의 성실한 운영과 간호사, 간병인들이 투병하는 노인들의 손과 발이 되어 사랑으로 보살펴서 사랑둥지 요양원의 이름에 걸맞은 듯하여 마음에 든다. 아가페 사랑을 실천하는 천사들은 바로 사랑둥지 사람들이다.

  사랑이라는 귀한 말을 마음에만 간직하고 살아가기에는 인생이 너무나 짧은데 사랑둥지 사람들은 참 지혜가 있는 사람들이라 나도 사랑하고 존경하는 분들이다.

  방금 보도된 바에 의하면 '대한민국 인구의 초고령화'가 지속되면서 노인들의 만성퇴행성질환 환자들도 증가하고 있어 곳곳에서 우후죽순처럼 요양기관도 급증하고 있다고 한다. 그런데 정부당국은 이들의 운영 실태를 잘 파악하지 못하고 있다. 요양환자들의 급식상태, 시설이 부실함 투성이고 종사자들이 노인들을 홀대하기 예사이다. 심지어 요양환자가 시설을 벗어나서 인근 호수에 익사하여 일주일이 지나도 환자의 행방을 파악하지 못하는 경우도 있다. 참 한심하고 안타깝다. 어떻게 불행한 노인들에게 피해를 주며 경제적인 수익만 고수할 수 있을까?

  참 모범적인 사랑둥지에 와서 많은 것을 느끼고 배운다. 나도 불쌍한 노인들을 진심으로 섬기고 이 세상을 떠날 때 편안하게 떠날 수 있게 했으면 좋겠다.

목숨과 바꾼
조선(朝鮮)사랑

맹광호

✟

가톨릭의과대학 명예교수(예방의학)

청소년보호위원회 위원장

2007년《에세이플러스》로 등단

《한국산문》문학상 수상

한국의사수필가협회 회장 역임

국민훈장 무궁화장 수상

수필집《동전 한 개》《동행》《더 늦기 전에》

칼럼집《건강가치, 생명가치》《맹광호 교수의 생명산책》

khmeng@catholic.ac.kr

오늘은 오후에 명동성당 구내에 있는 천주교 서울교구 교구청(敎區廳) 별관에서 회의가 있는 날이다. 이렇게 명동에서 회의가 있는 날엔 보통 10분 전쯤 도착해서 성당에 들어가 잠시 묵상을 하며 회의 시간에 맞추곤 한다. 그러나 오늘은 금요일 오후의 교통 혼잡을 피한다는 이유로 집에서 좀 일찍 나섰더니 의외로 30분이나 빨리 도착했다. 습관적으로 성당엘 들어가려는데 문득 성당 마당 끝에 있는 부속건물 '문화관'이 눈에 들어왔다. 그 건물 2층 '코스트 홀' 입구에 걸려 있는 'The Departure(출발)'라는 그림이 생각나 발길을 그리로 돌렸다.

작년 가을, 누구에게선가 그 그림이 거기 있다는 얘기를 듣고 한 번 가보겠다고 별렀지만 정작 실행에는 옮기질 못했던 터였다. 주중인데도 마침 문이 열려 있는 문화관 2층 계단을 오르니 코스트 홀 양쪽 출입구 사이 벽 한 가운데 족히 100호 크기는 됨직한 액자 그림이 하나 걸려 있었다. 홀 입구가 다소 어둡긴 했지만 불을 켜는 대신 나는 그림 가까이 다가섰다. 그리고 그림을 응시했다. 그래야 그림에 더 몰두 할 수 있을 것 같아서였다.

그림 속에는, 조그만 규모의 성당 바닥에 초록색 융단이 깔려 있고 제대(祭臺)위에 검은색 긴 수단(가톨릭 신부들이 겉에 입는 옷의 한 종류)을 입은 프랑스 젊은 신부 네 명이 나란히 서 있다. 그 제대 계단

위아래로 남녀노소 열한 명이 여러 모양으로 신부들과 마주하고 있다. 신부와 이야기를 나누는 사람, 악수를 하는 사람, 서로 부둥켜 않고 볼에 키스하는 사람, 그리고 신부의 발에 입을 맞추는 사람도 있다. 계단 아래에서 차례를 기다리는 사람들 중에는 그 그림을 그린 화가의 자녀들로 알려진 어린 소년과 소녀의 모습도 보인다.

그림의 제목이 '출발'이라는 것만으로도 곧 어디론가 떠나는 신부들이 그 가족이나 친지들과 작별하는 장면인 것을 한 눈에 알 수 있다. 상상만으로도 가슴이 애틋함으로 조여 왔다. 그렇게 한참 동안 그림에서 눈을 떼지 못하던 나는 잠시 눈을 감았다. 그리고 10년 전 그 그림을 처음 보았을 때 느꼈던 진한 감동을 다시 떠올렸다.

프랑스 화가 쿠베르탱이 1886년에 그렸다는 이 그림을 내가 처음 본 것은 2006년 여름, 프랑스 파리에서 열린 유네스코 국제생명윤리위원회 회의에 참석하고 있던 때이다. 어느 날 반나절 휴식 시간을 이용해서 시내에 있는 〈파리외방선교회〉를 찾았다. 박해받는 아시아 여러 나라 신자들을 돕기 위해 1600년대부터 선교사들을 선발해 파견했던 이 선교회는 한국 천주교 신자들이 꼭 한 번 찾아가 볼만한 성지(聖地)라고 할 수 있다. 이곳에 가면 19세기 말 조선을 포함한 아시아지역에 파견되어 순교한 선교사들의 유물 전시실이 있고 앞서 말한 '출발'이라는 제목의 그림 원본도 바로 이곳에 있기 때문이다.

그곳에서 처음 그림을 보았을 때 나를 크게 놀라게 한 것은 안내책자에 쓰여 있던 그 그림에 관한 짧은 해설이었다. 그림 속 신부들이 천주교 선교를 위해 조선으로 파견되는 장면이라는 것과 이들이 고생 끝에 수만리 먼 조선 땅에 들어와 선교를 시작했으나 불과 1년 만인 1866년 병인년(丙寅年)에 체포되어 용산 한강변 새남터에서 망나니들의 칼끝에 비참하게 순교했다는 내용이었다. 나는 그림 앞에서 한 동안 발을 떼지 못하고 그곳에 뿌리내린 나무처럼 서 있을 수밖에 없었다. 저들과 나 사이에 이어진 끈의 실체와 무게를 깨닫는 순간이었다.

1784년 이승훈이 중국 북경에서 처음 영세를 받고 귀국하면서 시작된 조선 천주교회는 1791년 소위 '신해(辛亥)년 박해'를 필두로 가장 극심한 박해가 있었던 '병인박해'까지 약 80여 년간 크고 작은 박해가 이어졌고, 이로 인해 1만 명이 넘는 성직자와 신자들이 순교했다. 그 때 조선으로 선교 활동을 떠난다는 것은 거의 죽음을 각오해야 하는 일이었다. 그럼에도 불구하고 오로지 복음 선포만을 위해 박해와 핍박의 땅으로 가는 젊은 사제들의 모습에 숙연함을 금치 못했다. 설사 박해로 목숨을 잃지 않는다 해도 그 때는 조선에 여러 가지 풍토병이 많았고 병에 걸려도 마땅히 치료 받을 방법이 없던 때여서 이래저래 실제로 외국 선교사들이 조선에서 지낸 기간은 평균 3년을 넘지 못했다.

고종 3년, 대원군에 의해 주도 되었던 '병인박해'는 참으로 혹독했다. 1866년 박해 첫 해에 순교한 외방선교회 신부 일곱 명을 포함해서 이후 6년 간 계속된 박해로 이 기간 동안에만 8,000여 명의 천주교신자들이 온갖 고문 끝에 죽임을 당했다. 이는 당시 조선 친주교신자 2만여 명의 거의 절반에 해당하는 수이다. 박해를 피해 깊은 산속으로 숨어 들어가 병들거나 제대로 먹지도 못해 굶어 죽은 사람까지 합치면 그 수는 더 많았을 것이다.

회의를 마치고 명동 성당 마당을 내려오는데, 이미 어둠이 깔리기 시작한 길 양옆으로 줄지어 걸려있는 크고 작은 현수막과 걸개그림들이 보였다. 마침 금년이 병인박해 150주년이 되는 해여서 교구차원의 학술대회와 전시회, 그리고 음악회 등, 기념행사가 금년 내내 열린다는 내용의 홍보물들이었다. 회의에 참석하기 위해 성당 마당으로 오를 때는 무심히 지나쳤던 현수막이며 걸개그림들이 비로소 내 눈에 들어왔다.

'코스트' 홀 입구에서 본 그림 속, 네 명의 사제들 모습도 다시 떠올랐다. 땅바닥에 무릎을 꿇은 채 목에 칼이 날아오는 순간에도 "하느님, 이 아름다운 나라 조선을 축복해 주십시오."라고 소리쳐 기도했다는 젊은 파리외방선교회 사제들! 지금은 5천명이 넘는 성직자와 500여만 명의 신자를 가진 교회로 성장한 한국가톨릭교회의 모습을 이들이 본다면 얼마나 자랑스럽고 기쁘게 생각할까! 자신들의 귀한 목숨과 바꾸어가면서까지 조선을 사랑한 외국 젊은 사제들을 생각하며, 나는 벅찬 가슴을 안고 집으로 가는 버스 정류장을 향해 천천히 발길을 옮겼다.

걸맞은 자리

유인철

✝

유소아청소년과 원장

2007년《에세이문학》으로 등단

《계간문예》수필문학상, 보령의사수필문학상, 한미수필문학상 수상

네팔을 사랑하는 사람들 운영위원

수필집《시간의 벽을 넘어서》

dzblock@naver.com

은행 알이 흙에 떨어지면 싹을 틔워 멋진 나무가 되고, 그 열매가 보도블록 위에 떨어지면 발에 밟혀 냄새를 피우는 천덕꾸러기가 된다. '빠작' 보도블록위에 떨어져 있는 은행을 밟았을 때 나는 소리다. 길을 걷다가 버찌라든가 대추, 살구는 밟아도 별 문제없지만 은행은 아니다.

시월의 은행나무는 한껏 멋을 부린 숙녀가 발 냄새를 풍기는 격이다. 늘씬한 자태와 노란 단풍, 나무를 대표하는 슈퍼모델이라 할만하다. 하지만 그 밑은 딴판이다.

시월 말에서 11월초에 아산 현충사엘 가면 한국의 아름다운 길로 선정된 은행나무 길을 만난다. 5-60년 된 은행나무에서 흘러내린 물감으로 주변은 온통 샛노란 세상이 된다. 길옆에는 데크로드가 있고, 휴일에는 차를 통제하기에 걷기도 좋다. 하지만 속내는 그렇지 못하다. 한 발 물러서서 바라보면 더 없이 멋진데, 가까이 다가가 걸어 다니기는 힘들다. 낙엽이 쌓인 가을 길은 보통 바스락 거리지만, 은행나무 길은 "빠작" 거리고 신발은 으스러진 은행에서 나온 물기에 금세 젖어 버린다. 한참을 걸었다면 반드시 신발을 씻어내야 한다.

지난 가을에는 은행 때문에 한바탕 곤욕을 치렀다. 환자를 진료하는 중에 진료실에서 역한 냄새가 풀풀 났다. 환기를 했지만 가시지 않아 바닥을 닦았더니 좀 괜찮아지는 듯하다가 이내 또 다시 냄새가 났다. 결국 진료를 멈추고 실내를 샅샅이 훑어야 했다. 냄새는 나는데 원인을 모르니 난감했다. 혹시나 해서 진료 의자를 이리저리 굴리며 살피는 중에 바퀴 틈에 끼어있는 노란 물체가 보였다. 은행 껍질이었다. 환자 신발에 붙어 있다가 끼어 들어간 것 같았다.

은행은 원래 길바닥에 아무렇게나 굴러다니던 존재가 아니었다. 가로수로 심어져 어디에서나 볼 수 있는 흔한 나무도 아니었다.

용문사 은행나무는 아시아에서 가장 큰 은행나무답게 까마득한 높이에 압도된다. 여기에 통일신라시대부터 우리 민족과 함께 했다는 이야기가 더해지면 숙연해지기까지 한다. 이처럼 은행나무는 사찰, 사당, 향교 등 쉽게 범접할 수 없는 장소에 있었다. 동네 한가운데, 혹은 산비탈에 오래된 은행나무가 서 있다면 그 곳은 어떤 역사적인 유적이 있었던 곳임에 분명하다. 나무가 귀했으니 그 열매는 더했다. 지금처럼 꼬치에 줄줄이 꿰어 산적이나 술안주, 혹은 기관지에 좋다고 누구나 볶아먹는 일은 생각도 못했다. 아주 제한된 사람들만이 약제로 사용할 수 있었다.

진화란 생명체가 주위 환경에, 보다 더 완벽하게 적응하기 위해 모양이나 기능이 변하는 것이다. 진화를 한다는 건 결국 살아있는 존재가 주위 환경에 맞춰 자신의 생명을 유지하는데 있어 뭔가가 부족하다는 의미다. 은행나무는 대략 3억 5천만 년 전인 고생대시기에 나타났음에도 지금과 별반 차이가 없다. 이렇듯 진화가 필요 없을 만큼 완벽한 존재인 은행나무를 찰스 다윈(Charles Darwin)은 살아있는 화석이라 했다.

이렇듯 신성하고, 완벽한 은행나무가 이젠 흔해 빠진 나무로 위상이 변해버렸다. 불과 몇 년 전만 해도 사람들이 기다란 장대와 자루를 들고 다니며 도로변의 은행을 죄다 털어가는 통에 지자체에서 단속을 하기도 했는데, 요즘에는 바닥에 떨어져 나뒹굴어도 주워가는 사람이 드물어 오히려 악취를 풍기는 골칫거리가 됐다. 우리 아파트 단지 사이의 길은 벚나무 길이고, 도로를 건너 전철역으로 가는 길은 은행나무 가로수 길이다. 가을이 되면 아파트 샛길은 바스락바스락 거려 걷는 느낌이 아주 좋은데, 도로를 건너면 바닥에 나뒹구는 은행을 밟지 않으려고 주의해서 발을 디뎌야 한다.

가을부터 시작해 초봄이 다 되도록 으스러진 은행들이 길바닥에 눌러 붙어있는 모습을 보며 출퇴근을 하노라면 이런저런 상념이 스치곤 한다. 변화 그리고 자리! 귀하다 못해 신성하기까지 했던 은행나무가 천덕꾸러기가 되듯이 스승, 어른, 공동체, 우정, 애국 등등 고귀했던 개념들에 물음표를 달 정도로 세상이 변했다는 생각이 든다. 흙에 떨어져 어엿한 나무로 자라야 할 열매가 단단한 보도블록위에 떨어지는 바람에 냄새나 피우는 성가신 존재가 되는 걸 보면서 무엇이 올바른 자리인지를 생각해본다.

바르게 산다는 건 자기 자리에서 그 자리에 맞는 역할을 하는 게 아닐까. 사람에게는 누구나 여러 가지 이름의 자리가 있다. 부모, 형제, 자식처럼 자신의 의지와는 상관없이 주어지는 자리가 있는가 하면 회사원, 상인, 교사, 정치인 같이 자유의지로 갖게 되는 자리도 있다. 설령 그런 자리를 갖는다 해도 그 자리에 걸맞은 역할을 한다는 것은 풀기 어려운 숙제와 같음을 갈수록 실감하게 된다.

국회청문회에서 고위공직자들의 민낯이 고스란히 드러나곤 하는데, 혹 내가 그런 자리에 선다면 떳떳할 수 있을까. 나는 진정 올바른 자리에 있는지, 그 자리에 맞는 역할을 제대로 하는지, 행여 엉뚱한 자리에서 은행보다 더 고약한 냄새나 피우고 있지는 않는지를 돌아 보게 하는 시월이다.

아스클레피오스의 운명과 메르스사태

신종찬

✝

도봉구 방학동 신동아의원 원장

경희대학교 의학전문대학원 의학교육학교실 겸임교수

2010년《에세이플러스》로 등단 및 신인상 수상

한국문인협회 회원

한국의사수필가협회 부회장

《청년의사》독서 캠페인 20기 대상, 18기 우수상 수상

한미수필문학상, 보령수필문학상, 제5회 계간수필문학상 수상

저서《서울의 시골의사》《안동 까치구멍집으로 가는 길》

asjc74dr@naver.com

온 국민이 바라는 대로 메르스 사태가 끝나가고 있다. 의료계는 한국 의료제도의 고질적인 병폐를 고스란히 드러낸 메르스 사태를, 의료체제 전반을 선진국 형으로 뜯어고칠 좋은 기회라 하고 있다. 이런 의료계의 주장이 모처럼 언론과 국민들의 공감까지 얻고 있다. 이번에 하고자 하는 의료제도 개혁 방향은 향후 한국 의료계의 운명뿐만 아니라 어쩌면 나라의 운명까지도 좌우할 수도 것이다. 국방과 의료는 근대국가의 존립기반으로, 선진국에서는 국가안보차원에서 의료를 보고 있다.

옛날부터 의료는 서로 상반되는 속성이 있다. 인간의 생로병사를 모두 관장하기에 의료는 꼭 필요하지만, 의술의 신인 아스클레피오스의 운명처럼 능력을 발휘하면 할수록 의사는 불행해지는 얄궂은 운명을 타고 났는지도 모른다.

그리스신화에서 의술의 신인 아스클레피오스는 아폴론의 아들이다. 아폴론은 신들의 왕인 제우스와 레토의 아들로 예언, 태양, 의술, 속죄, 시와 음악 및 목축의 신이었다. 아폴론이 예언의 신이었기에 고대 그리스에서는 델포이를 중심으로 그의 신전에서 무녀 피티아를 통해 신탁을 받는 일이 성행하였다. 아폴론과 테사리아의 왕녀 코로니스 사이에서 아스클레피오스가 태어났다. 그는 놀라운 치료술을 지녀 로마시대까지 치료의 신으로 숭배됐다. 아스클레피오스의 탄생에는 윤회사상과 밀접한 관계가 있다 한다. 아폴론은 애인 코로니스가 아기를 가졌다는 소식을 듣고는 다른 남자의 아이를 가졌을 것이라 착각하고 멀리서 활을 쏘아 코로니스를 죽였다.

그녀를 죽이고 나서 아폴론은 금방 그녀의 아이가 자신의 아이라는 것을 알았다. 아차하고 황급히 그녀를 찾았으나 그녀의 육신은 이미 화장터에서 까맣게 타들어가고 있었다. 아폴론은 전령의 신인 헤르메스에게 코로니스의 뱃속에 든 아이라도 살리도록 부탁하였다. 새까맣게 타들어가고 가고 있는 어머니의 뱃속에서 아이가 태어난 것이다. 이런 탄생신화는 인도계의 포도주 신(神)인 디오니소스의 탄생에서도 볼 수 있는데, 인도 윤회사상의 영향을 받은 것이라 한다.

호메로스는 《일리아드》에서 아스클레피오스를 인간이며 의사라고 하였으니 그는 실존인물이었을 것이다. 훌륭한 의술을 지닌 그는 훗날 전설로 남아 아폴론의 아들이 되었다. 아폴론은 불속에서 살려낸 아들 아스클레피오스를 반인반수(半人半獸) 켄타우로스인 현명한 케이론에게 맡겨 의술을 배우게 했다. 아스클레피오스의 의술이 얼마나 탁월하였던지 죽은 사람도 살릴 수 있었다 한다. 아스클레피오스는 그리스의 영웅 테세우스의 죽은 아들 휘폴뤼토스를 살려냈다. 이렇게 죽은 사람도 살려내자 사후세계의 신인 하데스가 생사의 질서를 어지럽힌다며 제우스에게 벌 줄 것을 강력히 건의하였다.

제우스는 인간이 그를 통하여 불사(不死)의 능력을 얻을까 두려워하여 벼락을 쳐서 아스클레피오스를 죽였다. 그리스 신화의 세계에서는 지상의 세계는 제우스가, 지하의 세계는 하데스가 차지하고 있었다. 한데 아스클레피오스가 죽은 사람을 살려내니 세간의 주목을 받게 되었다. 또 하나의 지배축이 형성되자 기득권자가 반대한 것이다. 제우스는 손자를 죽였으니 쑥스러웠던지 또 다른 이유를 밝혔다. 죽은 자를 살려내며 돈을 받았기 때문이라 하였다. 이렇게 신화시대부터 의사는 꼭 필요한 존재였지만, 치료의 대가를 받는 것은 지탄의 대상이었다. 이 두 가지 이유가 어쩌면 지금까지 의사들이 짊어진 모순된 숙명인지도 모른다.

우리가 지금 메르스 사태를 겪게 된 근본 원인도 의료전문가를 행정에서 배제하고, 비전문가인 행정직 출신들이 의료제도를 만들어 놓았기 때문이다. 즉 안전을 고려하지 않고 경제적 관점에서만 보고 통치하기 쉽게 만들어 놓았다. 그 결과 정부가 스스로 인정하는 바와 같이 원가에도 턱없이 모자라는 의료수가, 응급실 과밀화, 간병 문화, 왜곡돼 있는 의료전달체계 등 꾸준히 지적돼 온 문제들이 쌓여만 가고 있다. 아스클레피오스가 죽은 자를 살려냈더라도 그 대가를 받지 않았다면 벼락 맞아 죽지는 않았을 것이다. 이 같은 맥락에서 예나 지금이나 세상은 의사가 돈에 관심 갖지 않기를 바란다.

메르스를 계기로 의료체제 전반을 선진국처럼 뜯어고쳐야 한다는 소리가 드높다. 이를 그리스신화에 비추어보면 기존 질서를 무너뜨리는 목소리로도 볼 수 있다. 기존질서의 지배자들인 관료들은 그리스신화의 하데스처럼, 오늘날의 제우스인 대통령에게 기존질서를 어지럽힌다고 보고할 것이다. 실제로 관료들은 의료제도에 일부 개선할 점이 있는 것은 사실이나 전반적인 제도개편은 '의료계의 소원수리를 들어주는 꼴'이니 불손한 의도라고 공개적으로 언론에 반론을 펴고 있다.

다시 그리스신화로 돌아가서, 아끼던 아들이 죽자 아폴론은 대단히 화가 났다. 아버지 신인 제우스에게 벼락을 만들어준 대장장이

퀴클롭스 3형제를 죽여 버렸다. 이에 화가 난 제우스도 아들인 아폴론을 페라이 땅으로 귀양 보내 인간인 아드메토스를 섬기게 했다. 그러나 나중에 제우스는 아들인 아폴론의 간절한 요청을 받아들여 지옥에 있던 손자 아스클레피오스를 별자리로 바꾸어 오피우커스(Ophiuchus:뱀주인자리)를 하늘에 박아 놓았다고 한다. 뒤늦게나마 손자를 인정하고 가엽게 여겼던 것일까. 그래서 고대 그리스사람들은 뱀이 '아폴론의 약초'를 발견하는 비법을 알고 있다고 믿었고, 아스클레피오스와 관계 깊은 신성한 동물로 여겨 뱀을 위하여 수탉이 제물로 바쳐졌다.

아스클레피오스 숭배의 중심지는 펠로폰네소스 반도의 에피다우로스인데, 고대 그리스시대 에는 이곳에 신전이 세워져 많은 병자들이 몰려들었다. 이때 병을 고치려면 예물을 지참하고 미리 하루 전에 신전에서 예배를 드려야 했는데 이를 인큐베이션이라 했고 오늘날에도 쓰이는 의학용어다. 또한 코스섬과 크니도스섬을 중심으로 아스클레피오스의 자손(아스클레피아다이)이라고 하는 의술자들이 살고 있었다. 이곳 출신인 의성(醫聖) 히포크라테스도 아스클레피오스의 후손이다.

아스클레피오스의 두 아들은 모두 트로이전쟁에 참전하였다. 아스클레피오스에게는 네 딸이 있었다. 첫째딸 이아소는 '의료'라는 뜻이고, 둘째딸 판아케아는 만병통치(panakeia), 세째딸 아이글레는 '광명', 넷째 딸 휘게이아(Hygieia)는 '하이진(위생)'이란 뜻이다.

아스클레피오스의 지팡이는 뱀 한 마리가 막대기를 휘감는 모습이다. 이 뱀(Rode of Asclepius)은 아스클레피오스의 사자인 독 없는 흙빛 뱀으로 오늘날까지 의술의 상징으로 쓰이고 있다. 이는 전령의 신인 헤르메스가 손에 들고 있는 뱀 머리가 두 개인 연금술을 의미하는 케리케이온과는 다르다. 카듀케우스(Caduceus)라고도 하는 뱀 머리가 두 개인 지팡이는 무엇이든지 만들 수 있는 지혜를 뜻한다. 여기에 비둘기 날개를 두 개 단 것도 있다. 이것은 중세에 기독교에서 만든 것으로 '뱀처럼 현명하되 비둘기처럼 무해하게(harmless)'란 성경의 뜻이라고 한다.

그런데 대한의사협회나 군의관 병과표시에는 아스클레피오스의 지팡이인 뱀(Rode of Asclepius)을 쓰지 않고, 헤르메스의 지팡이인 케리케이온을 사용하고 있다. 헤르메스는 저승으로 인도하는 전령의 신이고 상업과 도박의 신이다. 현재도 상업관계 학교의 기장(記章) 등에 날개와 뱀이 달린 지팡이가 그려져 있는 것은 '상업의 신' 헤르메스에서 연유한다.

필자뿐만 아니라 다른 관계자들도 이점을 알고 있고 지적하였지만 여태 고치지 않고 있다. 이처럼 혁신이란 어려운 것이다. 프란시스 베이컨은 그의 《수상록》 중 〈혁신에 대하여〉에서 "모든 치료법은 그야말로 하나의 혁신이다. 그리고 새로운 치료법을 사용하지 않는 자는 새로운 악화를 각오해야 한다."라 하였다. 또한 그의 명수필 〈운명에 대하여〉에서 "우연이 운명을 크게 좌우하는 것을 부정하지는 않지만, 대체로 인간의 운명을 형성하는 것은 그 자신의 손에 달려 있다."라 하였다.

우리나라도 이참에 선진국처럼 전문가 행정을 펴기 위해 보건부를 독립시켜야 한다는 주장이 힘을 얻고 있다. 무너진 국가방역체계를 바로 잡기 위해 질병관리본부를 청으로 승격시켜 역학조사관 등 전문가를 양성해야 한다고도 한다. 그러나 제우스 격인 정치권과 하데스 격인 관료들이 나누어 다스리던 의료정책 분야에 의사들이 들어오는 것을 반길 리 없다. 혁신을 하지 않아 새로운 악화를 가져오고야 말 것인지, 뜻있는 사람들이 운명을 기다리지 않고 의료개혁에 성공할 것인지를, 델포이 신전 무녀(巫女) 피티아를 통해 신탁(神託)을 받아볼 수는 없을까?

욕지도(欲知島)의 보름달

—
최시호

✝

영남 성형외과의원 원장
영남의대 성형외과 교수 역임
《수필과 비평》대구작가회의, 대구문인협회 회원
1996년《수필과 비평》으로 등단
저서《개나리꽃을 아시나요》
youngnamps@hanmail.net

자정이 가까운 시각, 홀로 해변가 순환로를 걷고 있다. 보름달이 유난히 밝기 때문만은 아니다. 욕지도— 알고자 하는 욕구가 생기는 섬 —라는 이름 때문이다. 이 섬에 오면 무엇 때문에 알고자 하는 욕구가 생기는 걸까? 알고자 하는 욕구는 또 이 섬에서 무엇을 알게 해줄까? 이런 궁금증이 한 밤에 달빛산책을 나서게 했다.

달빛도 표정이 있다.

꽃 피는 봄 날 이화에 월백하는 달빛은 은은(隱隱)하고, 눈 내린 겨울날 월백 설백 천지백하는 달빛은 교교(皎皎)하며, 구만 리 장천을 날아가는 기러기를 인도하는 가을날 달빛은 정연(正然)하다. 그러나 오늘밤 욕지도의 보름달빛은 표정이 없다. 잠 못 들어 뒤척이는 산새의 울음에도 오불관언(吾不關焉)이요, 부딪치며 깨어지는 파도의 외침에도 일체무심(一切無心)이다.

대학 1학년 여름방학 때 친구들과 영덕으로 캠핑을 갔었다. 해변 모래밭에서 파도 소리를 들으며 텐트 안에 누워 쳐다 본 그믐날의 밤하늘은 장엄했다. 은하수를 따라 흐르며 명멸하는 별들의 향연이 손 내밀면 잡힐 듯 눈앞에 펼쳐졌다. 기타를 치며 노래를 부르고, 술잔을 부딪치며 이야기를 나누고. 일찍 잠들었다는 말은 거짓말일 것이다. 다음날 늦게 일어나 아침식사를 준비할 때 버너가 고장이 나 작동되지 않았다. 한 친구가 가까운 야산으로 가 땔감을 마련해 왔다. 편편

한 송판 같은 판자를 야전삽으로 작게 부수어 밥을 지었다. 밥을 먹을 때, 구경 나온 동네 아이들이 수군거렸다. 알고 보니 그 뗄감은 동네 한 노인이 사망 후 매장하였으나 무슨 사정인지 곧 이장을 하고 남았던 관을 짠 판자였다. 죽은 자의 것으로 산 자들의 밥을 해결했다는 사실. 무언가 불편한 느낌. 이때의 느낌을 아직도 또렷이 기억하고 있다. 죽음은 슬픔이고 불행이며 모든 것의 끝이라는 인식을 가지고 있던 젊은 우리들에게 쉽게 받아들여지지 않는 삶의 아이러니로 가슴에 새겨졌다.

밝은 햇빛 아래서는 직선이던 수평선이 달빛 아래서는 보일 듯 말 듯 곡선을 이루고, 조각조각 파도에 실려 온 수평선이 섬과 만나는 포구에서 다시 만나 커다란 동심원을 그린다. 그 동심원 속에 몇 척의 작은 배들이 달빛을 이고 잠들어 있다. 어떤 배는 만선의 꿈을 이루어 붉고 푸른 깃발을 자랑하듯 펄럭이며 개선장군이 되어 포구로 돌아왔을 것이고, 어떤 배는 거친 풍랑과 싸운 보람도 없이 텅 빈 그물과 찢어진 깃발을 그림자처럼 매단 채 힘없는 뱃고동 소리만 울리며 패잔병처럼 돌아왔을 것이다.

달 밝은 밤에 비록 잠 못 이루며 뒤척일지라도 모든 달은 위로의 말을 건네주고, 모든 밤은 안식을 펼쳐준다. 그러나 오늘 욕지도의 보름달은 말이 없다. 염화시중의 미소만 띄울 뿐이다. 석가모니 부처의 미소를 알아들을 수 있는 가섭 같은 마음을 지녀야 알아들을 수 있는 달의 미소.

고희란 그림자의 뜻을 이해할 수 있는 나이다. 나도 인생길을 한참 걸어와 고희를 몇 년 앞둔 오늘. 이제는 해 질 무렵 긴 그림자를 안고 있는 나무들을 사랑할 줄 알고, 내 지나온 인생길의 그림자도 사랑할 줄 알게 되었다.

 죽음, 생을 마무리 한다는 것.

 이제는 별다른 두려움이나 거부감 없이 수용할 수 있을 것 같다. 죽음은 슬픔도 불행도 아니며, 하늘로부터 받을 수 있는 마지막 혜택이며, 후손에게 남겨줄 수 있는 가장 큰 선물이라는 것을 이해하게 되고, 인간의 꿈인 불로장생이 지구촌 생명체에게 얼마나 큰 재앙인지도 각성하게 되었다.

 연극무대의 조명은 밝음과 어둠의 조절이 용이하지만 인생길의 조명은 그 명암을 마음대로 조절할 수는 없을 것이다. 내 남은 인생길의 조명도 이 보름달처럼 제 자리를 지키며 눈부시지도 어둡지도 않은 빛을 제 몫만큼만 밝힐 수 있으면 좋겠다.

 달빛이 파도치며 드럼소리처럼 울려 퍼진다. 온 세상이 달빛이다.

버리고 갈 것들만 남아

김인호

⸸

김인호소아청소년과 원장

하버드대 보건대학원 의료최고관리자 과정 수료

송파구의사회 회장

대한의사협회 의무이사

남북한의료협력위원회 위원장 역임

의원문제연구회 회장

서울시 의사회, 대한의사협회, 남북의료협력위원회 고문

한국의사수필가협회 감사, 수석회 회장

2012년《수필과 비평》으로 등단

《수필과 비평》신인상, 보령의사수필문학상 수상

drkimih@hotmail.com

"이젠 젊지 않습니다. 6개월 내 우측 눈에도 올 겁니다."
4년 전 백내장 진단을 받았을 때 후배 안과의의 단호한 선언에 갑자기 내 젊음이 강탈당한 기분이 들었었다. 며칠 후 나의 수정체는 인공렌즈로 간단히 교체되었고 시야는 훨씬 선명해 졌지만 그 동안 제 나름 역할을 다했던 나의 부속 조직은 미련 둘 사이 없이 폐기 처분되었다.

어릴 때부터 양안 고도 근시(兩眼 高度 近視)라서 수차례 안경을 바꾸며 나의 핸디캡을 남몰래 달래며 살아 왔기에 그 때 받았던 충격은 나를 심각한 상실감에 빠지게 했다. 그것은 내 신체 극히 일부였던 왼쪽 수정체가 일시에 제거되었다는 것도 있었지만 또 다른 부위 어디가 제 기능이 소진되며 쓸모없는 상태로 들어서고 있지 않을까 하는 불안감이 더 컸기 때문이었다. 조만간 더 많은 조직들이 하나하나 이탈될 게 뻔하다. 비단 내 몸뿐이겠는가. 나를 둘러싸고 있었던 모든 것들 역시 그 역할을 마무리하고 떠나야 할 시점이다. 이별은 다음 만날 것을 기대하지만 이것은 탈락이고 폐품 처리 과정이다.

"버리고 갈 것만 남아서 참 홀가분하다."는 박경리 씨의 독백처럼 이제 아껴둘 무엇이 있는지 뒤적여 본다. 먼저 빛바랜 사진첩이었다. 그 시절 사랑과 행복했던 아름다운 순간들을 모아 잘 포장된 추억으로 간직했던 그림들, 이제 누가 그 때를 느껴줄 수 있을까. 조만간

버려야 할 대상에 꼽혀 있지만 아쉬움이 남는다. 달콤했던 신혼시절이 담긴 결혼 사진첩을 필두로 두 아들의 태어남과 성육(成育) 과정을 촘촘히 정리하며 상황설명이 깨알처럼 그려져 있다. 미소가 번지는 것은 두 아들이 동시에 포경수술을 받고 종이컵으로 덮어 둔 고추를 서로 들여다보던 순간의 장면이다. 이제 그 또래 아이들을 키우며 미국에 살고 있는 두 형제는 이런 순간이 있었던 줄도 모른다. 현상(現像) 후에 동봉한 '코닥' 필름도 잘 붙어 있다. 그 때는 언젠가 그 장면들을 복사하여 그들에게 주리라 보관하였을 것이다.

　난 젊어 한 때 비디오 촬영에 몰두하여 가족 일상부터 여행기를 일기처럼 찍었다. 대학시절 연극, 영화에 취미를 붙여 연구한 탓으로 의사가 된 후에도 그 시대에 제조된 영상미디어를 세팅하여 나름 촬영하며 보관해 왔다. 이제는 서재 한 면이 그 작품들로 장식되어 있다. 먼 훗날 어느 때인가 은퇴하여 한가하고 여유로워지면 이들을 편집하여 그야말로 일생을 작품화하리라 맘먹고 있었다. 그런데 최근 이런 꿈과 계획이 결코 쉽지 않고 허망해짐을 느낀다. 무엇 때문일까.

　지난 30년 동안 IT 산업이 예상을 초월하였고 나 자신의 생리적 퇴락을 예상하지 못했다. 최초의 내 비디오카메라는 '히타치' 제품으로 1kg 정도 무게 때문에 어깨에 걸쳐서 촬영해야 하는 16mm VHS 일체형 이었다. 테이프를 장착하여 촬영 후 바로 시사힐 수 있는 형태로 개발되어 무겁지만 편리했다. 몇 년 지나 소형화 된 8mm '소니' 제품이 나와 손목으로 고정 촬영하는 신형으로 교환했는데 얼마 안 가 다시 6mm 손바닥 안에 놓을 수 있는 것으로 바꿨다. 그러면서 테이프들도 소형화로 되었는데 어느 날부터인가 삼성 디지털(digital) 비디오로 손가락만 사용하고 필름이 필요 없어져 버렸다. 폐업 '코닥'과 함께 필름시대는 종언을 고한 것이다. 그런데 최근에는 핸드폰으로 비디오 시스템이 접속되며 손톱 크기의 USB에 기록되도록 마이크로 칩 시대로 진입되어 인공지능 시대가 오면 또 어떻게 변화 할 런지 두려울 뿐이다.

중년이 지나 노년에 들어 선 세월, 이제 와서 내가 버려야 할 것들 중 첫째가 애지중지한 비디오카메라 기기들과 VHS 같은 아날로그 테이프 들이다. 재생(replay)할 기기들이 없어져 버렸으니 나로서는 어쩔 수 없다. 하지만 그 속에 얼마나 많은 나의 역정((歷程)들이 생생한 육성과 함께 잠자고 있는가. 고심 끝에 나는 필름과 테이프 내용 기록을 CD 판으로 옮길 수밖에 없었는데 그것마저도 LP 판처럼 쌓여져 요즈음은 외장하드와 USB에 옮기려 한다. 그러나 이제 그 작업도 의미가 없어지고 있다. 인생 여정의 아름다운 추억을 재생하며 잠시나마 행복해 하려던 그 꿈은 젊었을 그 때의 환상이었다. 세월과 함께 그 장면들을 추억하려는 주연급과 그 관객이 이미 노쇠해 버린 것이다. 촬영 당시 상황을 섬세하게 수용해야 할 뇌기능이 쇠퇴되어 버렸음이 이제 와서야 감지될 줄이야. 그 땐 전혀 예상하지 못했다.

그러나 지금 생각은 그렇다. 그래도 일부 남아 있을 기억 중추 세포들이 현장의 생생함을 보면서 "아! 그 때 내가 즐겨 입던 자줏빛 차이나 스타일 셔츠, 눈을 가릴 정도로 풍성하면서도 웨이브가 아름다운 아내의 긴 머리칼…!" 하며 내 젊음의 편린들을 들추어낼지 모르지 않느냐 하고 말이다.

"이 티셔츠는 당신 마흔 생일 기념으로 작은애가 용돈 모아 사준 것인데… 이 바지는 발리 여행 때 사서 그렇게 즐겨 입더니만…" 가을에 걸칠 옷을 찾는다며 장롱 서랍을 뒤지던 아내가 나를 쳐다보더니 "이제 이런 옷가지는 버려야 하겠수! 넣어 둘 곳도 없지만 당신 몸에 맞지도 않아요."라고 하며 빈 박스에 넣기 시작하더니 곧 가득 채우고 또 빈 박스를 찾는다. "아니 이건 아직 입을 수 있는데 버린다구?" 하며 멀쩡한 남방셔츠를 걸쳐보려 하자 냉정하게 빼앗아 수거함에 던진다. 심판관은 아내 몫이다. 아내 자신은 10년이 지난 치마의 단을 수선해 입더니, 나의 것은 쓸 만한 것도 지체 않고 버린다. 버릴 것을 뒤적이는 아내의 눈빛은 아쉬움과 그리움이 교차하고 있었다. 세월 뒤에 숨은 삶의 흔적을 지우려는 아내의 허탈함은 외로움 탓일지도 모른다.

서재로 돌아 선 나도 습관처럼 쌓아 둔 서적들을 버리기로 작정했다. 탈색되어 고서가 된 의과대학 시절 교과서, 손때 묻은 월간 논문집들을 폐기 박스 속에 넣는다. 전공의 시절, 밤낮 없이 파고 든 전문서적도 이미 먼지가 뽀얗게 쌓여 있다. 이 서적으로 받은 지식의 모두가 내 머리 속에 남겨져 있지 않다. 그러나 이들 지식의 무게도 그 수명을 다했다. 연수 프로그램으로 재충전시켜 줘 애써 원서를 찾지 않아도 된다. 버리자. 과거의 기록물은 부질없는 애착심이다. 마치 내 머리 속이 저절로 비워지는 것처럼 비워 버리자.

사실 예상한 것처럼 한 달도 안 되어 어금니 두 개가 뿌리 채 삭고 통증을 일으켜 아예 빼버리고 인공치아로 이식하게 되었다. 다행히 6개월 내 우측 수정체도 백내장이 와 폐기될 것이라 했지만 아직 존속하여 제 역할을 하고 있음은 행운이다. 그러나 다음은 어느 쪽 일까. 조락의 계절이 오면서 미루나무의 부실했던 잎새들이 먼저 가랑잎 되어 뒹군다. 그도 한 때 매미와 까치집 사이에서 녹음으로 폼을 재었던 시절이 있었겠지……. 지나 온 한 때, 불덩이 같았던 그 청춘의 열정도 메마른 수액(樹液) 하나로 힘을 잃지 않는가.

　상실의 계절이 왔다. 까칠한 피부가 어린(魚鱗)같이 갈라져 소슬한 바람결에 먼지 되어 사라지듯, 메마른 가을이 짙어지기 전에 지금까지 메고 온 무거운 것들 명예마저도 훌훌 버리고 홀가분하게 나서자.

(전략)
대문 밖에서는
늘
짐승들이 으르렁거렸다.
늑대도 있었고 여우도 있었고
까치독사 하이에나도 있었지
모진 세월 가고
아아 편안하다 늙어서 이리 편안한 것을
버리고 갈 것만 남아서 참 홀가분하다

-박경리 유고시집 중 〈옛날의 그 집〉-

2016 한국의사수필가협회 공동수필 제 8집
버리고 갈 것들만 남아

M과 W | 김종길

가을엔 친구가 | 윤주홍

얼굴이식 | 박대환

초시계 | 여운갑

세상을 움직이는 작은 손들 | 김금미

호작질 | 이무일

무더 구다리(Maden Ghudali)의 두 여인 | 이종규

아직은 쓸 만한 김 선배님 | 오인동

지진의 추억 | 김석권

문제의 이모님 | 안혜선

인연의 그물 | 조광현

2부

인연의 그물

M과 W*

김종길

✝

부산 김종길신경정신과 원장

통합기능의학회 고문

카톨릭의대 외래교수

자살예방센터 대표

《에세이스트》고문

창작수필 신인상,《에세이스트》올해의 작품상(2009, 2014), 정경문학상 수상

수필집《속죄》임상에세이집《정신분석, 이 뭣고》

번역서《정신분열증의 분자교정의학적 치료》《의사를 위한 분자교정의학》

jgk4728@hanmail.net

М은 사지마비 장애인이다. 오른 검지만 작동할 수 있는 사람이지만 정신은 온전해서 휠체어를 탄다. 국가에서 마련해 준 고급 전동휠체어는 그를 세상과 연결해 주는 유일한 수단이다. 그가 지하철 안에서 역사로 하차를 시도하는 순간이었다. 휠체어는 밖을 향하여 비스듬하게 출발을 준비했다. 굴러가던 앞바퀴가 출입구 틈새에 걸리며 비상사태가 발생하였다.

뒤 따르던 보호사 W는 기겁을 하여 앞바퀴를 들려고 했지만 75Kg의 남자를 60Kg인 여자가 혼자서 들어올리기는 무리였다. 순간 대여섯 명의 승객들이 달려 나와 비상벨을 눌러주고 휠체어를 들어 주는 등 협조를 자청하였다. 세 사람이 들어주는 휠체어가 왼쪽에서 오른쪽으로 기울어지자 불안을 느낀 그는 타박하듯이 "에이, 그럼 안 되지!"라며 투덜거렸다. 도움을 주는 사람들이 제대로 하지 못한다고 나무라며 힘겹게 밖으로 나올 수 있었다. W는 도와준 분들에게 고맙다고 허리 굽혀 인사를 드렸다.

W는 분명히 밖으로 나갈 때 바퀴가 끼지 않도록 직각 방향으로 출발 준비를 하고 있어야 한다고 일렀는데 그는 말을 듣지 않았다. 그러면서 뻔뻔스럽게 투덜거리고, 도와준 분들에게 고마워 할 줄도 모

---

* M과 W: M은 남자, W는 여자의 상징. 정신분석적 문헌에서 사용하기도 함.

2부 인연의 그물

르는 그의 태도에 대해 그녀는 불쾌감을 느꼈다. 어쩌면 몇 번 유사한 경험을 하면서 이런 도움을 받는 순간을 즐기는 게 아닐까하는 의구심이 들어 말을 듣지 않는 그가 더 미워졌다. 원칙을 사랑하는 W는 화가 났고 참았던 분노를 직격탄으로 쏘았다.

"장애가 무슨 큰 벼슬이가? 와 시키는 대로 안 하는데!"

그는 무시하듯 답하지 않았다. 그는 W보다 몇 살이 적은 쉰 살 노총각이다. W는 그의 누나 연배로 결혼생활을 해봤고 자식도 있기에 숙련된 간호와 봉사에 자부심을 갖고 있었다. 그녀가 신경질이 늘어난 이유가 있었다. 다른 40대 여자 보호사가 5일씩 연속으로 교대근무를 시작한 이후로 M과 W 사이에 거리가 생겼기 때문이다. 그는 노골적으로 W에게 좋아하지 않는 눈치를 드러내곤 했다. W는 그가 몇 살이라도 젊은 여인에게 더 애착을 느끼는 모습을 가련하다고 생각했다. 그녀는 봉사의 가치와 경력을 따지자면 자신에게 비할 바가 못 되는 입장일 터. '그래 그건 내 생각일 뿐일 수도 있겠지.'

어느 날, 그가 두 번째 용변을 쏟아냈을 때였다. 지난 5개월 간 예수님을 모시는 마음으로 해치워냈건만 투정을 하는 그에게 혐오를 느끼면서 냄새가 더욱 지독하고 역겨워졌다. 살찐 그 남자는 먹는 일만이 유일한 즐거움인지 먹성이 좋았고 변량도 많았다. 하루에 두 번씩 배설하는 양이 만만치 않았다. 그 음식부터 자신이 도와주는 모든 일, 과정이 돈으로 환산되어서 국민의 세금으로 지원되고 있다는 계산도 했다. 한 달에 오백만원은 족히 되겠다는 생각에 미치자 그가 더 미워졌다. 그가 하는 일이란 먹고 싸는 일이 전부로 보였다. 보살핌과 도움의 비용은 나라 세금에서 지불된다. 달마다 국민의 혈세가 샌다는 생각까지 다달았다. 마음이 갑갑해졌다.

하루는 변을 치우다가 하도 역하고 힘이 들어서 커피를 한 잔 마시고 싶어졌다.

"M씨, 커피 한 잔 더 먹어도 될까요?"

"내가 호구로 보여요? 아침에 먹었잖아요!"

갑자기 힘이 빠졌다. 마른하늘에 번개가 가슴 속을 훑었다. 백 원짜리 커피를 구걸한 자신에게 역겨움이 솟았다. 동전 한 닢, 그 백배의 거부감이 가슴을 후려쳤다. 그가 내게 '갑질'을 하는 건 아닐까, 하고 기분이 묘해졌다. 몇 달 간 그를 위해 봉사해왔다는 자부심이 배설물에 오염된 기분이었다. 갖가지 힘들었던 순간이 뇌리에 스쳐지나갔다. 그러나 자신의 책무가 장애인을 돌보는 일이기에 밖으로 터뜨려서는 안 되는 일들이다.

그와 함께 월요일 장애인 모임에 참석하려면 외출준비가 복잡하다. 속옷부터 외출복까지 챙겨 입히기, 마지막 작업은 전동휠체어에 앉히기다. 일을 제대로 하자면 용을 써야 한다. 키는 비슷하지만 75Kg의 남자를 여자의 몸으로 앞에서 허리뒤쪽으로 끌어안고 뒤 벨트를 부여잡고 안아 올려서 의자에 앉히려면 비지땀이 절로 솟는다. 의자 끝에 앉히고 더 뒤로 깊숙이 앉게 하자면 좌로 우로 비뚤비뚤 당겨가면서 안쪽으로 들여앉힌다. 이마에 송글송글 땀이 밴다. 후! 큰 숨이 절로 나온다. '봉사라니······. 내가 순신했나?' 자책으로 한숨이 절로 솟는다.

아니, 정말 감사를 너무 모르는 그가 밉다. 어쩌다 나가는 성당에 가는 것도 좋아하지도 않거니와 엊그제는 성당에서 왜 사람이 안 오느냐고 보챘다. 그가 기다리는 건 사람이 그리워서가 아니다. 성당에서 보태주는 성금 5만원의 돈이 그리운 게다. 봉사자가 이틀 늦었다.

다녀간 후에도 감사한 표정은 보이지 않았다. 정부나 성당에서 지원을 해줄 때는 감사에 대한 교육도 시켜야 하는 거 아냐? 지원 자체는 당연하다는 태도. 그래서 은근히 힐난하듯이 왜 기다리느냐고 이유를 따져 야박하게 캐묻고 싶었다. 내심 항복이라도 받아내듯.

그는 젊은 여인, 보호사가 오는 날을 더 기다리는 눈치다. W는 속으로 빈정거렸다. 마비된 주제에 그래도 남자라고, 누나보다는 몇 살이라도 젊은 여인이 더 좋다는 게야? 그녀를 질투해 본들 이득도 없음에 혼자 쓴 웃음을 지었다. 마비된 가슴에 안겨지는 젊은 여성의 가슴이 어떤 느낌이 있을까. 그게 더 좋다 해도 누가 말릴 수도 없을 일. 머리가 멀쩡하게 돌아가는 그가 왜 그걸 더 원하지 않겠는가. 퇴근할 때면 밤새 그가 배뇨하도록 비닐튜브로 소변길을 만들어 주어야 한다. 처음에는 요령부득으로 어쩌다가 거시기가 부풀어 올라 그 상태로 고정을 시켰다가 다음날 아침에 홑이불이 흠뻑 젖어버려서 새로 갈아주는 고역을 몇 차례 겪었다. 수동적 조작에 발기가 가능하다니 신기한 일이었다.

W가 퇴근할 때 자신의 손가락의 위치를 휴대폰을 조작할 수 있도록 조심스럽게 요구하는 걸 보면 그의 말 못하는 심정이 짐작되었다. 야동에 빠져서 통신비가 엄청 나오는 걸 보았기 때문이다. 가상현실을 즐기는 지극히 평범한 그 욕망의 작동을 중지할 수는 없을까. 그런 그에게 도덕과 예의를 요구하며 스트레이트 펀치를 날렸으니 그가 좋아할 리가 없다. W는 젊은 여인에게 고객을 뺏긴다기보다는 그의 선택과 권리를 인정할 수밖에 없었다. 다음날 W는 사무실에 전화하여 건강상의 이유로 다른 보호사를 구해주도록 요청하고 일을 접었다. 중년이 훌쩍 넘도록 나이를 먹고서도 자신이 남자를 아직도 모

르고 있다는 것을 깨닫고 스스로 순진한 도덕성에 매여 산 게 아닐까 자신을 돌아보았다. 사지마비장애자 M은 몸만 성인이 된 아기일지라도 욕망을 느끼는 '이중성의 키덜트**'가 살아 있음을 미처 몰랐던 게다. 그러면서 신명나게 쏘아부친 자신에게 나무랄 자격이 있느냐고 자문하였다.

하나 더, 남에게는 말하지 못하는 의문이 남았다. 이런 장애인이야말로 카프카가 〈변신〉에서 그렸던 '벌레'가 아닐까? 징그러운 벌레가 내 가족이라면 밉다고 유기할 수도 없고 미움 속에서도 도움은 계속할 수가 있을까?

** 키덜트: 아이어른, 어린이와 성인(kid+adult)의 합성.

가을엔 친구가

윤주홍

✝

윤주홍내과 원장

《월간문학》천료

대표에세이 문학회 회장 역임

한국문인협회, 펜문학 이사 역임

한국수필문학회 부이사장 역임

문학의집 서울이사

수필집《어느 가난한 의사의 작은소망》《낙조에 던진 사유의 그물》

《고구려 의자존심》《뻐꾸기 신문에서 울다》

시집《매향을 훔치려다》

시조집《포구 가는 길》

inbo34@naver.com

해마다 가을을 소유할 수 있는 것은 가을볕 짙은 향으로 익은 감을 따다 주는 친구 덕분이다. 주는 손을 오히려 겸손해 하는 친구내외는 가물어 잘잘하지만 당미는 높을 거라며 감만큼 익은 우정을 놓고 간다. 티 없는 얼굴에 미소가 가을 하늘 같이 해 맑다. 좋아하는 꿀 차 한 잔의 여유도 폐로 여겨 진료에 방해가 된다며 부인을 재촉하던 친구 얼굴이 가슴에 무거운 그리움으로 가라앉는다.

오랜 중진 관료로 관직에서 물러난 뒤에도 겨우 형제들이 마련해 준 작은 집이 남향에다 큰 감나무 하나 쓸 만하여 입주를 허락했다는 청백 순박한 친구. 자취방에 엉켜 뒹굴기를 4년 동안 영근 우정, 나보다 많은 나이에도 부지런하기가 몇 곱절이다. 동생같이 여긴다며 졸업하면 형님이라 부르라는 여유 있는 설득은 '오뉴월 한나절 볕에 갈잎나무 한 짐 말리거든!' 세월을 따져 다짐하며 어려서부터 배웠다는 담배 피어 문다. 핀잔에도 빙긋 웃음을 짓던 친구였다. "나는 내가 아니라 내가 걷는 그림자여." 그래서 호를 보영(步影)이라던 친구다.

오늘은 좀 핼쑥한 모습으로 손을 저으며 서둘러 감을 놓고 간다. 주춤, 눈길을 주려는 부인을 앞세워 뒤돌아봄도 없이 걷는 걸음이 가볍지 않다. 하오 늦가을 볕을 등지고 걸어가는 모습 뒤에 "또 만나!" 하며 배웅의 손만 흔들었던 며칠 후이다. 그이가 폐암이라고 알려 주는 부인의 울먹이는 전화 속에서 "제(弟)씨가 믿는 신에게 기도를 부탁한다."는 친구의 목소리가 떨리고 있었다.

 그리고 다음해 늦봄 솔향기 짙은 고향 산에 묻히던 날도 기약 없이 흔들던 손으로 얼굴을 감 쌀뿐 나는 그를 위해 아무할 말도, 할일도 없었다.

 친구를 잃는 것은 세상 절반을 잃는 것이다. 상실감으로 주눅이 들어 남아있는 추억을 더듬던 늦가을 하오다. 문을 열고 들어오는 소복한 여인의 손에 주황색 감 바구니가 들려 있었다. 가슴에 우정의 향이 피어오르고, 나는 친구가 보고 싶어 하늘에 대고 "형!" 하고 불렀다.

얼굴 이식

박대환

✝

대구가톨릭의대 성형외과 주임교수

국제 성형외과학회 한국대표. 중국 정주대 및 중국 광주 남방대 성형외과 객좌 교수

영호남 성형외과 학회장, 대경 창상학회장. 대구가톨릭 조직공학 센터장

국제 미용성형외과학회지 심사위원

2007년 《한국수필》로 등단

한국수필가 협회회원. 대구수필가협회 회원. 달+벌 수필 및 인행 수필 동인

제4회 한미수필문학상 수상, 제144회 한국수필 신인상 수상

주요저서 《안성형외과학》《미용성형외과학》《표준성형외과학》

《액취증과 다한증의 치료》(2001) 등 10 여권

수필집《자유와 고독의 항아리》

dhpark@cu.ac.kr

영화〈페이스 오프〉에 보면 FBI 요원과 테러범이 얼굴을 바꾸는 장면이 나온다. 영화나 소설 속에서도 성형수술이 종종 소재로 등장하고, 주인공이 성형수술로 변신을 하고 다른 사람으로 행세하여 극적인 재미를 더하는 경우가 많다.

　"머리 나쁜 여자는 용서할 수 있어도 못생긴 여자는 용서 할 수 없다", "못난 얼굴은 용서할 수 있어도 뚱뚱한 몸매는 용서 할 수 없다."는 말이 있듯이 못생기거나 뚱뚱한 여자가 성형수술을 해서라도 예뻐져야지 그냥 있으면 한국에서는 무슨 죄라도 지은 사람 취급을 받는다.

　결혼 정보회사에 의하면 우리나라 남자들이 여자를 고르는 첫째 조건이 외모이고, 여자가 남자를 고르는 첫째 조건은 경제력이다. '진선미' 중 3번째인 '미'가 첫 번째로 바뀌었다는 의미이기도 하다. "한국은 성형공화국"이라고 하듯이 우리 사회 전체를 휘감고 있는 미용성형수술의 열풍에 힘입어 한국의 미용성형은 급격히 발전하였다.

　한국은 인구 당 성형수술 건수가 세계에서 최고이고, 인구 당 성형외과 의사 수도 세계에서 제일이다. 환자들이나 일반 사람들은 현재 성형수술이 매우 발달했으므로 성형수술을 마치 마술같이 생각하며, 무엇이든지 모두 바꿀 수 있다는 환상적인 생각을 갖고 있다. 성형수술을 받고 나면 다른 사람으로 변할 수 있다고 생각한다. 그러나 현대의 성형수술로 다른 사람으로 변할 수는 없다.

하지만 불가능해 보이는 것들도 돌파구를 찾아보면 가능해질 수도 있는 것이 의학이다. 그 중 하나가 얼굴이식이다. 얼굴이식은 현대 성형외과의 양대 축이라 할 수 있는 미세수술과 악안면 수술이 복합된 고난도의 수술이다. 일명 '페이스-오프(얼굴을 통째로 떼어 바꾸는 수술)'로 불리기도 한다.

이 수술은 안면이식으로 사망자의 피부조직 뿐만 아니라 안면신경, 얼굴 윗부분과 가운데 부분의 안면근육, 윗입술, 코와 치아 등 이식이 가능한 수술이다. 시신으로부터 얼굴 피부와 혈관, 신경, 근육, 뼈를 드러내 이식하는 꿈의 성형술이다. 얼굴이식은 2005년도에 개에게 얼굴을 물린 프랑스 여성에게 처음으로 실시되었다. 세계에서 두 번째이고 아시아에서 처음인 안면 이식 수술은 2006년 중국 서안에서 흑곰에게 얼굴 전체를 손상당한 남자에게 실시되었다. 미국에서 처음으로 시행된 얼굴 이식수술은 2009년 세계에서 네 번째로 이뤄졌지만 얼굴의 80%를 교체하는 사실상의 전면 이식수술은 세계 최초다.

얼굴이식을 받은 환자는 기자 회견에 나와 얼굴을 찾게 되어서 기쁘다고 하였다. 환자는 안면이식 후 면역 거부반응을 막기 위해서 평생 면역억제제를 먹어야 한다. 또한 수술 뒤 달라진 얼굴로 인해 정서적으로 혼란이 있을 수 있다. 죽은 기증자의 얼굴도 아니고, 그렇다고 자신의 얼굴도 아닌 또 다른 사람의 것처럼 느끼는 정체성의 혼란을 겪을 수 있다는 이야기다. 수술이 실패하면 자발적인 호흡은 물론 음식섭취도 불가능해진다. 올해까지 모두 27명이 안면이식을 실시했고, 그중 4명이 사망하였다.

그럼에도 불구하고 모든 상황을 상세히 알려주고 환자의 동의를 얻어 안면이식은 시행되어야 하고 발전되어야 한다. 자신이 교통사고나 화상 등으로 얼굴의 형태를 알아 볼 수 없는 상황이 되었다고 가정해보자. 밖으로 나가지도 않고 사람들과 만나지도 않지만 얼굴 이식술로 얼굴의 형태를 찾을 수 있다고 가정해보면 얼굴이식으로 새로운 삶을 다시 살 수 있기 때문이다.

얼굴 때문에 고통을 겪어온 많은 사람들에게 얼굴 이식은 마지막 희망이다. 앞으로 성형 대국인 한국에서도 안면이식이 활발하게 시행되어 많은 사람들이 얼굴 이식수술을 받아 세계 최고의 위상이 유지됨과 동시에 환자들이 새로운 삶을 살게 될 기회가 많아지길 기대해 본다.

초시계

여운갑

✝

사랑의 가정의학과 의원 원장

2014년《에세이 문학》으로 등단

제8회 보령 의사 수필 문학상 은상 수상

yeowk211@hanmail.net

"초시계 빌려 간 사람 가져오도록 해라."

교실방송으로 체육선생님의 묵직한 목소리가 흘러 나왔다. 수업이 시작되기 전 아침교실은 모내기를 마친 논에서의 와글거리는 개구리의 소란이었다. 낮게 가라앉은 선생님의 음성은 이 혼란을 잠재우는 물결이 되어 실내 구석구석으로 가득 찼다.

당시 70명이 넘는 베이비붐 세대의 콩나물 교실은 체벌로 효과적인 관리가 이루어지고 있었다. 남녀공학 중학교에서의 본보기로 매 맞기는 남학생들 몫이기도 했다. 그 선봉에는 체육선생님이 계셨다. 그리고 특별한 지시는 방송을 통하여 일사분란하게 전달되고는 하였다.

'육상부 선수 하나가 늦게까지 연습하다가 집에 빌려간 모양이구나.' 하고 흔히 있을 수 있는 경우라고 가볍게 생각을 하였다. 우리 중학교에는 씨름부와 육상부가 있었다. 소년 체전을 대비한 육성종목으로 이 운동이 지정이 되어 집중적으로 관심을 기울였다. 자의든 타의든 운동부에 들어가면 고된 훈련을 해야 하기에 힘은 들었지만 수많은 특권을 향유하였다. 체육선생님은 주로 생활지도를 담당하셨다. 그래서 몽둥이 겸 지시대로 사용하시는 긴 막대기를 항상 지니셨다. 그 선생님의 적극적인 보호아래 선수들은 학교생활을 하였던 것이다. 다른 사람이라면 매를 맞아야 하는 상황에서도 무사통과가 되는 것 같았다. 전체 조회 때나 체육 시간에는 다른 학생과 차별된 편애를 지켜봐야 했다.

　새마을 운동이 한창이던 시절이라서 중학생들도 종종 작업에 동원 되었다. 하천정리, 퇴비증산을 위한 풀베기, 벼나 보리 수확 같은 것을 할 때에 운동부원들은 그 시간에 운동 연습을 해야 한다는 이유로 제외되었다. 아침 등교 때 다른 학생들은 책가방과 함께 삽이나 낫을 들고 갈 때도 가방 하나만을 달랑 가지고 가는 것이 당연시 되었다. 따라서 그 사람들은 언제나 어깨를 펴고 학교를 휘젓고 다녔다. 어디서나 목소리를 크게 높이는 친구들이 바로 그들이었다.

　잠시 후 선생님의 방송이 한 번 더 나왔다.
　"초시계 빌려 간사람, 지금 사용해야 하기 때문에 빨리 가져오기 바란다."
　선생님의 목소리가 평소보다 많이 가라앉아 있는 것이 느껴졌다. 평범한 상황은 아니라는 직감이 들었다. 그러자 운동 부원이었던 같은 반 친구가 말을 하였다.
　"나, 누가 가져갔는지 알어. 어제 연습 끝나구서 육상부 주장 형이 집에 가져간다고 책가방속에 집어넣더라구."

　상황이 짐작이 갔다. 운동부의 3학년 주장은 후배들에게 왕으로 군림을 했다. 그러다보니 순간적으로 생각이 지나쳤던 것이다. 그리하여 선생님도 안중에 없는 행동을 한 것이다. 그러한 생각을 뒷받침이라도 하듯 방송이 한 번 더 나온다.
　"초시계를 빌려간 학생이 3학년으로 아는데 빨리 가져오기 바란다."

궁금하던 일의 형체가 뚜렷이 나타나고 있었다. 육상부 주장이 공공기물의 중요성을 잘 인식하지 못하고 제멋대로 학교 비품을 집에 가져간 것이다. 그리고 이것을 빌려간 것으로 돌려서 무난하게 해결하려는 체육선생님의 의도가 감지됐다.

그 후 어떻게 일이 마무리가 되었는지 자세히는 알지 못했다. 다만 전과같이 육상 부 주장을 비롯하여 선수들이 밝고 힘에 넘치는 모습으로 체육선생님의 지도하에 열심히 운동연습하는 모습을 볼 수 있었다. 선생님의 손에는 초시계가 쥐어져 힘차게 흔들리고 있었음은 물론이다.

초등학교 저학년 시절은 내 것과 타인의 것에 대한 개념이 부족할 시기이다. 그때에도 심심치 않게 도난 사건이 발생했다. 선생님들은 그런 상황에서 '바늘 도둑이 소 도둑 된다.' 는 전제하에 친구들 앞에서 매를 대는 일 없이 조용히 해결하려 하셨다. 모두 눈을 감게 한 후에 손을 들어 스스로 자인하도록 유도하셨던 것 같다.

만일 그때에 당사자가 도둑으로 매도되었다면 그 후의 삶이 편안하지가 못했을 것이라는 생각이 든다. 수치심과 자괴감은 무의식 깊숙이 자리를 잡게 된다. 시간이 오래 지나면 사건 자체는 잊을 것이다. 그러나 마음속에 상처는 그대로 존재하게 된다. 그러다가 유사한 상황이 발생하면 이것이 튀어나와 가시처럼 그 사람을 찔러 댄다. 그렇게 되었다면 성인이 되어 세상을 살면서 무언가 불안하고, 특정 상황에서는 과민한 반응을 보이는 등 상대하기 힘든 어른이 되지 않았을까 생각해본다. 아니면, 이 어린 친구들의 사고 능력으로는 왜 매를 맞았는지 맞지 않으려면 어떻게 하여야 하는지 하는 생각이 부족할 나이이기 때문에 아픔에 주눅이 들어 소극적이고 수동적이 되었을 것이다. 또 매를 맞을지 모른다는 공포감으로 남의 눈치나 보는 사람이 되었을 수도 있다. 성장하여 사회생활을 하면서 힘든 삶을 살수밖에 없었을 것이다.

이 친구들이 커가면서 옳고 그름을 스스로 터득해 갔을 모습이 그려진다. 이들은 그러한 것을 애정으로 지켜보며 기다려 주던 선생님의 따뜻한 모습을 회상했을 것이다. 이들이 융통성과 여유를 가진 건강한 성인과 사회인으로 성장하는 모습을 상상해 본다. 자본주의가 사회주의에 승리할 수 있었던 자발적인 창의력과 열정이 자연스럽게 나오게 하는 장면이기도 하다.

세계적인 거장들이 사용하는 명품 바이올린들은 소리의 오묘함 때문에 여러 요인에 의하여 쉽게 영향을 받을 수 있다고 한다. 최고급 바이올린과 같이 예민하여 긍정적이든 부정적이든지 쉽게 영향을 받는 것이 청소년이다. 그 영향력은 평생 지속되기 때문에 그들을 대할 때면 조심스러워진다. 청소년들을 보면 체격이 먼저 크고 정신이 뒤따라서 천천히 성장하는 것 같다. 청소년은 청소년일 뿐이지 체격이 성인 같다하여 결코 성인이 아니기 때문이다. 그들 스스로가 깨닫고 행동을 고치기까지 인내와 기다림을 필요로 한다.

진료실에서 가끔씩 접하는 상황인데 중, 고등학교 학생들이 많이 아프지 않으면서 내원하는 경우가 있다. 그 이유가 눈에 훤히 들어온다. 학교에 제출할 진료 확인서가 필요한 것이다. 그럴 때면 중학교 체육 선생님이 초시계를 가져온 육상부 주장에게 웃으시면서 '잘 사용했냐?' 하며 받는 영상이 그려진다. 이어서 내 머리를 툭 치며 '사소한 것은 속아줘.' 하시는 것 같아 내 뒷머리를 한번 슬며시 만져본다.

세상을 움직이는 작은 손들

김금미

✝

내과 전문의. 의학박사

일산서울내과의원 원장

이화의대 외래교수

경기도 내과의사회 재무이사

현 대한의사협회 공보자문위원

전 국제 의료재단 자문위원

전 이화의대동창회 홍보이사

2013년 《한국산문》으로 등단

수필집 《그들과의 동행》 공저

kmk6410@hanmail.net

"총무이사님, 재무위원회를 해야 할 것 같은데 언제 시간이 되시는지요?"
"다음 주까지는 매일 회의가 있는데요. 그 다음에나 되겠습니다."

나는 올해부터 대한개원내과의사회 재무이사로 일하고 있다. 대한개원내과의사회가 막연하게 열심히 일하는 단체인줄은 알고 있었지만, 실제로 합류해보니 모두 최전방의 전투병인 듯 열심이었다. 내과의사회의 모든 회의에 다 참석하는 총무이사는 개인시간도 거의 없어 보일 정도로 열심히 일하는 분이다. 자신이 주인공이 아닌데도.

작년 이맘때 정성화 주연의 뮤지컬 〈레미제라블〉을 관람했다. 뮤지컬 레미제라블 25주년을 기념하여 뉴 버전 오리지널 크리에이티브팀 전원이 내한하여 무대 연출을 맡고 200억 원의 제작비를 들여 만든 수작이라고 했다. 꽉 차게 설계된 무대, 겹쳐진 영상들, 기발하게 만들어진 세트들은 전혀 무대가 넓다고 느낄 수 없었고, 배우들 역시 그들의 경력이 말해주듯 감동을 주는 무대를 선사했다. 그리고 보이지 않는 곳에서 감동의 선율을 들려준 오케스트라가 있었다. 극장 블루스퀘어에는 배우들이 볼 수 있는 관객 쪽으로 2층에 작은 모니터들이 달려있었는데 거기에는 오케스트라의 지휘자가 모니터를 통해 지휘하고 있었다. 배우들은 그것을 보면서 노래를 하고, 오케스트라 단원들은 무대 아래 오케스트라 피트에서 연주를 한다. 주연 정성화씨를 비롯한 배우들 모두 공연 후에 관객에게 인사하면서 한층 아래의 오케스트라에게도 감사의 인사와 박수를 함께 보냈다. 배우들은 레미제라블 성공의 열쇠는 바로 보이지 않는 곳에서 아름답게 연주해준 오케스트라임을 잘 알기 때문이리라.

미국의 주간지인 《타임》은 매년 세상에서 가장 영향력 있는 예술인, 정치인, 기업인, 지도자 등 100인을 선정하여 발표한다. 2015년도에는 힐러리 클린턴, 버락 오마바 미국 대통령, 한국의 가수 지드래곤이 선정되었고, 2010년에는 벤쿠버 피겨 여자 싱글 금메달리스트인 김연아가 선정되기도 하는 등 매년 미국의 대통령과 각 분야의 세계적인 톱스타들이 세상에서 가장 영향력 있는 인사로 인정되고 있다.

이들이 가장 영향력 있는 인사로 선정된 데에는 이들을 위한 보이지 않는 조력자들이 있다. 힐러리 클린턴에게는 수백 만 명의 자원봉사자와 자문단이 있으며 버락 오바마가 훌륭한 연설을 하는 데에는 연설을 도와주는 연설준비자가 있다. 김연아가 세계적인 스케이터가 되기 위해서는 그 어머니의 눈물어린 희생이 있었음은 당연하다.

전 세계인의 주목을 받는 스포츠의 향연인 올림픽에서 메달을 획득하는 선수들은 올림픽의 주인공이 된다. 그러나 그 올림픽의 성공을 위하여 뒤에서 드러나지 않게 땀을 흘리는 수많은 사람들이 있다. 지난 8월 브라질 리우에서 열렸던 올림픽은 208개국 10,903명의 선수가 참가하였다. 그 화려함 뒤에는 5만 여명의 자원봉사자가 있었다. 이 자원봉사자들이 식사를 제대로 제공받지 못해서 일주일 만에 1만 5천명이 봉사를 그만둘 수밖에 없었다고 하니 보이지 않는 곳에서 수고하는 이들에 대한 배려가 너무 없었던 모양이다.

겨우 날짜를 맞춰 열었던 재무위원회 날, 나는 총무이사님께 물었다. "힘들지 않으신가요?" 그는 씩 웃으며 대답한다. "그래도 재미있고 보람 있어요." 알아주는 이가 없고 드러나지도 않지만, 이렇게 열심히 일하는 분들이 있어 의사협회가 움직여지며 의사와 국민을 위한 의료제도가 만들어진다.

객관적인 중요성이 어느 정도이든 보이지 않는 곳에서 세상을 움직이는 수많은 작은 손들이 있다. 누구의 기억에도 없지만, 그렇게 하여 세상은 움직이고, 아름다워진다. 이 세상의 영향력 있는 100인 보다 더 소중한 사람들이다. 이들을 기억하고 배려하지 못한다면 사라진 자원봉사자들만큼 세상이 어두워지지 않을까.

호작질

이무일

✝

강남 밝은 안과 원장

2008년 《에세이플러스》로 등단

(사)열린의사회 명예회장

수필집 《눈을 맞추는 남자》《남자가 간직한 사랑》

《감동적인 말은 누구나 할 수 있어도 감동은 아무나 줄 수 없다》

칼럼집 《천년백세 눈병》

lmieye@naver.com

요즘은 백세시대라고 한다. 그래서 그런지 중, 장년을 훌쩍 지낸 사람들을 주변에서 심심찮게 볼 수 있다. 보기에도 젊어 보이는 그들은 예전에는 사느라 바빠서 하지 못했던 일들을 지금이나마 하고 있다.

비교적 정년이 자유로운 전문직에 종사하는 사람들도 사회봉사뿐만 아니라 합창단에도 가입하고 섹스폰, 아코디언, 하모니카, 기타 같은 악기를 배워 동호회를 구성하여 연주회를 갖거나 심신을 힐링하는 등산, 댄스, 싸이클, 조기축구 등 이루 헤아릴 수 없는 많은 활동에 참여하는 것을 볼 수 있다. 말 그대로 자기가 하고 싶은 일이나 행동을 하는 것이니 '호작(好作)질'이라 일컫는다. 무릇 '-질'이라는 말에는 손으로 한다는 뜻이 포함되어 있으나 쉽게 마음먹었다고 되지는 않는다. 그래서 좋아하는 일도 숙련을 필요로 한다는 말이다.

그럼 나의 호작질은 무엇이었을까? 곰곰이 생각하니 골프였다. 골프가 나에게 부합된 의미는 다타호신(多打好身)이고 소타호심(小打好心)이며, 다타호타(多打好他)하고 소타호낭(小打好囊)이다. 다시 말해 공을 많이 치면 운동이 되어서 몸에 좋고 적게 치면 마음이 흡족해서 좋다, 또한 공을 많이 치면 남이 즐거워하고 적게 치면 주머니에 돈이 들어와 즐거우니 이처럼 좋은 호작질이 또 있을까?

손의 숙련을 필요로 하는 일에는 어김없이 '만시간의 법칙'이 적용

된다. 운동신경이 그리 좋은 편이 아닌 나도 2000년 초반에 제주스카이힐cc에서 홀인원 이라는 크나큰 행운을 잡기도 했다. 그것은 이 클럽 정회원 1호라서 골프장에 나무도 심고 기념품도 만드는 등 떠들썩하게 축하를 했다. 이어서 싱글패, 이글패도 받아봤다. 수많은 라운딩 중 생각이 나는 것은 CJ그룹 L회장의 주치의인 피부과, 이비인후과, 안과 원장과 제주 나인브릿지에서 1박2일의 호사스럽고도 융숭한 대접을 받았던 일이다. 암 투병 중에도 골프가 좋아 필드에 나서면 병이 다 나은 것 같다던, 지금은 고인이 되신 스포츠신문 연재 극화 시대를 연 국민 만화가 고우영 화백도 기억에 남는다. 그는 70~80년대에 《임꺽정》, 《수호지》 등으로 신문연재극화의 황금시대를 열었다. 지금도 고 화백은 그리 좋아하던 골프를 저승에서나마 만끽하고 계시리라 믿는다. 또한 자선골프에도 참석해서 섬김과 나눔을 함께 하고 준비와 진행을 맡았던 자원 봉사자들과의 행복하고도 아름다웠던 추억들도 새록새록 솟아오른다.

얼마 전 노래를 그리는 퍼포먼스 콘서트에 초대를 받아 갔다. 국내 유수의 소프라노와 테너 교수가 화가 두 명과 함께 1시간30분에 걸쳐 음악과 회화의 만남을 보여 주었다. 웅장하고도 애잔하며 또한 동심을 불러일으키다가도 '심쿵'을 불러일으키는 그리운 금강산노래에 맞춰 그림이 그려졌다.

콘서트의 분의기가 점차 무르익어가자 골프화가인 김영화 화백이 즉석에서 소프라노의 선율에 맞춰 검은 한지에 금색으로, 하얀 한지에 검은 먹물로 그림을 그렸다. 드레시한 의상에 맞춰 금색과 검은 먹물이 서로 뒤엉켜 뿜어내는 광경은 청중의 눈과 귀뿐만 아니라 혼까지도 앗아가기에 충분했다.

콘서트을 보고 들으며 즐기고 돌아온 며칠 후, 서재에서 책을 뒤적이다가 연필꽂이로 쓰는 목함 안에서 노란 야광색 딤플위에 그려진 나의 자화상을 발견했다. 넌지시 집어보니 2007년 3월31일 사인이 새겨져있는 골프공이었다. 벌써 오래 전 일이다.

늦은 오후 김 화백이 피로에 지쳐 충혈 된 눈으로 우리 병원을 찾아왔다. 그때 그녀는 전시회준비관계로 작품에 매진하다보니 눈에 문제가 있어 왔노라고 했다. 상담실로 들어오라고 하였더니 그녀는 커다란 가방 안에서 노란 야광색 골프공과 유성펜을 꺼내어 잠시 대화하는 도중에 내 얼굴을 그려서 건네주었다.

그녀는 자선골프에서는 크리스털로 만든 우승 트로피대신 도자기에 골프그림을 그려 주었고 와인스쿨에서는 와인병 라벨에 골프그림을 그렸다. 그는 어디에서나 골프화가로서의 자신의 세계를 표현하였고 노래하는 콘서트에서도 노래를 그림으로 그려서 그의 기발한 발상과 창의력을 뽐냈다.

그녀는 명실상부 골프화가로서 골프장의 18홀을 자신의 인생에 비유한다. 전통색 위에 오색찬란하며 영롱한 색감을 더하여 자기만의 작품세계를 보여주고 있다. 그림을 통해 심신의 안정과 행복을 주는 화백으로, 푸른 삶을 증식 시켜줄 건곤 화백으로서 우리 곁에서 오래도록 즐겁게 해줄 것을 믿어 의심치 않는다.

'-질'이라는 것이 끊임없는 연습과 수고를 필요로 하지만 좋아하는 일이니 힘든 줄을 모르겠다. 깊어가는 가을녘 드높은 하늘과 단풍을 벗 삼아 좋아하는 지인들과 함께 덕담을 나눌 10월의 호작질 라운딩이 기다려진다.

무더구다리(Maden Ghudali)의 두 여인

이종규

✝

의학박사, 가정의학 전문의

울진 연세가정의학과의원 원장

2008년《에세이문예》로 등단

한국수필가협회 정회원

〈서정문학〉수필 신인상, 보령 수필 문학상, 한국 에세이문학상 수상

2014년 제 7회 대한민국 환경사회봉사 대상 수상

저서《일차 진료와 여행 의학》

zl3jkl@hanmail.net

'무더 구다리'라고 했다.

해발 2,000m 가까운 고지대에 3,000여명의 주민들이 살고 있다. 초등학교와 중, 고등학교도 있다. 보건 진료소도 하나 있다. 네팔에서도 이름난 산악 마을이다. 깎아지른 절벽의 허리에는 좁은 계단식 논들이 길게 산허리를 감싸 안고 있다. 아주 질서 정연하게 오와 열을 맞추고 있다. 멀리 히말라야의 설산들은 화사하게 병풍을 두른 듯 마을을 감싸고 있다. 공기는 맑고 시원하다. 그렇게 심한 흙먼지를 뒤집어쓰고 긴장하면서 여기까지 찾아 온 보람이다. 11월에 접어들었지만 아직도 파랗고 싱싱한 나무들이 울타리를 이루고 있다. 울타리 너머로 보이는 손에 잡힐 듯한 맞은편 산허리의 계단식 논이 정겹다. 협곡을 무시하면 금방이라도 달려 갈만한 거리다. 까마득한 저 아래 계곡의 바닥은 보이지도 않는다. 살포시 불어오는 상큼한 바람에 콧구멍이 뚫린다. 정말 신선하다. 간간이 보이는 허물어진 토담이 그리 낯설지 않다. 이런 평화롭고 아늑한 마을이 얼마나 진저리치게 끔찍했을지 상상이 되지 않는다. 굉음과 더불어 저 아래 계곡에서 품어 올라오는 흙먼지와 지축이 흔들리는 두려움을 어찌 감당했는지 모르겠다.

듈리켈에서 Mahindra 인도산 더블 캡 지프를 이용해서 약 한 시간 정도 아스팔트길을 내려왔다. 두 강이 합쳐지는 두 물 머리다. 급류다. 지난 대지진 이후 수원지가 상승하면서 수량이 많이 늘어났다고 한다. 시간이 충분하지 못하니 곡예 하듯이 차량을 몰았다. 젊은이의 순발력이 패기 있고 박력 있다. 건장하고 단단하게 다져진 근육질의 몸매가 다부지다. 산악지대 셀파들의 체구다. 그리 큰 키는 아니지만 날렵하고 눈썰미가 예리하다. 운전대를 꽉 움켜쥐는 손이 부드럽지만 힘이 있다. 후사경 통해서 흘끗흘끗 뒷좌석의 손님들의 표정을 살피고 있다. 고객들의 만족도를 알아보고 싶은 눈치가 역력하다. 가능한 말이 없고 행동으로 믿음을 보여 주려는 인상이다. 그런 점이 신뢰를 쌓아가는 첩경이다. 공연히 뻔지르르하게 장광설이 앞서면 현혹되기 쉽다.

　네팔 젊은이들의 그런 점이 마음에 든다. 용병으로 가는 그들은 과묵하다고 한다. 그러기에 많은 나라들이 그들을 선호한다. 서구의 몇 나라는 아예 병력을 그들로 채운다. 아직도 이 나라의 외화수입의 커다란 부분이 바로 용병이라고 한다. 여자들이 몸을 팔아 외화를 송금하는 경우는 흔하다. 동남아국가의 대부분이 그렇고 또 각 나라마다 어느 정도 묵시적으로 허용하고 있다. 필리핀은 House made를 수출한다. 그들은 그들 나름대로 또 많은 애환이 있다. 그런 여인들을 경멸하기도 하면서도 측은지심이 든다. 젊은 사내들이 자신의 목숨을 담보해서 팔려가는 일도 있다. 단순한 노동력보다도 훨씬 부가 가치가 크다. 용병은 합법적인 살인이 허용되는 직업이다. 이런 소박하고 가식이 없는 나라에서 감히 상상하기 힘든 일들이 허용되고 있다. 용병은 가장 험악하고 잔인하고 무서운 직업이다. 그러기에 국록이나 받으며 삶을 유지하는 공무원들이 가장 인기 있는 직업이다. 가정을 안정시킬 수 있는 직업이 바로 그들이다.

지프가 마을 어귀에 도착하니 마을사람들이 도열하고 있다가 반가운 표정으로 인사를 한다. 머리에 검정 사각모를 쓰고 있는 분이 가장 어른임에 틀림없다. 아마도 교장 선생님인 듯하다. 교실을 둘러보고 교무실로 자리를 옮겼다. 음료수보다는 정수가 더 손에 끌린다. 보건과 위생에 관한 몇 가지를 질문했다. 의료 인력이라곤 오로지 조산원 1명과 간호 보조요원이 전부다. 게다가 그들은 지금 휴가 중이라고 한다. 진료실이라고 해봐야 아무런 기구도 없다며 굳이 보여주려 하지 않는다. 약국이 하나 있기는 하지만 정식으로 공부한 약사가 아니라고 한다. 그야말로 무의촌이나 다름없고 의료 소외지역이다. 이송수단이라곤 오로지 하루에 한번 듈리켈로 나가는 버스와 듈리켈에서 들어오는 버스 한 편이 전부다. 편도에 걸리는 시간은 3시간 반이다. 거리는 30Km 남짓이다. 도로포장은 아예 생각을 할 수가 없다. 게다가 버스는 험한 돌산을 비틀거리며 산비탈을 기어 올라간다. 언제 어떻게 추락할지 모른다. 몹시 위험한 길이다. 뒤뚱거리며 겨우 바위 길을 올라온 버스가 이젠 내리막길이다. 좌우로 흔들거리다가 정차를 한다. 지붕위에 탔던 승객들이 뛰어 내린다. 버스에서 내린 승객들은 버스의 뒤꽁무니로 길게 줄서서 따라오고 있다. 그리곤 다시 잽싸게 지붕위로 올라타면 천천히 버스가 움직인다. 그러는 동안 많은 번거로움이 있을 텐데도 외국인이 보고 있으려니까 애써 무시하고 있다.

  바퀴가 헛돌면서 엔진 소음이 커진다. 바위 길을 타고 올라가는 지프를 운전하는 젊은이가 몹시 긴장되어 있다. 얼굴이 상기된 모습이 안타깝다. 흘낏흘낏 쳐다보는 눈길을 애써 모른 척 하는 게 오히려 그를 더 편하게 해주는 것 같다. 지프가 잠시 미끄러지다가 멈추었다.

기어 변속을 수차례나 하면서 겨우 바위 길을 빠져 나왔다. 흙먼지가 일더니 빠끔하게 길이 보인다. 외길이다. 교차하는 차량이 없기를 빌 뿐이다. 경적을 울리면서 가능한 가속 페달을 밟는다. 멀리 전방의 맞은편 골짜기에서 올라오는 버스가 보인다. 경적 소리에 버스가 피할 곳을 찾아 멈추었다. 몇몇 사람들이 지붕위에서 내려오더니 지프가 비켜 갈수 있도록 소리를 지르며 안내를 한다. 지프가 아슬아슬하게 교차하니 서로 고맙다는 인사를 잊지 않는다.

그러기를 왕복 8시간 동안 지프 안에서 앉아 있었다. 아스팔트 포장길이 가까워 질 때 쯤 차량은 이미 2,000m 고지에서 내려와 어느덧 강가의 방죽 길을 달리고 있다. 그리고 제법 널찍한 주차 공간이 있고 인디안 상점 서넛이 자리 잡은 공간에서 주차를 한다. Udaya와 대사 부인과 함께 상점안의 꼬질꼬질하게 때가 묻은 탁자에 자리를 잡았다. 사이다 한 모금을 마시니 갈증이 더 심하게 느껴진다. 그동안 젊은 운전수는 부지런히 세차를 하고 있다. 의자에서 일어서려니 전신이 아프다. 여기 저기 가 다 쑤신다. 할머니들이 온몸이 다 쑤신다는 게 바로 이런 걸 말하는 게 틀림없다. 이제부터는 아스팔트길이다. 부지런히 올라가면 한 시간 반 정도 걸리겠지. 힘든 여정이다. 무엇을 위한 여정이었을까?

군이 이런 길을 다녀와야 했는지 다시 한 번 생각해 보게 된다. 다른 일행들과 같이 히말라야의 멋진 모습에 심취하는 게 훨씬 좋았는지 모른다. 포카라의 푸른 페와 호수와 히말라야의 만년설을 바라보며 커피한잔을 음미하는 일에 더 마음이 쓰이기도 했다. 하지만 그의 절절한 부탁과 더불어 지극히 사적인 생활을 일부러 보여 주려는 그이 의도가 새삼스럽고 고맙게 느껴진다. 그런 험한 곳에서 젊은 시절을 보내고 나서 지금은 호화로운 해외생활을 하면서도 그는 자기의 고향을 잊어버릴 수가 없다. 2,000m 고지에서는 예민한 사람들은 산소부족 현상을 느끼기도 한다. 그래도 그는 분명 다섯 마리의 염소는 물론이고 아버지가 세운 학교와 뛰놀던 산비탈의 흙먼지를 결코 잊을 수가 없었을 게 틀림없다. 비록 손바닥 같은 운동장이지만 그곳에서 작대기를 휘두르고 옥수수 대를 씹던 시절을 한시도 잊지 못하고 있었을 게다. 비록 두 여인과 함께 살아가야 하지만 그 모든 것들이 숙명처럼 받아들여지는 곳이다. 정중하게 인사를 교환하는 두 여인의 사이좋은 모습이 부러움 보다는 이들의 지리적인 탓에 어쩔 수 없이 엮어져야 하는 숙명이 애처롭게 느껴진다. 비록 가난하고 열악한 환경에서 어린 시절을 보냈지만 항상 뚜렷한 국가관이 자리 잡고 있다. 박정희 대통령을 언급하는 그의 목소리에는 비장함마저 느끼게 한다.

귀국하고 며칠간을 앓았다. 심한 감기를 극복하기가 쉽지 않다. 무사히 귀국했다는 문자를 보냈다. 이튿날 나는 다음과 같은 문자를 받았다.

'OK, Thanks !!! Thank you to sharing our country men's real problem physically too. Plz call me before then comming!! Thanks for your positive response. See you
K. S. Lama'

아직은 쓸 만한
김 선배님

오인동

✝

황해도 옹진출생

정형외과 전문의

1970년 미국유학

미국 LA 인공관절 연구원장

하버드의대병원(MGH) 정형외과 조교수

인공고관절 관련 미국 발명특허 및 인공관절기 수술기구 고안 다수

김일성종합대학 평양의대병원에 인공관절수술전수와 인공관절기 제작지도

LA 한인회 민족상, 한겨레통일문화상, 윤동주 민족상 수상

2008년《에세이플러스》로 등단

저서《평양에 두고 온 수술가방》《통일의 날이 참다운 광복의 날이다》

《꼬레아, 코리아》《밖에서 그려보는 통일의 꿈》

drioh5@gmail.com

김동수 교수를 알게 된 것은 1990년대 중반 내가 모국의 분단과 통일문제에 대해 관심을 갖게 되었을 때였다. 나로서는 상상도 못했던 일들이 이미 1980년대 초부터 미국과 유럽의 동포사회에서 일어나고 있었던 기록들에서였다. 일단의 해외동포학자와 종교인들이 통일을 위해 북녘사람들과 유럽에서 만나 대화도 나누고 북에도 다녀온 놀라운 사실들이었다. 이런 활동에서 김 교수가 선도적인 역할을 한 것을 알게 된 것은 2000년대 중반 로스앤젤레스를 방문한 그를 만나서였다. 정의감에 불타는 행동가로 짐작했었는데 그의 몸가짐과 말씨에서 성실과 겸손이 그대로 묻어났다. 그는 1961년 미국에 유학 와서 사회복지학을 공부하고 대학에서 가르쳐왔다. 은퇴 뒤엔 모국의 대학에 나가서 또 가르쳤다. 김 교수는 자신의 유별난 삶의 조각들을 즐겁고 재미있고 아름다운 사랑으로 쓰는 수필가이며 시인이기도 하다.

우리나라가 일본에 강세 병합되었던 시절에도 재미동포나 재일본 유학생들도 조국의 독립을 위해 나섰던 역사의 기록들을 보며 외국에서 살다보면 모국에 대한 애국심이 더하게 된다는 말이 새삼스럽게 다가왔다. 1980년 광주민주항쟁 이후 그 기운이 점차 민족통일운동으로 이어가기 시작했지만 전두환 군사정권의 탄압으로 통일 활동가들을 빨갱이로 몰던 시절이었다. 김 교수가 도쿄에서 열리는 '김

대중선생 구출국제위원회'의 긴급회의에 참석 차 서울에 들렀을 때도 공항에서 안기부직원들에 유치되어 수난을 당하기도 했다.

이런 시절 재미동포학자 선우학원 김동수, 김현환 등이 민족통일 토론의 필요성을 주장하며 1981년 3월 워싱턴에서 해외동포 민족통일 심포지엄을 열었다. 미국, 캐나다와 유럽의 교수 목사 지성인 60명이 참석한 모임이었다. 참석자들은 분단을 극복하기 위해서는 북과 직접 대화도 해야 한다고 의견을 모았다. 놀랍게도 그해 11월 오스트리아의 빈에서 조국통일을 위한 북과 해외동포 기독자대회를 4일 동안 가졌다. 15명의 북의 관료학자들과 30명의 북미주와 유럽 동포학자와 종교인들이 만나 대화하고 토론했다. 남한에서라면 보안법에 걸려 곧 투옥될 이런 만남이 분단 36년 만에 처음으로 유럽의 중립국에서 이루어진 역사적 사건이었다.

김 교수보다 9년 뒤 미국에 유학 온 나는 정형외과 의사로 인공고관절 연구에 몰입하던 중 1992년 재미한인의사회 학술교류방문단으로 처음 북에 다녀왔다. 겨레의 반쪽인 북을 경험하고 분단현실에 대한 역사와 시대인식을 갖게 되었다. 한편 김동수 교수는 1983년 평양인민문화궁전에서 열린 북과 북미학자의 대화에서 평화와 통일문제에 대해 발표했다. 화기에 찬 토론이었지만 주체사상에 대해서는 견해차이로 마찰도 있었다고 했다. 도저히 갈 수 없는 곳으로 인식된 북녘을 다녀온 해외동포들의 방문기가 분단을 뛰어넘어 1984년에 출간되었다. 이 기념비적 저서는 남한지하에서도 출판되어 놀라움 속에 북 바로 알기에 커다란 공헌을 했다.

동포사회에서 비난을 받으면서도 모국의 평화통일을 추구하는 남편의 위태로운 행보를 가슴 조이며 지켜보아 온 부인 백하나 교수도

1984년 빈에서 열린 북과 해외동포의 대화에 참석했다. 이 모임에 북에서는 려연구, 여운형의 딸, 안경호 박사 등 40명 그리고 북미주와 서구의 해외동포 53명이 참석했다. 김 교수는 북의 안 박사와 회의공동문건 작성위원으로도 활약했다. 떨리는 마음으로 참석했던 백 교수가 뒤에 쓴 회의참관기의 일부분이다.

1981년 빈에서 처음 북과 해외동포의 대화를 가졌을 때 서로 서먹서먹하고 불안하게 대하고 있었는데 누가 '정이월 다가고 삼월이라네'를 부르기 시작하자 모두가 합창하게 되었다는 것이다. 여러 번 함께 부르는 동안 눈물을 흘리며 서로 껴안게 되었다고 한다. 누가 우리를 이렇게 갈라놓았는가. 우리는 왜 우리형제를 이렇게 서로 두려워하게 되었는가.

우리도 3년 전 그 회합 때를 회상하면서 손에 손을 잡고 이 노래를 부르고 또 불렀다. 나도 모르게 눈물이 흘렀다. 나는 굳이 닦으려하지 않았다. 우리의 길고 차가운 분단사에 진정 화해의 봄은 언제 오려나. 민족의 숨결이 입에서 입으로 민족의 피가 손과 손에서 흘렀다. 나는 생전 처음 뜨거운 동족의식을 느꼈다. 감격이 벅찼다. 나는 나를 다시 찾은 것이다.

이 노래는 1928년 미국유학에서 돌아온 안기영 이화여전 음악교수가 작곡한 〈그리운 강남〉으로 일제강점기에 독립의 봄을 그리던 겨레의 한과 소망이 담긴 아리랑이었다. 그가 1950년 전쟁 때 월북한 뒤 이 노래는 남한에서 금지곡이 되었는데 민주화바람이 불어온 1988년 말에야 해금되었다. 30여 년 동안 죽은 듯 땅속에 묻혔던 이 노래가 소리꾼 장사익에 의해 〈강남아리랑〉으로 되살아나 우리에게 다시 다가왔다.

2000년대 중반 장사익 미국순회 마지막공연이 로스앤젤레스에서 있었다. 공연의 끝을 아쉬워하는 3천여 관중들의 빗발치는 "한곡 더!" "재창!"에 답해 그가 이 노래를 선창하자 모두 일어나 함께 불렀다.

"또다시 보오옴이 오온다네. 아리랑 아리랑 아라리요."

그렇다. 아리랑 음률에 남과 북의 경계는 허물어지고 아리랑 노랫말을 뇌이다 보면 우리의 목은 메인다. 그 밤 나는 쉬이 잠들 수 없었다. 문득 백하나 교수의 〈첫 경험〉이라는 글이 떠올라 〈정이월 다가고〉를 썼다. 곧 미주중앙일보에 발표한 글을 귀국하는 장사익 소리꾼에 전하며 이 노래에 얽혀있는 이런 가슴 저린 사연을 기억해달라고 했다.

2000년 6.15공동선언 뒤 남북이 화해협력교류, 왕래하기 시작한 조국을 해외동포들은 흐뭇하게 지켜보았다. 그러나 2008년 이래 이명박, 박근혜정권이 6.15선언을 무력화하고 남북왕래를 중단하자, 나는 인공관절치환수술과 관절기 제작을 돕기 위해 매해 평양의학대학병원을 방문했다. 2010년 방문 때 는 6.15선언 실천 북측 안경호 위원장과 평양교외초대소에서 밤늦도록 얘기를 나눴다. 25년 전 빈에서 함께했던 김동수 교수 얘기를 했더니 안위원장은 반가워 안부를 물으며 조국방문을 꼭 해주시면 좋겠다고 전해 달라고 했다. 그가 잠시 옛날을 회상하는 듯 머리를 들더니 자신은 이제 팔순이 되었다고 조용히 말했다.

김 교수가 2013년 《한국산문》에 발표한 〈영어에 미친 나라〉를 읽고 나는 속이 후련했다. 그런데 강남지역의 일부 부자아줌마들이 반미적이라며 공격했다고 한다. 영어를 잘하든가 하는 척이라도 해야 사람대우를 받는 남한이라면서. 신문기사의 제목들도 버젓이 한글로 쓰는 영어이니 우리의 모국은 어느 나라입니까. 김 교수 부부는 2015년 가을, 북의 어린이들을 돕는 목사 부부와 함께 북을 방문했다. 그러나 안경호 박사를 만나지는 못했다고 했다. 6년 전 팔순이 되었다고 말했던 안위원장이 2016년 세상을 떠났다는 소식을 들었다. 곧 조의를 전했다. 이제 김 교수는 55년, 나는 45년을 미국에서 살고 있다. 우리는 둘 다 밖에서 북과 남을 보고 또 남과 북에서도 상대를 보아왔다. 그렇다. 해외동포가 보는 모국의 남과 북에 대한 인식과 견해는 남북 사람과는 다를 것이나 객관적일 수 있다. 김 선배는 사회복지학을 가르칠 만큼 미국과 남녘에서 가르쳤다. 나도 미국과 북에서 수술을 할 만큼 했다.

김 선배님, 앞으로 사회복지도 만발할 영어에 미치지는 못하더라도 한나라로 사람답게 사는 세상을 마련해줄 통일의 길로 들어서도록 열정을 보태주시기 바랍니다. 모국에서 백세인생이라는 노래가 인기가 있다고 들었습니다. 그리고 보니 김 선배님은 이제 겨우 팔순이 됐네요.

"아직은 쓸 만한 나이네요. 그리고 내겐 할 일이 아직 남아 있네요."

지진의 추억

김석권

✝

의학박사, 동아대학교 의과대학 성형외과 교수

하버드대학교 의과대학 객원교수

전 동아대학교 의과대학장

한 두개안면 성형외과학회 회장, 영호남 성형외과학회 이사장, 회장 역임

현 대한민국 의학한림원 정회원

한림인술상, 자랑스런 동아인상, 한국과학기술 우수 논문상, 자랑스런 부산의대 동문상 수상

《에세이스트》로 등단(2008)

부산시 문인협회, 부산 수필가협회 회원

한다사 문학회, 전 부산 의사문우회 회장

sgkim1@dau.ac.kr

올해 제 59회 일본성형외과 학술대회에 초청연자로 초대를 받아 후쿠오카를 방문하였다. 초청연자 세션은 영어로 하지만 일반연제는 모두 일본어로 진행되기 때문에 잘 알아들을 수도 없으니 학회장에 가기 보다는 강연이 없는 날에는 유적도 둘러보며 골프를 하면서 보냈다.

택시이용쿠폰도 넉넉히 받아 4일간 교통비도 들지 않았고, 호텔 경비 역시 주최 측에서 제공해 주었다. 식비도 들지 않으니 초청연자의 지위는 매우 환대를 받는 셈이었다.

학회의 회장은 후쿠오카대학병원의 성형외과 주임교수 오지미 교수였다. 오지미 교수는 유방재건 전문가로 2년 전에 이미 일본 미용성형외과 학회장을 역임하였는데, 또다시 일본성형외과 학회장을 맡고 있으니 그의 역량을 미루어 짐작할 수 있었다.

오지미 교수와는 오랜 친분이 있었다. 2006년에 부산 후쿠오카 성형외과학회를 창립하게 되었는데 나는 이 학회의 초대 회장이 되어 부산에서 제1회 부산 후쿠오카 성형외과 학술대회를 개체한 바 있었다. 매년 두 도시가 학술대회를 교대로 개최하기로 하였고, 최근에는 2년에 한 번씩 개최하고 있다. 이 학회의 2대 회장이 바로 오지미 교수였고, 학술대회도 훌륭히 치러 내는 것을 보았다. 그의 아내는 병리과 의사였으나 슬하에 자녀가 없었다. 그는 노래방에서 노래를 할 때마다 일본의 전통노래를 불렀는데 우리나라 판소리와 유사한 전통요에 관심이 많은 것 같았다. 차기 일본성형외과 학회장도 부산 후쿠오카 성형외과 학회의 4대 회장이었던 구루메 대학의 키요가와 교수가 내정되었다고 하니 큐슈 지역이 일본 성형외과학회의 패권을 잡은 듯 승승장구하는 모습이 참으로 가슴 뿌듯하였다.

목요일 저녁, 학회 회장연회를 마치고 호텔로 돌아와 샤워를 한 후 누워서 KBS 방송을 시청하고 있었다. 그때 갑자기 침대가 꿈틀거려 놀라서 일어났다.

"누가 침대 밑에 들어와 있나?"

침대 아래를 살펴보고 있는데 더욱 강한 진동이 왔다. 나는 그 자리에 픽 쓰러지고 말았다. 순간 지진이라는 느낌을 받았다. 서 있기가 어려울 정도이니 겁이 덜컥 나서 재빨리 옷을 입고 NHK채널로 돌렸다.

쿠마모토 지역에서 진도 7의 지진이 발생하였다는 보도와 함께 현장의 모습들을 생생하게 중계하고 있었다. 거리의 가로등과 강을 가로지르는 다리가 춤을 추듯 흔들렸다. 쿠마모토 NHK 사옥내의 장서들이 쏟아져 바닥에 흩어지고 사람들은 책상 아래로 피신하는 모습도 보였다. 쿠마모토 성에서는 밤인데도 하얀 분진이 구름처럼 피어올라 성이 무너지는 줄 알았으나 자세히 보니 성의 모습은 유지하고 있었다. 몇몇 지역에서는 불이 났는지 화염이 솟아올랐다.

후쿠오카에는 4도의 지진이 파급되었고 3도 정도의 여진이 수없이 이어졌다. 커튼을 열고 밖을 내다보았다. 차들은 거리를 쌩쌩 질주하고 있고 우왕좌왕하는 사람들의 모습은 어디에도 찾아볼 수 없었다. 놀란 가슴은 진정되었으나 일본 땅에서 처음 겪어 보는 지진,

죽어 시신으로 돌아가는 것이 아닌가 하는 막연한 무서움이 급습해왔다.

처음 지진을 느낀 시간은 9시 26분 이었으나 11시가 넘도록 여진이 계속되었다. 쿠마모토에서는 많은 주민들이 담요나 이불을 들고 나와 길거리나 공원에 옹기종기 앉아 있거나 누워있는 모습이 방영되고 있었다. 거리의 신호등이 춤을 추고 놀란 사람들은 휴대폰으로 안부를 묻고 있는 모습들이 보였다. 떨어져 나간 콘크리트와 벽돌들이 거리에 나뒹굴고 소방관들이 여기저기서 구호활동을 벌이고 있었다. 앰뷸런스가 거리를 달리는 모습도 보였다.

여진이 점점 약해지고 있는 것으로 보아 지진이 잦아들고 있음이 분명하였다. 아마도 100여회의 여진이 지축을 흔든 것 같았다. 타국에서 그것도 처음으로 지진을 체험하게 되다니!

긴장이 서서히 풀어지자 스르르 잠이 몰려왔다.

아침에 일어나 텔레비전을 켜니 재난방송이 한창이다. 사망자가 9명이나 되고 부상자가 900여명, 이재민 피해자가 무려 1만 5천여 명이나 된다고 하였다. 화재도 4건이나 발생하였고 병원을 비롯하여 정전이 아직도 복구되지 않았으며 가스공급이 정지되었다고 하였다.

화면으로 구마모토 성을 보니 성의 장벽이 대파되었고 천수각의 기왓장들이 태반이나 쓸려 떨어져 버렸다. 흔들렸던 다리는 무너지지는 않았으나 표면이 어긋나 있고 차들도 여기저기 나동그라져 있는 모습이 보였다. 많은 주택들이 폭격을 맞은 듯 폭삭 내려앉았고 기왓장이 흘러내렸다. 도로들의 아스팔트가 균열과 함께 솟아있거나 꺼져 있어 교통이 통제 되고 있었다. 일본인들답게 질서 있게 줄을 서서 구호물자를 배급받고 있는 모습도 보였다.

가토 키요마사가 임진왜란 후 한국의 성을 참고하여 다시 건축하여 쿠마모토성이라 이름한 이 아름다운 성은 수많은 균열이 생기고 일부는 붕괴되었다고 하니 아마도 몇 년간은 대대적인 복원사업이 이루어져야 할 것 같았다. 신칸센도 운행이 중단되고 수많은 공장들이 정지되었고 큰 반도체 공장, 자동차 공장들도 많은 피해를 입은 것 같았다.

지진이 멎고 오전에 일본 성형외과 학회의 학회장으로 가보니 간밤의 지진이 아무것도 아닌 양 일본인들은 너무나 평온하여 다시 한 번 놀랐다. 나는 연제 '직장 S상 결장을 이용한 질 재건의 장기 추적 결과'강연을 마치고 서둘러 후쿠오카 공항으로 가서 부산행 비행기를 타고 일본의 지진으로부터 탈출하였다. 이날 밤에도 쿠마모토에서는 큰 여진이 계속되었다고 하였다.

지난달에 발생한 경주인근의 5.8도 지진은 우리 역사 속에서 손꼽히는 지진으로 기록될 것이다. 물론 향 후 얼마나 큰 지진이 다시 발생할런 지는 알 수 없다. 진원지는 양산단층이라고 하였다. 천년 고도 경주는 가옥의 벽과 담장이 무너지고, 문화재와 전통가옥의 기와지붕들이 맥없이 쓸려 내려가고 많은 사람들이 부상을 당하였다. 피해는 당연히 경주가 제일 심각하였지만 그 주변에 울산 경남 부산에서도 만만치 않았다. 한국의 홍콩이라 불리는 해운대 마린시티의 고층 아파트들이 심하게 흔들려 주민들이 대피하는 소동이 일어났다. 지진이 난지 한 달이 지났는데도 여진이 지속되어 많은 경주 시민들은 아직까지 지진의 후유증에 시달리고 있다고 한다. 경주인근의 지진은 한반도도 안전지대가 아니라는 인식을 심어준 실로 엄청난 사건이었다.

　자연의 재해는 살아있는 지구, 자연에 대한 경외심을 다시 한 번 되돌아보는 마음을 갖게 해주었다. 지구를 화나게 해서는 안 된다. 옛날에는 비가 오지 않아도 임금이 하늘에 제사를 지냈다. 기우제를 지내 하늘이 감동하게 하여 비를 내리게 한다는 염원이 아니겠는가. 과학을 떠나서 인간이 살고 있는 이 땅을 경외하고 아끼고 사랑하여 우리 인간들이 자연의 품안에서 평안히 깃들 수 있도록 해야 한다. 지진의 경험은 충격적이기는 하였으나 자연과 지구를 되돌아 볼 수 있게 해 주었고 대비를 할 수 있게 하였으니 헛된 것만은 아니었다.

문제의 이모님

안혜선

⚕

병리과 전문의

국립중앙의료원 병리과장

대한의사협회 대외협력이사

2013년《한국산문》등단

ahspath@hanmail.net

조카들이 결혼을 하자 조카사위와 며느리가 작은 언니와 나에게 깍듯이 절을 하며 '이모님'이라 불러 주었다. 이어 손주들이 태어나고 네 명의 아이들이 말을 배우기 시작하자 부모들이 하는 대로 우리에게 이모님이라 하기에 그런가보다 했더니 어느 날부터 '대이모님'으로 바뀌었다. 족보에도 없는 호칭이지만 50대 초반에 이모할머니라 불리는 것이 안쓰러웠는지 큰언니가 그리 부르도록 권유한 것 같았다. 으흠, 대이모님이라……

그러다가 느닷없이 언니 혼자만 '우주대이모님'으로 업그레이드 되었다. 어찌된 영문인지 알아보니, 언니가 얼마 전 어린이 집에 다니는 막내 기복이와 국립과천과학관 천문시설을 함께 견학하며 태양계의 행성에 관하여 어린이 눈높이에 맞추어 설명을 해 주었다는데, 크게 감동했던지 전격적으로 우주대이모님으로 격상된 모양이다.

나는 그 말을 듣자마자 엄청 부러운 나머지 시샘하듯 기복에게 쪼르륵 달려가 형평성 차원에서 나에게도 대이모님 앞에 근사한 이름을 붙여 달라며 슬그머니 종주먹을 들이대니 딱히 떠오르지 않는지 한참을 갸우뚱거렸다. 나는 예쁜 이름으로 불러 주면 꼭 그렇게 된다며 넌지시 속마음을 내비쳤더니, 인심 쓰듯 "꽃대이모님!" 하더니 양쪽 손바닥을 턱 밑에 받쳐 꽃받침까지 만들어가며 환하게 미소 지었다. 모처럼 마음에 드는 별명이라 집안에 널리 알리니 개중에는 가당 키나 하냐는 뜨악한 표정을 짓는 이도 있었다.

 몇 달 후 기복이의 고모가 집들이 겸 크리스마스 파티를 한다기에 퇴근하며 들렀더니 내가 맨 마지막 손님이라며 모두 현관에 나와 맞아 주었다. 내가 신발을 벗으려 하자 기복이가 "꽃"하는 순간, 기복이보다 한 살 많은 사촌누나 여리가 톡 튀어 나오며 "문제의 이모님이다."라고 하였다. 나는 망연자실하여 마치 수퍼스타에서 스캔들로 하루아침에 인기가 뚝 떨어진 유명인사가 된 심정이었다.

 5년 전 여름, 안면도로 가족 여행을 떠났다. 그 때 여리의 언니인 행이가 나에게 사촌들하고 싸운 얘기를 하며 절대로 말하지 말라고 신신당부를 하는데, 내용도 재미있고 말하는 모습도 너무 귀여웠다. 나는 "걱정 마라."고 하였고, 잠시 후 행이는 평상에 누워 낮잠을 자기 시작했다.
 그러자 나는 어른들에게 이리 오라며 손짓을 하였다. 그리고는 좀 전의 비밀 같지 않은 비밀을 떠벌리기 시작했고 결정적인 이야기를 하려는 순간, 자는 줄 알았던 행이가 벌떡 일어나며 "아까 제가 얘기하지 말랬잖아요." 하며 약속을 저버린, 못 믿을 사람이란 표정으로 나를 쳐다보았다. 그러자 어른들도 집안의 수다쟁이는 저 어린 것도 단박 알아본다는 표정으로 내심 고소해하는 분위기였다.
 잠시 후 행이를 뒤곁으로 데리고 가 "너 때문에 아까 내가 무안을 당했잖아."라고 말했더니, 행이 왈, 그 이야기를 하면 어른들 간에 문제가 생길 수 있기에 하지 말라고 했다는 것이란다. 미국에서 태어나 한국에 잠깐 다니러 온 행이는 우리나라 나이로 다섯 살 밖에 안 되었는데, 그런 생각을 하고 적절히 표현을 할 수 있다는 점이 신통하고 기특했다.

모르면 몰라도 그날 이후로 행이는 집에서 나를 문제의 이모님으로 부르기 시작하여 걸핏하면 제 엄마에게 "문제의 이모님이 주셨어."라고 한다. 그러면 조카가 민망한 듯 "그렇게 부르지 말고 서초동 이모님으로 하랬잖아." 하며 낯을 붉히곤 한다.

행이가 차츰 문제의 이모님이란 호칭을 줄여가고 있던 차에 의외의 복병이 도사리고 있었는데, 동생 여리는 문제의 별명에 대한 유래도 모른 채 말을 배울 때 고유명사쯤으로 여기고 당연히 사용했다. 그러다가 기복에게 자연스레 구전되는 상황이 발생한 것이다.

설날 연휴에 소파에서 낮잠을 자다 막 깬 기복에게 내가 "안녕! 내가 누구지?"하고서는 정신을 추스르기 전에 재차 물으며 "꽃대이모님이지?"라고 물었다. 그랬더니 한 쪽 입꼬리를 올리며 웃는 썩은 미소, 일명 '썩소'를 날리며 문제의 이모님에 한술 더 떠 '똥이모님'이란다.

하긴 이런 게 새삼스러울 것도 없다. 예전에 엄마 핸드폰을 보니 조카가 단축번호 입력을 해 준 모양인데, 아들, 며느리, 큰딸, 사위, 인삼딸 등등이기에 나는 막내딸이겠지 했더니 '철없는 딸'로 해 놓았다.

"아니 이 녀석을 그냥 확!"

그러자 엄마가 아주 잘 어울린다며 웃으셨던 기억이 새롭다.

행이는 네 살 터울이 나는 동생과 세대 차이를 느끼는지 재미있다며 같이 안 놀아 주면서, 자기 부모보다 나이가 많은 나를 집안에서 막내라는 서열을 간파하여 내 손을 잡고 자기 방으로 데려가 소꿉장난 하는 것을 보라며 못 나가게 문까지 잠그곤 한다. 언젠가는 동생들을 모아 놓고 놀자고 하기에 내가 퍼즐을 헝클어 놓고 맞추라고 하며 "나는 문제의 이모님이라 문제를 내는 것이야." 했더니 "그 문제랑 이 문제는 다른 것이어요." 하며 탁 받아친다.

마침 지난 일요일 점심에 가족 모임을 가졌다. 행이에게 "나를 언제까지 문제의 이모님이라고 부를 거야?"라고 물으니 행이가 "문제가 안 생겨야 하지요."라고 했다. 그 때 종업원이 음식 접시를 놓다가 물컵을 밀어 내 자리로 물이 엎질러졌다.
"보세요. 또 문제가 생겼잖아요!"
"내가 잘못한 것이 아니잖아."
"그래도 이모님 자리에서 문제가 생겼잖아요."

나는 '꽃대이모님'으로 기필코 명예 회복을 하겠다며 맘속으로 각오를 다지고 있지만, 나도 모르는 사이에 '문제의 이모님'을 엄청 마음에 들어 할 뿐만 아니라 애칭으로 은근히 즐기고 있는 것도 같다. 조만간 멋진 '문제의 이모님'으로 거듭나려 하는데, 이러다가 괜히 문젯거리를 더 만들어 '못 말리는 문제의 이모님'이 될 것 같아 걱정이다.

인연의 그물

조광현

⚕

부산백병원 병원장

대한 흉부외과 학회장 역임

인제의대 흉부외과 명예교수

2006《에세이스트》로 수필 등단, 동년《미네르바》로 시 등단

부산의사문우회 회장,《에세이스트》문학회 회장 역임

《에세이스트》올해의 작품상(2011,12,13), 2013년《한국산문》문학상,

제7회(2015) 정경문학상 수상

시집《때론 너무 낯설다》수필집《제1수술실》

공동수필《나는 오늘도 이발관에 간다》

dr-khcho@hanmail.net

신랑신부의 입장을 시작으로 결혼 예식이 순조롭게 진행되어 성혼선언문을 낭독하고 주례사를 막 시작했을 때였다.

"이 나쁜 놈아, 내 새끼 신세 망쳐놓고 잘 되는가 보자!"

식장 입구 쪽에서 째지듯 날카로운 절규가 조용한 식장 안으로 속사포처럼 난사되었다. 식장 안은 순식간에 아수라장이 되었다. 내가 그쪽을 향해 눈을 돌렸을 땐 절규의 주인공인 듯한 노파가 벌써 장정 몇 사람에게 끌려 나가고 있었다. 단상을 주시하고 있던 하객들의 이목도 일제히 그쪽으로 쏠렸다. 객석의 몇 사람은 엉거주춤 일어서며 고개를 빼고, 몇 사람은 재빠르게 통로로 나와 노파를 향해 달려갔다. 나의 낭패감은 이루 말할 수 없었다. 노파는 밖으로 끌려 나가면서도 계속 고함을 질렀다.

"이 더러운 놈아!"

나는 주례를 중단하고 한동안 사태가 수습되기를 기다리는 수밖에 없었다.

"무슨 오해가 있었나 봅니다. 자 이쪽을 봐 주세요."

태연한 척 두어 번 하객들을 주목시킨 다음 준비한 주례사를 이어나갔다. 신랑의 은사 자격으로 그 자리에 섰으니 일테면 신랑의 인격적 보증인인 셈이었다. 신랑은 정직하고 성실하고 능력이 탁월한 젊은이라고 더듬거리며 이어갔지만 나도 내가 하는 말에 도통 신뢰가

가질 않았다. 과연 이런 상황에서 이런 말이 먹힐 것인가. 속으로 '이 무슨 꼴이야!'하며 낯이 뜨거웠다. 보아하니 신랑도 신부도 얼이 빠진 표정이다. 주례자가 이 정도니 당사자들은 오죽할까?

신랑은 나의 제자로 비교적 명석한 학생이었다. 대학 시절에 지도교수를 했던 내게 졸업 5년 만에 결혼 주례를 부탁하기에 선뜻 승낙했었다. 짐작컨대 사귀던 여자를 버리고 다른 여자를 배우자로 선택했을 것이다. 노파는 실연한 아가씨의 할머니임에 틀림없다. 실연한 손녀가 울고불고 하는 통에 식장까지 달려온 할머니. 그 마음은 또 오죽할까. 예식이 끝나고 연회가 있었지만 누구도 그 문제에 대해선 일언반구 말이 없었다. 모두들 아무 일도 없었던 듯 왁자하게 식사를 하고 있었다. 나는 밥맛이 싹 달아났다. 먹는 둥 마는 둥 서둘러 식장을 떠났다. 괘씸한 놈! 나를 주례로 세워 이런 일을 당하게 하다니. 예식장에서 있었던 일을 아내에게 말했더니, "다 인연이란 게 있는 거예요."라고 한다. 하기야 살아가는 일이 다 인연의 그물을 짜는 일일 터이다. 어디 인연이 사람과의 관계에서 뿐이겠는가. 동물과 식물 심지어 무생물과도 인연이 있는 것이다.

오래전 나는 한그루 동백나무와 깊은 인연을 맺었다. 나에게 심장수술을 받은 환자가 준 것인데, 고풍스런 도자기 화분에 고즈넉이 담긴 분재였다. 잔가지가 우아하게 휘어진 그의 자태가 예사롭지 않았지만 분재에 문외한이던 나는 특별한 감흥을 느끼진 못했다. 이후 거실 한쪽에 자리 잡은 이 작은 나무는 매년 이른 봄이면 큰 나무에 손색없는 자태를 뽐냈다. 찬 겨울을 잘 견뎌내고 인동(忍冬)의 붉은 꽃을 요염하게 피울 때마다 식구들이 감탄을 했지만 꽃이 지고나면 그

뿐, 이내 무심해지곤 했다. 그런데 어느 해 나무가 시들시들 기운을 잃어갔다. 아차, 이놈이 죽어가나 보다! 나는 그때 동백도 생로병사를 겪어야 하는 생명체라는 사실을 실감했다. 나무도 살아서 숨을 쉰다. 우리가 마실 산소를 나무가 내뿜고, 나무가 마실 탄산가스를 우리가 내뿜는다. 호흡은 생명의 시작이고 끝이라고 할 수 있다. 나무와 사람의 동거! 이 얼마나 멋진 자연의 조화인가. 살아서 숨을 쉬는 사람과 나무는 태초부터 좋은 인연인 게다. 동백을 화원에 맡겼다. 화원은 병든 나무를 치료하는 병원이기도 했다. 동백이 화원에 입원해 있는 동안 우리 집 거실은 텅 비어버린 것 같았다. 그리고 얼마 후 그가 퇴원해 돌아왔을 때 거실은 다시 활기를 찾았다. 아마 그때부터였을 것이다. 내가 그에게 마음을 쏟기 시작한 것은.

동백을 거실 중앙으로 옮겨 놓았다. 가끔 잎사귀를 닦아주고 물뿌리개로 물도 뿌려주었다. 내 손길에 푸른 잎들이 생글생글 웃었고 작은 가지들은 쭉 기지개를 펴는 듯 했다. 어느 여름 밤 우연히 침실 문을 열고 나오다가 나는 문득 멈춰 섰다. 달빛에 동백의 긴 그림자가 턱 하니 거실을 다 차지하고 누워 있었다. 마치 거실의 주인이라도 되는 양. 그의 그림자는 반가운 듯 살랑살랑 가지를 흔들었다. 나무 곁에서 나는 길게 다리를 뻗고 잠을 청했다.

"이제 일어나세요."

누군가 날 깨우는 소리에 눈을 뜨니 아침 햇살을 받으며 은빛, 금빛 초롱초롱 빛나는 동백의 잎들이 먼저 눈에 들어왔다. 따갑게 내 얼굴을 때리는 햇빛을 동백은 온몸으로 막고 서 있었다. 동백이 날 깨웠나 보다! 우리는 그렇게 잘 지냈다.

그러나 세월은 무상했다. 만난 지 10년이 되는 지난겨울에 동백은 더 이상 수액을 빨아올리지 못하고 모든 잎이 말라 떨어지고 말았다. 살려보려고 많은 애를 썼지만 수명이 다된 거라니 어쩔 수 없었다.

"동백아, 내가 너를 얼마나 아꼈는데, 이렇게 쉽게 죽을 수 있니!"

한참동안 허전했다. 아파트 화단에 메마른 동백뿌리를 묻으며 눈물이 핑 돌았다. 혹 다시 살아날까?

'2198'은 지난번 내가 몰고 다니던 승용차의 번호다. 15년 전 미국 연수를 마치고 돌아올 때 지인을 통해 미리 구입한 차였다. 당시에 새로 나온 차인지라 맞선도 보지 않고 결혼한 셈이지만 특별한 결함이 없어 참 고마웠다. 해마다 휴가 때면 우리 가족을 태우고 짐을 가득 싣고 여행을 다니곤 했다. 세월이 흘러 점점 노화되면서 종종 오버히팅이 되었고 라디에이터가 터져 고생한 적도 있었지만 이래저래 정이 들어 식구들은 녀석을 무척 아꼈다. 수년 전 태풍 '매미'가 부산을 강타했을 때, 이웃집 아파트 유리창이 통째로 떨어져 녀석을 덮치고 말았다. 고령인데다 너무 심한 손상을 입어 녀석을 버리고 새 차로 바꿀까 하다가 마음을 바꾸어 정비소에 수리를 의뢰했다.

그리고 약 열흘 후 완전히 새 차가 되어 돌아 왔을 때, 전화위복이라며 가족들은 매우 기뻐했다. 그러나 기쁨도 잠깐, 이듬해 추석날 시내 한 도로에서 녀석은 멈춰서고 말았다. 성형수술로 얼굴은 멀쩡했지만 속은 늙은이였던 것이다. 응급구조반을 불러 온갖 처방을 했지만 녀석은 잘 움직이지 않았다. 겨우 집으로 옮겨왔으나 회생의 가망이 없어 보여 결국 폐차하기로 하고 견인차를 불렀다. 차가 견인되어 갈 때 군에서 휴가 나온 아들은 거수경례를 붙이고, 아내는 눈물이 글썽글썽했고, 나는 오랫동안 손을 흔들었다. 우리가 사랑하던 한 노병의 퇴역이었다.

"잘 가거라. 너를 묻어주고 싶었는데…."

정말 묻어주고 싶은 차였다. 몇 달 후 다른 차를 몰고 있는데 옆에 탔던 아내가 갑자기 고함을 질렀다.

"저기 2198, 우리 차가 있어요!"

"아니 폐차를 한다더니, 우리 차가 아직 살아 있었구나."

나는 죽은 사람이 살아 돌아오기라도 한 듯 반가워, 급히 차를 세우고 2198을 향하여 뛰었다. 가까이 가 보니 그 차는 2138이었다.

오늘도 나는 온갖 인연의 그물에 갇혀 또 다른 인연의 그물을 짜면서 살고 있다. 날마다 만남과 헤어짐의 연속이다. 어떤 이는 기쁘게 만났지만 아픈 상처를 남기며 헤어지고, 덤덤히 만났지만 오래 이어지면서 향기롭게 익어가는 인연이 있기도 하다. 만나고 헤어지는 일이 어찌 내 뜻대로 되겠는가. 선연(善緣)이든 악연(惡緣)이든 인연이란 다 의미 있는 것이라 여기면 될 일이다. 그럼에도 아직 나는 만남과 헤어짐에 의연하지 못하다. 다만 좋은 인연이라 생각되면 소중히 보듬으며 살고 싶고, 나쁜 인연이라 생각되면 멀리 던져 버리고 싶다.

내 진료실을 노크 하는 소리가 들린다.

"거, 누구시오?"

나는 또 긴장한다. 부디 좋은 인연이 되어야 할 텐데.

2016 한국의사수필가협회 공동수필 제 8집
버리고 갈 것들만 남아

손자의 얼굴 | 강혜민

세상을 변화시키는 1초 | 황치일

대물림 | 임선영

억새의 미소 | 이방헌

희망 판단자 | 김예은

뉴욕 타임스퀘어 광장 | 정준기

어느 환자의 마지막 소원 | 김화숙

어머니의 꽃다발 | 정경헌

인생은 외줄타기 | 김애양

불 끄면 500원 | 권경자

밤의 한가운데서 | 조우신

3부

밤의 한가운데서

손자의 얼굴

강혜민

✝

연세대학교 의과대학졸업(2007)

안과전문의, 의학박사

현)가톨릭 관동대학교 국제성모병원 안과 조교수

2015년 한미수필문학상 수상

liebe50@naver.com

"OOO님, 진료실로 들어오세요."

여느 때와 다름없이 외래를 보던 어느 날, 외래 간호사가 다음 환자를 호명했다. 으레 환자분이 들어오셨겠거니 하고 맞이하기 위해 고개를 돌렸는데 아직 환자분은 진료실 문도 넘지 못하고 있었다. 젊은 남녀의 부축을 받으며 초로의 여자환자가 천천히 진료실로 들어오고 있었다. 진료 분야가 망막 질환, 즉 시력과 직결되는 분야이다 보니 슬프게도 이런 일은 종종, 아니 자주 본다. 행여나 서두르다 다치시는 것이 걱정되어 천천히 들어오시도록 하고 차트를 확인했다. 내 외래에 처음 오신 분인데, 당뇨병도 오래 앓으셨던 분이고 측정한 시력도 양쪽 눈 모두 안전 수동, 즉 눈앞에서 손 흔드는 것 정도만 식별할 수 있는 정도였다.

'아!' 과거력과 현재의 시력을 확인하고 무의식중에 짧고 깊은 탄식이 지나갔다. 당뇨병의 합병증인 당뇨망막병증은 실명을 일으키는 주요 원인의 하나이고, 안타깝게도 현재 환자분의 시력도 너무 좋지가 않아 환자분을 보기도 전에 안타까움과 걱정 그리고 내가 이 환자분에게 뭘 더 해드릴 수 있을까 하는 절망감이 먼저 나를 사로잡았다. 환자분이 진료실 문을 지나 진료 의자에 앉는 동안 내 머릿속에는 많은 생각들이 떠올랐다 사라지고 있었다.

"안녕하세요? OOO님, 오늘 저는 처음 뵙네요. 어떤 게 제일 불편해서 오셨나요?"

"잘 안보여요."

그렇다. 다시 물어 무엇하랴. 차트에서 미리 확인했듯이 환자분은 정말 안보여서 오신 것이다. 그래도 왜 이제야 오셨을까 하는 안타까움과 왠지 모를 원망과 슬픔이 다시 한 번 솟아올랐다. 일단 환자분과 대화를 나눈 다음 눈을 확인했다. 양쪽 눈 모두 백내장이 많이 진행되어 과숙 백내장 상태였다. 백내장이 너무 심해서 그 너머의 망막 상태는 확인하기가 불가능한 상태였다.

"환자분 백내장이 많이 진행돼서 지금은 돌같이 딱딱하게 굳어진 상태에요. 수술을 하기는 해야 하는데, 일반적인 백내장 수술 보다는 난이도가 높아서 수술이 커질 수 있어요."

왜 지금에서야 오셨을까 하는 안타까움이 또다시 솟구치는 것을 꾹꾹 눌러가며 세극등 현미경으로 촬영한 환자의 백내장을 보여주면서 환자와 같이 온 아들 내외에게 현재 눈 상태에 대해서 설명을 했다. 이 정도면 생활하기 많이 힘들었을 텐데 하는 생각이든 찰나, 환자분이 조심스럽게 입을 열었다. 환자분은 사실 수 년 전에 다른 병원에서 당뇨 망막병증으로 레이저 치료도 양쪽 눈에 다 받았었고, 한쪽 눈에는 망막 수술도 받은 적이 있었다. 그 이후 집에 사정이 있어서 그 동안 본인 몸을 돌볼 여유조차 없었다고 한다. 조금씩 눈이 어두워지는 것은 알았지만 어찌할 방도가 없었다고……. 그러다 이제는 집에서 생활하는 것조차 너무 어려워졌다고 하신다.

그렇다. 환자분이 일부러 자신의 눈을 방치를 했겠는가. 모두 저마다의 피치 못할 사정들이 있는 것을. 안타까움을 일단 뒤로 하고, 이제는 앞으로의 일을 생각할 때이기에 환자분과 보호자들과 상의하여 한쪽 눈을 번갈아 수술하기로 하였다. 백내장 수술을 할 때 가장 중요한 것은 눈 속 망막 및 시신경의 상태이다. 망막은 카메라의 필름 같은 존재이고, 시신경은 망막에서 모은 자극을 뇌로 전달하는 경로이기 때문에 백내장 수술 자체가 잘 되더라도 망막이나 시신경 중 하나라도 문제가 있을 경우에는 시력 상승에 제한이 생기기 때문이다. 게다가 이 환자는 백내장 상태가 하도 심해서 눈 속의 상태를 확인할 수가 없었기 때문에 수술을 하고 나서의 시력을 예측하기도 어려웠다. 만약 망막 상태가 좋지 않을 경우에는 추가로 망막에 대한 치료가 필요할 수도 있는 상태이기 때문에 앞으로도 주의가 필요한 상태였다.

 수술의 난이도는 높기는 했지만, 다행히 양쪽 눈 모두 수술은 별 문제 없이 잘 마무리 되었다. 문제는 그 다음은 망막 상태였다. 추가 수술이나 치료가 필요한 상태는 아니었지만, 당뇨망막병증으로 인해 망막의 손상이 있어 시력에는 제한이 될 정도였다.

 "환자분, 백내장 수술 후 상태는 괜찮고, 눈 속에 추가적으로 수술을 더 할 정도의 상태는 다행이 아니기는 합니다. 하지만 당뇨 합병증을 앓아서 망막이 많이 다쳐있어요. 그래서 백내장 수술은 이제 다 마무리 되었지만 시력이 많이 좋아지기는 힘들 것 같아요. 그래도 수술 붓기 빠지고 안정될 때까지는 얼마나 더 좋아질지 기다려 보도록 해요."

 내가 더 해줄 수 있는 부분이 없다는 것은 의학적으로 알고 있지만, 그래도 환자에게 무언가 더 해줄 수 없다는 것은 상당한 좌절감, 안타까움 그리고 슬픔으로 다가온다. 그런 나에게 환자가 한마디 했다.

"그래도 많이 환해져서 좋아요, 교수님."

사실 환자가 버티고 버티다가 수술을 해야겠다고 할 때는 다른 이유가 있었다. 본인의 생활이 불편한 것도 있지만 어느 정도는 이 점에 대해서는 반쯤 포기하신 것도 있었다고 한다. 하지만 점점 커가는 어린 손자를 볼 수가 없는 것이 너무 안타까워 지금이라도 수술을 받아보겠다고 결심을 하셨다고 한다.

"그저, 손자 얼굴이나 한 번 볼 수 있었으면 좋겠어요."

여전히 아들의 부축을 받고 병원을 오가는 환자를 보면서, 왜 아직까지 현대 의학이 여기까지인지 원망을 하곤 했다. 내가 할 수 있는 것은 그저 합병증이 생기지 않도록 수술 후 관리를 하면서 기도하는 마음으로 기다리는 것밖에 없었다.

환자의 상태가 안정될 무렵, 휴가를 떠나게 되었다. 벼르고 별러 크로아티아로 향하게 되었는데, 마침 크로아티아는 그리스 정교 국가라서 휴양지에 가더라도 오래된 성당들이 곳곳에 있었다. 여행이 막바지에 이르렀을 때, 유독 빠르게 지나가는 시간을 아쉬워하며 저녁 늦게 한 성당을 찾았다. 오랜만에 찾은 성당에서 가족의 안녕을 기도하던 중, 문득 그 환자가 떠올랐다. 본인의 안녕보다도, 단지 두 눈으로 손자 얼굴 한 번 보는 것이 가장 소원이라던 환자. 나도 모르게 그 환자가 꼭 손자 얼굴을 볼 수 있기를 기원하고 있었다. 환자의 눈 상태는 잘 알지만 그래도 조금이라도 시력이 좋아져서 손자 얼굴도 보고 손자가 커가는 것도 볼 수 있기를.

이후 그 환자는 조금씩 각막 붓기와 굴절력이 안정이 되고 있어서 조금씩 경과를 늘리고 있었다. 조금씩 환해지고 있었지만 시력이 아주 많이 좋아지지는 않아서 이제는 기다릴 만큼 기다렸다는 생각을 할 무렵, 환자가 내원하는 날이 되었다.

"OOO 환자분, 진료실로 들어오세요."

그 동안 잘 지내셨냐고 안부 인사를 건네며 고개를 돌렸는데, 맙소사. 항상 아들의 부축을 받으며 들어오던 환자가 혼자 성큼성큼 진료실로 들어오고 있었다. 처음 보는 밝은 웃음을 띠면서. 시력이 아주 좋은 것은 아니었지만, 그래도 조심조심 일상생활을 할 수 있을 정도로 시력도 좋아진 상태였다. 그래서인지, 이전과 다르게 환자의 표정과 말투도 한결 가벼워진 것 같았다.

"많이 좋아지셨네요. 손자 얼굴은 보셨어요?"

환자는 혼자서도 조심조심 다닐 정도가 되었고, 그토록 바라던 손자의 얼굴을 볼 수 있다고 함박웃음을 지었다. 진료가 끝나고 아들보다 먼저 대기실로 나갈 정도로 회복된 그 뒷모습을 보면서 그저 감사하고 다행이라는 생각에 저절로 미소가 지어졌다. 그 얼마 후 퇴근길에 우연히 환자의 아들을 보게 되었다. 아들 내외와 꼬마가 즐겁게 길을 걷고 있었다. 무언가 즐거운 일이 있었는지 엄마, 아빠를 연신 쳐다보며 종알종알 말을 건네는 꼬마. 그 환자의 손자였다.

'그래, 너를 너무나 보고 싶어서 할머니가 용기를 내셨구나. 할머니가 너를 볼 수 있어서 정말 다행이다.' 그 작은 꼬마가 무럭무럭 자라 멋진 어른이 될 때까지, 부디 나의 환자가 당신이 눈으로 그 모든 과정을 행복하게 지켜볼 수 있기를 간절히 기도한다.

세상을 변화시키는 1초

황치일

✝

부산교육대학, 부산의대 졸업

비뇨기과전문의, 가정의학과전문의. 부산의대 교수

좋은부산요양병원 의무원장

2006년《에세이스트》로 등단

저서《인터넷 명의》공저

uro71@naver.com

아버지는 아들의 손목에 시계를 채워주면서 말했다.

"1초, 1초를 아껴 살아야 해. 1초가 세상을 변화시킨단다."

"내일 지구의 종말이 온다고 해도, 나는 오늘 한 그루의 사과나무를 심겠다.(Spinoza)"

오늘날, 보통의 삶을 살고 있는 우리들에게 귀감이 될 만한 명언이다. 이 말은 앞서 15C 마르틴 루터의 기념비에 새겨져 있었던 문구라고 한다. 그러나 실천적으로 이런 삶을 충실하게 살아온 스피노자의 명언으로 널리 알려져 있는 것이다. 스피노자는 귀족도 아니고 평범한 유리세공업자로 하루하루를 충실이 살아간 합리주의자이며 종교개혁자였다.

어제는 역사요, 내일은 Mystery로 알 수 없다. 오늘에만 인식과 실천력이 있는 것이다. 젊은 날은 빨리 지나가고 이루고자하는 것은 이루어지기 어려우니, 짧고 짧은 시간일지라도 가벼이 여기지 말아야 할 것이다.

우리가 살고 있는 날도 바로 오늘이고, 우리가 사용할 수 있는 날도 그저 오늘이다. 우리에겐 오직 오늘만이 있을 뿐이다. 그래서 오늘을 소중히 여기고, 오늘을 사랑하고, 충실하게 살아야 한다. 뜰 앞의 봄빛은 어제 같은데 앞산의 나뭇잎은 벌써 가을빛으로 변했으니 무의미하게 시간을 죽이는 일은 없어야할 것이다. 영국의 컴퓨터공학자였던 David Stifler. Johnson은 "내일은 노련한 사기꾼이다."라고 했다. 내일(다음에) 잘해주겠다는 사람을 너무 믿으면 안 되겠다.

어느 서점 앞에 한 인기소설 사기위해 긴 줄이 늘어 서있었다. 그 서점 앞에는 '내일부터 이 책을 무료로 나누어주겠습니다.'라는 현수막이 걸려있었다. 그 현수막은 다음날도, 그 다음날도 그대로였다. 모여든 사람들은 하루가 지나서야 그 뜻을 알아차리고도 오늘 돈을 주고 책을 샀다고 합니다.

영국의 유명한 역사학자 아놀드 J. 토인비의 《역사의 연구 The study of History》의 서문에는 '신이 인간을 창조했다고 하지만 인간이 신을 만들었는지도 모른다.'라고 했다. 이 말속 토인비의 마음을 나는 이렇게 짐작한다. 세계를 지배했던 대영제국의 위대한 역사학자는 세계 곳곳의 거대한 역사 유물을 보면서 당시 사회의 지배자들은 수천 년 동안(5~15C) 신(神)과 내세(來世)를 내세워 그 수많은 주민과 노예들에게 세금과 노역을 착취했을 것이다. 심지어 이집트의 어떤 왕은 내세로 가는 세금도 거두었다고 한다. 사역장의 노예는 죽어서도 내세로 가기위해 세금을 냈다고 한다. 과거는 오늘이 지나간 자취요, 내일은 다가올 오늘이니, 오늘만이 존재하는 실존이다.

세상에는 '살인(殺人)'이란 말이 있다. 그렇다면 '살시(殺時)'라는 말은 안 될까? 작은 것을 소홀하게, 작은 것은 아무렇게나 해도 상관없는 것으로 생각할 때가 많다. 시계를 채워주신 아버지의 말처럼 작은 것이 없는 한 큰 것은 존재하지도 않는다. 벽돌 하나도 10층 건물에서 소중한 역할을 하며, 벼 한 포기가 식량의 중심이 되는 것이다. 작은 것을 사랑하지 않는 사람은 결국 큰길로 가는 길을 놓치고 마는 것이다. 1초(秒)가, 오늘이 세상을 변화시키는 이치만 알아도 아름다운 인생이 보인다.

20세기 실존주의자 알베르 카뮈(Albert Camus)는 노벨 문학상을 받은 그의 대표작 《페스트(The Peste)》에서 주인공 의사(리유)를 통해 이렇게 말했다.

"매일 매일의 노동이야 말로 거기에 확실성이 있다. 중요한 것은 오늘의 자신의 직무를 완수 해나가는 것이다."

매일같이 수십 수백 명의 흑사병 환자가 들이닥치고 죽어가는 병원에서 그의 동료들과 함께, 봉쇄된 도시 오랑에는 어제도, 내일도 필요 없었다. 오직 오늘만이 실존하고 있을 뿐 지금의 1초, 1초를 소중히 아껴 살아야하겠다.

대물림

임선영

⚜

산부인과 전문의

임선영산부인과 원장

2012년《한국산문》등단

현 한국여의사회 공보이사, 서울시 의사회 재무이사

수필집《그들과의 동행》공저

코오롱 우정선행상 대상 수상

sylim17@hanmail.net

지난해 11월 초였다. 14세 소녀가 청소년 쉼터 상담 선생님 등 뒤에 숨어 쭈뼛거리며 진료실로 따라 들어왔다. 갸름한 우윳빛 얼굴에 오뚝한 코, 아기 사슴 담비를 닮은 큰 눈동자, 입고 있던 헐렁한 후드 티조차 그녀의 눈부신 외모를 감춰주진 못했다. 그녀는 약 4개월 동안 생리가 없다며 산부인과 검진대에 올랐다. 연신 "무섭다." 며 떨고 있다가 급기야는 울음을 터뜨리더니 "엄마" 하며 나의 가슴에 먼저 안겼다. 한 손으로는 등을 다독이고 말로 달래 가며 겨우 진료를 마쳤다. 임신 5개월 차였다.

청소년 임신은 그들의 앞에 펼쳐질 미래의 불확실성 때문에 먼저 가슴이 쿵하고 내려앉는다. 가족이 알면 안 된다며 그녀는 어깨를 들썩이며 다시 울기 시작했다. 이런 날은 안타까움과 답답함이 교차하여 나 자신도 몹시 우울해진다. 그로부터 3일 뒤 마음의 평정을 찾은 그녀는 출산을 위한 혈액검사를 받기 위해 다시 내원했다.

"아빠도 저를 저처럼 낳으셨어요. 엄마는 제가 두 살 때 떠났대요."

상담 선생님으로부터 다시 전해들은 사실은 놀랍게도 아빠가 32세 미혼부였다. 엄마는 본 적이 없었다. '그래서 그렇게 선생님 뒤에 병아리처럼 매달렸구나.'라고 가늠을 해보게 되었다. 본인도 뱃속 아이의 엄마가 되기로 했고 미혼모 시설로 들어가기로 정했다고 한다.

"선생님 지금 하루 세끼 라면만 먹고 있어요. 시설로 들어가면 잘 먹게 되겠지요?"

　미혼모시설에 대한 기대감으로 두려움보다는 들떠있는 그녀의 마음이 엿보였다. 내 마음도 놓였다. 15세에 미혼모가 되는 셈인 그녀는 조부모와 미혼부가 있지만 미혼인 삼촌과 함께 살고 있었다. 57세인 할머니는 '내가 이 나이에 증조할머니가 되는구나.'라는 말만 되뇌며 속내를 표현했다고 전했다. 30살인 미혼의 삼촌도 '내가 할아버지가 되는구나.'라는 말을 했다며 그녀는 뱃속의 태어날 아기 때문에 자기 가족의 위치가 한 단계씩 업그레이드되었다고 우스갯소리 하듯 이야기했다. 전형적인 미혼부, 미혼모의 대물림이다. 그녀는 뱃속의 아이 아빠가 18세인데 출산 후, 찾아서 아이를 함께 키울 거라고 한다. 부디 그렇게 되길 기원했다. 부와 신분의 대물림이 논란이 되는 세상에 아직 부모에게 투정하며 한창 사춘기를 겪어야 할 나이 어린 소녀의 양가감정을 보는 듯해 안쓰러웠다.

　내게 두 달간 산전 진찰을 받은 후 미혼모 시설에 입소한 그녀에게 바자에서 산 고운 빛깔의 배내옷을 선물했다. 나 역시 할머니가 되고도 남을 나이인지라 아이에 대한 기대감이 생겼다. 그녀는 감사하다며 연락을 해왔다.

"선생님, 딸이라는데 왜 미리 말씀 안 해주셨어요."

　목소리엔 그저 어린아이의 티 없는 마음이 와이파이를 타고 전해졌다. 부디 엄마처럼 아이를 키우면 안 된다고 못 박으며 그곳에서 몸과 마음의 평안을 얻고 출산 후의 일을 준비해야 한다고, 검정고시를 해서라도 고교 졸업장은 받아야 한다고 나름 덕담을 했다. 그래 봐야 산후조리까지 포함해 6개월 남짓이겠지만, 아이러니하게도 그곳에서의 생활은 지금까지 그녀의 인생에서 가장 의미 있는 시간이 될 것 같았다.

며칠 뒤 청소년 쉼터 상담 선생님과 함께 방문한 다른 친구는 17세 소녀였다. 편모슬하에서 살아가는 그녀와 16세 소년인 남자 친구는 내가 보기엔 둘 다 어린 아이들이었다. 그녀는 초기 임신상태였고 엄마가 되겠다며 진료실에서조차 서로 잡은 손을 놓지 않고 있었다. 동행한 그녀의 엄마는 임신이라는 사실 자체만으로도 악에 받친 듯 앞으로 절대 임신을 못 하게 해 달라는 말을 서슴지 않고 했다. 엄마와 딸, 둘 다 다독이며 국가가 지원해주는 바우처용 청소년 산모를 위한 임신확인서는 나중에 발급하기로 하고 다음 검진 일정을 일러주었다.

이 아이들이 신분은 물론 빈곤의 대물림이 될 것은 눈앞에 불 보듯 뻔하다. 우리 사회가 여러 방면에서 서구화돼가고 있는 것을 지켜보며 가족공동체도 서류상은 미혼부, 미혼모로 동거부부 형태의 가족 구성이 50%를 넘어선 유럽을 따라가는 게 아닐까? 늦은 결혼에 출산을 꺼리는 사회적 흐름이 예기치 않게 청소년 미혼부, 미혼모를 양산하는 것은 아닐까 하는 우려가 되었다.

폴란드 시인 쉼보르스카는 '우리는 누구나 준비 없이 와서 연습도 못 하고 살다 떠난다.'라고 했다. 그러나 가까운 훗날, 우리 사회가 유럽의 전철을 밟아간다 하더라도 너무 이른 나이에 아무 준비 없이 부모가 되는 것은 결코 바람직하지는 않다.

나의 작은 진료실에서 일어나는 단편적인 경우나 길거리를 떠도는 가출 청소년, 긴급도움이 필요한 위기청소년은 진즉에 수만 명을 넘어섰다. 이들 청소년은 대부분 부모의 이혼 등 가정해체로 조부모 손에 자라거나 편부모 슬하에서 자라는 아이들이다. 아이 한 명을 키우려면 한 마을이 통째로 나서야 한다는데 우리는 주위를 돌아볼 틈조차 없이 숨 가쁘게만 살고 있다. 국가에 청소년 문제를 일임하기엔 위기청소년들이 너무 많다. 다문화가정의 위기청소년들, 어려움에 부닥친 탈북 청소년들도 숨은 복병들이다. 첨단과학의 발달로 전 세계가 하나가 되는 놀랄만한 시대에 살게 되었지만 군중 속의 고독은 심화돼가고 있다.

현대판 신분의 대물림은 이렇게 조용히 우리 사회의 바닥부터 점차 확산되고 있다. 신분상승의 사다리가 없는 세상은 죽은 사회다. 이들을 잘 보듬고 가야 하는 것은 우리 기성세대의 책임과 의무다. 내일의 우리 사회 주인이 될 청소년들이 희망을 품고 살 수 있도록 우리 모두 건강하고 공정한 사회를 만들기 위해 노력해야 한다. 가장 중요한 것은 교육이다. 실제적인 성교육부터 가치관 정립, 인간에 대한 배려와 관용의 자세를 몸에 밴 습관이 되게 어릴 때부터 가정에서 먼저 교육을 시작해야 한다. 우리 모두 사회적 부모가 되면 어떨까? 사랑의 공동체를 꿈꾸는 것은 단지 바람일까? 나는 진료실에서 만난 그녀들의 아이가 지혜롭고 다재다능하다는 원숭이의 해에 큰 복을 지니고 건강하게 태어나길 기대한다.

억새의 미소

___
이방헌

✝

서울송도병원 성인병클리닉 원장

한양의대 명예교수

2004년《에세이 문학》에〈헌 구두〉로 등단

한국의사수필가협회 회장 역임

한국문인협회 회원

한국수필문학진흥회 이사

전 수석회 회장

수필집《게의 물고기》(2007)로 한국현대수필 문학상 수상(2008),

《우리가 살던 집》(2014),《해우소에서》(2014).

《우리가 살던 집》이 2014년 문광부 선정 우수도서

공저《춤추는 수필》(2009),

의학 저서《고혈압 진료매뉴얼》《고혈압 홈케어》등 다수

lbh519@nate.com

눈을 떴다. 몇 시인지 알 수 없지만 새까만 커튼 사이로 한 줄기 밝은 빛이 들어온다. 창문을 여니 눈이 부시다. 아침안개가 호수 위로 피어오르고 다갈색의 잎사귀들 사이로 파란 하늘이 무척 맑다. 주섬주섬 옷을 입고 콘도를 부리나케 나왔다. 방에 있는 시간만큼 왠지 손해를 보고 있다는 생각이 들어서다. 몇 십 년 만에 만나는 이산가족과의 해후도 아니면서 괜스레 마음이 들떠 있다.

산정호수로 목적지를 정한 것은 '억새풀이 울고 있는 명성산'이라는 기사를 신문에서 우연히 본 때문이다. 은빛으로 물결치고 있는 억새풀의 사진이 나의 마음을 흔들고 명성산(鳴聲山)의 울음이 귓가에 들리는 듯했다.

아직은 단풍이 곱게 물들지 않았지만 계곡 옆 바위에 앉아 파란 하늘과 낙엽을 배경으로 아내와 사진 한 장 찍기에는 서운치 않은 풍경이었다.

"가을 산행을 해줘 고마워요."

아내의 한 마디에 손을 꼭 잡아본다. 깨알같이 적힌 수첩의 빈 공간에 '낙엽 그리고 아내'라고 써 놓길 그나마도 잘했다는 생각이 들었다.

금빛, 은빛의 물결로 나부끼는 억새들의 울음이 얼마나 장관이기에 울음산이라 했을까. 그 장엄한 울음을 들으려고 왔는데 훤칠하게 키가 큰 억새들이 모여 오늘은 허밍 코러스를 연주하고 있다. 울음을 토해내지 않는 억새의 현(絃). 삶의 아픔이 없어 울지 않는 것일까. 궁예(弓裔)의 망국의 슬픔에 울음을 이미 다 토해 버렸을까. 마의태자의 서글픈 사연에 울음이 말라버렸을까. 아니면 아직 울음이 가슴 깊숙이 고여 있는데도 터질 것 같은 아픔을 참고 있는 것일까.

그러고 보니 나도 울음을 잃은 지가 오래되었다. 울음 잃은 자명종이랄까. 바람이 일어야 울 텐데 나를 흔들어 깨울 바람, 아픔을 느끼게 한 바람의 기억이 아득하다. 내면의 아픔이 없어 안일(安逸)에 정주(定住)했던 시간들. 단조로운 일상으로 인해 내 영혼은 시간의 흐름에 따라 부유하는 잔잔한 호수 위의 잎사귀에 다름 아니었다.

살랑거리는 미풍에 억새는 부끄러운 듯 고개를 살짝 숙이고 있다. 아니, 머리를 숙이고 반갑게 맞이해 준다. 다소곳이 몸을 더 낮추는 억새들에게 어쩐지 마음이 끌림은 인지상정일까. 살아오면서 나도 모르는 사이에 타성에 젖어버린 모양이다. 남의 마음을 얻으려면 역시 고분고분하고 볼 일이다. 나는 그들 속에 안겼다.

"왜 혼자 오셨어요?"

옆의 등산객에게 사진을 한 장 찍어 달라고 부탁했더니 사진기를 받아들며 물어본다.

"예, 억새풀이 울지 않아 여기까지 안 올라온대요. 명성산이 아니라 소성산(笑聲山)이라나요."

하고 대답하려다가 그만두었다. 중턱에서 포기해 버린 아내에게 미안해서였다. 같이 산행도 자주 못하는 주제에 괜스레 아내의 나약함만 고발하는 것 같아서였다. 아니, 괴로움, 외로움, 피곤함, 서운

함……. 모든 걸 안으로 삭이며 여기까지 삶의 길을 동행해 준 것만도 고마운 일이 아닌가.

우는 억새를 보지 못해 허전하고 서운했지만 하얀 억새의 미소를 보고 나의 잃어버린 미소를 찾았으니 산행은 나에게 또 다른 보람을 안겨준 셈이다. 혼자 거울을 보며 짓는 미소는 아무리 아름다워도 의미가 없고 누군가를 향해서 미소를 지을 때 그리고 미소를 보고 다가서고 싶은 마음을 느끼게 할 때 그 미소는 의미가 있다는 생각이 들었다. 내가 주는 만큼 주려고 하지 않고 내가 생각하는 만큼 나를 생각해주지 않는다고 해도 내 마음속의 억새는 미소를 잃지 않으리라.

억새 속에 앉아 무언가 속삭이려는 듯 다가오는 억새의 다소곳한 몸짓을 보고 있으니 문득 그리움이 솟는다. 웃고 있는 사람과 그리고 웃음을 주는 사람과 같이 있고 싶어진다. 인생의 가을이 주는 느낌 때문일까. 아파도 괴로워도 아픔과 괴로움을 밖으로 나타내지 않는 사람이 그리워진다.

옥고(獄苦), 술, 영양실조, 행려병자, 정신병원, 간경화증. 그 뼈저린 아픔 속에서도 '나 하늘로 돌아가리라, 아름다운 이 세상 소풍 끝내는 날, 가서 아름다웠다고 말하리라….' 이렇듯 아름다운 〈귀천(歸天)〉을 쓸 수 있었던 시인의 혼을 만나보고 싶다.

만나고 싶은 사람이 또 있다. 루게릭병으로 죽음이 온몸에 침범해 와도 화요일이면 미치와 대화를 나눈 모리 교수. 서재에서 큼직한 안경을 쓰고 장난꾸러기 어린애처럼 그는 웃고 있었다.

"나는 죽어가고 있지만, 날 사랑하고 염려해주는 사람들에 둘러싸여 있잖나. 사랑하는 사람들에게 둘러싸여 산다고 자신 있게 말할 수 있는 사람이 과연 몇이나 될까?"

"묻힐 곳을 골랐다네."
"어딘데요?"
"여기서 멀지 않아. 언덕 위의 나무 밑이야. 연못이 내려다보이는 곳. 굉장히 평화로운 곳이야. 생각하기에 안성맞춤인 곳이지."
"거기서도 생각을 하며 지내실 계획이세요?"
"거기선 죽어지낼 계획이네."

그리운 또 한 사람.
"선생님, 얼마 남지 않은 촛불이지만 마지막까지 비춰야지요. 그리고 이 몽당연필로 나를 아는 모든 이에게 고마웠다고 쓸래요."
산행하기 전날, 암(癌) 병동에 누워서 즐겁게 다녀오라고 손을 흔들어주던 환자의 미소가 억새 속에서 아른거린다. 마음이 슬플 때도 음악을 슬프게 연주하지 않는 음악가처럼 아픔을 안고 있으면서도 울음을 참고 있는 억새 그리고 사람들. 웃음이 울음보다 더 큰 아픔이기에 슬픔을 미소로 보여줄 수 있는 그들은 위대하다.
한 줄기 바람에 하얗게 눕는 억새의 물결. 명성산의 억새는 울지 않는다. 그들은 미소 지을 뿐이다.

희망 판단자

김예은

✝

경북대 의전원 졸업(11)

제1회 의대생/의전원생 수필공모전 금상 수상

보령의사수필문학상 대상 수상

2015년《에세이문학》등단

ye0806@hanmail.net

"일단 심장이 돌아왔으니 괜찮을 거예요. 한시름 놓으세요."

일 년이 더 지났는데도 이 말이 여전히 내 머릿속을 부유한다. 작년 응급실에서 내가 보호자들에게 했던 말이다. 위로하고 싶은 마음을 담았던 두 마디. 절망의 말도 아닌 희망의 말이, 작년의 가장 쓰라린 기억으로 남게 될 줄은 몰랐다.

그 날도 나는 정신없이 뛰어다니는 세 명의 응급실 인턴 중 한 명이었다. 하루 중에서도 제일 바빠지는 퇴근시간 무렵, 50대의 남성 심정지 환자가 오고 있다는 연락이 왔다. 우리는 긴장하여 신경이 곤두선 눈빛으로 사인을 주고받았다. 심정지 환자가 오게 되면 인턴 셋 모두가 붙어야한다. 두 명은 바로 심폐소생술에 투입, 한 명은 빠르게 병력청취 및 사태파악을 해서 레지던트선생님께 보고를 드리는 것. 나는 후자여서 펜을 들고 입구 쪽에 서있었다. 부디 상황 목격을 한 보호자들이 있길 간절히 바라면서.

긴박한 사이렌 소리가 들리더니 곧 한 명의 구조사가 심폐소생술을 진행 중인 베드가 도착했다. 언뜻 보기에 겉으로 큰 외상은 없어 보이는 환자였다. 베드는 곧바로 소생구역으로 빨려 들어갔고, 심정지가 발생한지 이미 30분은 더 경과되었다는 구조사의 외침이 들렸다.

'아……. 쉽지 않겠구나.'

구조사들 뒤로는 두 명의 보호자가 들어오고 있었다. 서로 부둥켜 안은 채 하늘이 무너지게 울고 있는 두 사람은 묻지 않아도 환자의 아내와 딸임을 짐작할 수 있었다. 알고 보니 그들의 상황은 정말 하늘이 갑자기 무너진 거나 다름없었다. 이전의 정신과 이력이 전혀 없던 한 가장의 음주 후 자살시도, 그것도 예후가 안 좋다는 교사(絞死). 요즘 경제적인 문제로 좀 힘들어하긴 했지만 살기 싫다는 말은 취해서 하는 투정인 줄 알았다고. 환자를 최초로 발견했다는 딸은 울음을 멈추지 못하면서도, 도움이 되려는 의지로 말을 이었다.

상황을 목격한 보호자가 있다는 게 우리에겐 유용한 일이었지만 그들에겐 더 비극임을 느낄 수 있었다. 아버지가 목을 맨 채로 축 쳐져있는 모습, 그 자세까지 묘사하는 딸. 그 설명이 얼마나 자세했는지 나는 그 때 들은 자살시도의 환경과 자세를 지금도 떠올릴 수가 있다. 외동딸이라는 그 보호자는 이제 성인에 들어서는 나이였다. 목격하지 못했더라면 적어도 이 비극이 그렇게 생생한 장면으로까지 남진 않을 수 있었을 텐데. 제발 살려달라며 내 옷깃을 잡는 그들의 떨림에선 무너져 내리는 마음까지 느껴졌다. 살려야지, 내가 할 수 있는 거라도 해야지. 울부짖는 목소리를 뒤로하고 나도 소생구역으로 뛰어 들어갔다.

간절한 내 마음이 닿기라도 했던 것일까. 다행히 내가 흉부압박 한 사이클을 한 후 바로 심장이 돌아왔다. 생각보다 빠른 ROSC(자발순환회복)였다. 그리고 몇 분 더 대기를 해도 심정지는 반복되지 않았다. 생체징후도 안정되어 어느 과로 입원시킬지 논의하시는걸 보며 소생구역을 빠져나왔다.

"서……. 선생님, 어떻게 됐어요? 흑흑. 괜찮아요? 살 수 있어요?"

나오자마자 보호자들은 눈물범벅인 얼굴로 내게 달려왔다.

"아, 일단 심장은 돌아왔어요."

그리고 나서 내가 하게 된 말이 이것이었다. 일단 심장은 돌아왔으니 괜찮을 거라고, 한시름 놓으시라고. 응급실에 심정지 환자가 들어오면 ROSC가 되지 않고 사망선고로 끝나는 경우가 훨씬 더 많다. 그러니 그들 앞에 사망소식을 전하지 않아도 된다는 것으로, 심장이 살아난 것으로 나는 절망보단 희망의 말을 하고 싶었던 것 같다. 자세한 설명을 할 위치가 아니어서 고른 몇 마디 말엔 위로하고 싶은 마음만 가득 묻어버렸다. 그 말에 정말 감사하다고 몇 번을 말하며 보호자들이 다시 울기 시작하는데 그 안에는 안도가 섞여있었다.

하지만 한 시간도 가지 않아 절망이 섞인 울음은 다시 터졌다. 레지던트 선생님께서 전과처리까지 하고 나와서 환자의 상태를 설명하셨다. 심장은 돌아왔지만 심정지가 이미 오래된 상태여서, 저산소증으로 뇌사를 면하기 힘들 거라는 말이었다. 일단 죽음은 면한 셈이지만 뇌손상이 심각해서 살아도 살아있는 게 아닐 수 있다는 것. 다시 절망에 깊이 빠져드는 그들을 볼 때에야 아차 싶었다. 내가 전혀 희망적이지 않은 상황에서 희망에 대해 이야기했구나. 무거운 마음과 함께 급격한 후회가 밀려왔다.

그 환자는 무사히 전과가 되어 응급실을 빠져나갔다. 하지만 내가 했던 말은 그 날의 일과가 끝나고도 목에 걸린 가시처럼 도통 뽑혀나가질 않았다. 하루에도 몇 번이고 그 환자의 상태를 보려고 중환자실 기록을 확인했다. 혹시 더 나아지진 않았나, 눈이라도 뜨지 않았을까. 그리고 이틀이 지난 후 그 환자의 이름은 입원목록에서 사라져있었다. 다시 심정지가 왔다고 했다. 응급실에 들어온 후로 심장만 더 뛰었을 뿐 결국 눈 한 번 못 뜨고 가신 것이다.

그 후로 올 해까지도 그날 내가 했던 말에 대한 미안한 마음을 몇 번이나 곱씹었는지 모르겠다. 펑펑 울던 모녀의 모습이 자꾸 아른거렸다. 이렇게까지 잊기 힘든 건, 그 날 내 말을 듣고 바뀌던 보호자들의 눈빛을 기억하기 때문이다. 다시 남편을 만날 수 있겠구나 하는 아내의 희망, 축 늘어져있던 아버지의 모습이 마지막 기억이 아닐 수 있겠다는 딸의 희망. 그렇게 내가 살려버린, 그러나 금방 꺼져버릴 불씨 때문에 그들의 절망이 더 힘겹지 않았을까.

평소 일상에서의 희망은 이성적 판단보다는 감정적으로 갖게 되곤 한다. 실제 상황이 희망적이라서 보다는 내가 가지고 싶어서 가질 때가 많다. 그게 나중에 절망으로 돌아올지라도, 믿고 싶은 대로 믿는 게 그 순간을 버티게 하는 힘이 되기도 하기 때문이다. 이 세상에 희망만큼 비이성적으로 가지기 쉬운 게 또 있을까. 그날도 나는 버릇처럼 희망을 가져버렸다. 단순히 그들을 위로하고 싶어서 튀어나왔던 말이 아니라, 짧은 시간이었지만 정말로 그 환자가 살아날 수 있을 거라고 믿어버렸던 것이다. 내가 믿고 싶은 대로. 계속 울고 있는 모녀 앞에서 상황에 대한 이성적인 판단보다 희망을 알리고 싶었던 마음이 먼저 튀어나간 것이다.

의사가 환자 측에 말할 희망은, 일상에서와는 다른 판단 하에서의 희망이어야 함을 그날에야 깊이 깨달았다. 믿고 싶은 희망보다 믿을 만한 희망을 말하는 것이 내가 해야 할 일임을, 삶과 죽음 사이에서는 위로 한 마디도 신중해야 한다는 것을 말이다. '괜찮을 거야, 잘 될 거야'라는 평소에 버릇처럼 쓰던 말은 내게 막대한 책임이 없었기에 편하게 할 수 있는 말이었는지도 모른다.

　재작년에 치른 의사 국시 실기시험에 '나쁜 소식 전하기'라는 주제가 있었다. 암환자에게 항암치료에도 불구하고 더 악화된 소견과 함께 호스피스에 대해서까지 말해야 하는데, 검사 및 영상소견도 다 친절하게 적혀있어서 그냥 말만 전하면 되는 문제였다. 처음에는 말하는 정도의 문제가 굳이 연습까지 해야 하는 시험인가 싶기도 했다. 하지만 막상 동기들과 연습할 땐 환자역할에 몰입해 울고 절망하면 그 앞에서 차분하게 상황 전달을 하기가 쉽지 않았던 기억이 난다.

　이제 의사가 된 나는 불가피하게 나쁜 소식을 전해야할 경우를 수없이 겪어나갈 것이다. 그 안에서 의사는 '희망 전달자'보다는 '희망 판단자'에 가까워져야할 것 같다. 하고 싶은 말, 듣고 싶은 말이 아니라 해야 할 말, 들어야할 말을 더 예리하게 나누어야 할 것이다. 나는 많이 겪는다고 슬픔 앞에 무딘 사람이 되고 싶진 않다. 하지만 작년 기억을 떠올리면 환자들보다 슬픔을 더 잘 겪어내는 사람이 되어야겠다는 생각이 든다. 지금쯤 그 모녀의 기억 속엔 잠시 끼어들어있던 새내기의사인 나의 몇 마디는 남아있지 않을지도 모르겠다. 하지만 나는 내가 했던 이 쓰라린 희망의 말을 오래도록 되씹고 기억하고 싶다.

뉴욕 타임스퀘어 광장

정준기

✝

서울대 의대 핵의학과 교수
서울대학교병원 의학역사문화원장 원장 역임
저서 《젊은 히포크라테스를 위하여》《소소한 일상 속 한줄기 위안》
《참 좋은 인연》《의학의 창에서 바라본 세상》
jkchung@snu.ac.kr

2016년 세계 분자영상학회가 뉴욕 맨해튼에서 열렸다. 10년 만에 방문한 맨해튼은 더 많이 화려해졌고 곳곳에서 오래된 건물을 헐고 더 큰 빌딩을 짓고 있어 어수선하였다. 학회본부가 타임스퀘어 광장 메리어트 호텔에 있어 나도 그곳에 숙박하였다. '세계의 교차로', '불야성의 거리', '세계 엔터테인먼트의 중심지'라는 별명답게 광장을 가득 메우고 있는 인파와 현란한 광고판에 놀라면서도, 여기저기에서 한국어가 들리고 우리 기업 광고판이 눈에 띄어 자긍심이 저절로 생겼다.

맨해튼 지도를 보면 바둑판처럼 정리되어 있어 동서 길은 스트리트, 남북 길은 애비뉴라고 부르고, 그 앞에 일렬로 번호를 붙여 어느 곳이나 쉽게 알 수 있도록 했다. 이 바둑판을 북서쪽에서부터 남동쪽으로 가로지르는 큰 도로가 브로드웨이다. 이 길이 43번 스트리트와 교차하는 장소에서 광장이 시작되어 47번가까지 삼각형의 타임스퀘어가 있다. 1904년 뉴욕타임스 신문사가 여기에 자리 잡으면서 타임스퀘어라는 이름이 붙었고 미국의 성장에 따라 발전해 세계에서 가장 번화하고 유명한 광장이 되었다.

타임스퀘어 북쪽에는 원형극장식으로 거대한 계단을 만들었고 그 아래에 뮤지컬, 연극, 버라이어티 쇼의 티켓부스가 있다. 광장에는 앙증맞은 크기의 빨간 탁자와 의자 수십 개를 늘어놓아 사람들이 쉬면서 광장을 구경하고 있다. 광장 가운데에 자유여신상, 스파이더맨, 미키마우스 등 영화나 만화의 코스튬 플레이어들이 돌아다니고 심지어는 벗은 몸에 성조기문양 바디페인팅을 한 미녀 모델도 있어 팁을 받고 관광객과 같이 사진촬영을 한다.

 티켓부스에서는 이곳에서 공연하고 있는 상업용 뮤지컬이나 연극 입장권을 판매한다. 특히 오후에는 안 팔리거나 반환된 표를 30~50% 할인해주어 기다리는 사람들이 긴 줄을 이루고 있다. 이 근처에 뮤지컬이나 연극을 공연하는 30여 개의 상업용 극장이 있다. 흔히 3대 뮤지컬로 불리는 〈캣츠〉, 〈오페라 유령〉, 〈레미제라블〉은 1980년대에 시작해 지금까지 인기가 있다. 즉, 30년 이상 같은 극장에서 한 작품만 공연하고 있어, 〈오페라 유령〉의 경우 12,000회가 넘었다고 한다. 이 세 뮤지컬은 모두 탄탄한 원작을 바탕으로, 아름다운 선율과 정교하고 과감한 무대 장치가 노련한 연기자와 함께 조화를 이루고 있다. 이외에도 〈시카고〉, 〈라이언 킹〉, 〈맘마미아〉, 〈그리스〉, 〈42번가〉, 〈카니발〉, 〈알라딘〉, 〈위키드〉 등이 인기가 있고 특히 디즈니 회사가 참여하면서 뮤지컬 내용이 더욱 더 미국성향으로 바뀌고 있다.

 타임스퀘어는 항상 수많은 인파로 가득 차 있다. 중국 천안문광장의 혼잡한 모습과 비슷하다. 내가 천안문광장에 모이는 사람 숫자를 추산한 적이 있다. 12억 중국 사람이 50년 평생 한번 광장을 방문한다고 가정해 보았다. 12억 인구를 50년으로 나누면 1년 동안 찾아오는 사람 수가 되고, 이를 다시 365일로 나누면 이론적으로 하루 방문객 숫자가 나온다. 계산상 6만 5천 명이니 어쩔 수 없이 혼잡하게 되어 있다. 물론 많은 중국인이 평생토록 북경을 구경하지 못 하고, 또 외국 사람들도 많이 오니 실제는 다를 것이다. 이와 비교해 전 세계에서 찾아오는 타임스퀘어 광장은 계산 자체가 불가능하다. 2011년 10월에 4천만 명이 방문했다는 통계가 있고 매일 유동인구는 300 만 명이란다.

　타임스퀘어에는 백여 개의 현란한 네온사인 광고판이 즐비하다. 남쪽과 북쪽 한가운데에 큰 높이의 광고탑이 있고 광장을 둘러쌓고 있는 고층 건물에도 빽빽하게 광고판을 설치했다. 크게는 20-30층 길이의 광고판을 마천루에 걸어놓았다. 시선을 끌기 위해 갖가지 디자인, 화려한 색깔을 동원하여 대부분 동영상으로 만들었다. 내용은 인근 극장에서 공연 중인 뮤지컬 광고도 있지만, 대부분은 음료, 전자제품, 자동차, 의류 등의 유명 제품을 선전하고 있다. 특이한 건 한국과 일본의 경쟁 상품들이 이 광장에서 세력을 겨루고 있다. 북쪽 중앙에 자리 잡고 있는 가장 좋은 광고탑에 위에서부터 프루덴셜 생명, 중국 산동반도, 삼성전자, 코카콜라, 현대자동차 광고판이 뽐내듯이 반짝이며 움직인다. 가뜩이나 자릿값이 비싼 곳인데 특히 이 북쪽 광고탑 자리는 상상을 초월한 금액이라고 이야기한다. 이와 맞서 남쪽 광고탑에는 펩시콜라, 야후, 일본전자회사 도시바, 소니, 파나소닉 광고판이 있다. 광장을 둘러싸고 있는 건물에 엘지전자, 혼다자동차, 벤츠, 디즈니 광고가 보이고 남쪽 끝에 뉴욕 증권시장의 현황과 시세표가 줄을 이어 돌아가고 있다.

　이곳 광고 전쟁에서 우리나라 회사가 일본, 중국기업과 비교해 상대적으로 우위를 보이고 있는 것이다. 특이하게 유럽제품은 아주 드물었다. 처음에는 기뻐하다가 다시 생각하여보았다. 막대한 자금을 들여 광고하면 결국 비용은 그 제품의 가격에 반영된다. 즉 광고료에 해당하는 소비자의 돈을 타임스퀘어 광장 측에 지불하는 것이다. 비싼 광고를 하는 제품을 좋게만 볼 수가 없는 이유이다. 실속보다 겉모양을 중요시하는 후진적 우리 사고방식과 비슷하지는 않은지?

이곳을 더 유명하게 만든 것이 새해를 맞는 Ball drop 행사이다. 매년 12월 31일 약 100만 명의 인파가 모여 발 디딜 틈 없는 가운데 인기가수의 공연도 보고 올드랭사인 노래를 합창하며 지나는 해를 보낸다. 새로운 해가 오는 순간을 관중이 함께 카운트다운을 하면서 축하한다. 정각, 새해가 되면 광고판 공이 떨어지고 폭죽은 하늘로 올라가고 동시에 색종이가 하늘 가득 머리위로 떨어진다. 옆 사람과 서로 얼싸안으면서 축복하고 남녀끼리는 새해 키스를 나눈다. 새해와 성탄절에 이곳에서 열리는 축제는 전 세계로 생중계 된다. 또 ABC방송국은 아침 뉴스인 '굿 모닝 아메리카'를 매일 이곳 스튜디오에서 진행하고 광장에서 공연과 인터뷰를 곁들인다. 2013년 싸이가 '강남스타일'을 공연한 곳도 여기 타임스퀘어이다.

아마도 철저한 조사와 세밀한 분석을 바탕으로 이 광장이 기획 운영되고 있을 것이다. 세계 정상급 연극과 뮤지컬을 유치하여 사람을 모으고, 틈틈이 방송을 이용해 광장을 선전하고, 드롭 볼 등 다양한 행사를 기획해 세계인의 머릿속에 꼭 방문해야 할 곳으로 각인시키는 것이다. 이것이 성공해 광장은 항상 각국 사람으로 가득 차고, 지역 상권은 호황을 누리고, 광고판으로 천문학적 수입을 올린다. 더불어 공연하는 작품으로 미국적 생활과 이념을 선전하고 전파한다.

정말로 이 광장은 미국의 문화경제 패권주의를 상징하고 실현하는 메카가 아닌가! 우리는 자진해서 불나방처럼 '세계의 불야성'에 생각 없이 뛰어들고 있는 것은 아닌지…… 그런 생각이 잠시 들었다.

어느 환자의 마지막 소원

김화숙

☤

김화숙 내과의원 대표원장, 의학박사
독일 프랑크푸르트 의대 혈액 종양내과 연구원
국립중앙의료원 혈액종양 내과스텝(76-84)
이화의대 동창회장, 대한의사협회 부회장 역임
전 한국여자의사회 회장
2012년《한국 산문》으로 등단
수필집《그들과의 동행》공저

kimhwamed@hanmail.net

1983년 12월 눈이 펑펑 오는 어느 날, 응급실에서 연락이 왔다. 진료실 창밖으로 하염없이 눈송이는 날리고 있다. 잠시 멍하니 휘날리고 있는 눈꽃을 바라보며 부딪치기만 하면 흔적도 없이 사라지는 눈꽃이 너무나 애처로워 손으로 잡아 따뜻하게 보존하고 싶은 심정이다. 그러나 금시 녹아내린다. 우리네 인생도 눈 녹듯이 언젠가는 소리 없이 녹아버리겠지. 순간의 휴식으로 눈이 내리는 오후를 즐기고 있는데 급한 환자가 왔으니 빨리 내려오라는 연락이 왔다. 잠시의 휴식은 온데간데없고 서둘러 응급실로 달려간다.

침대마다 응급환자가 진료를 위해 촌음을 다투어가며 의사 선생님을 기다린다. 각 과 담당 의사는 한 명의 생명이라도 놓칠세라 열일을 제치고 달려와 응급 처치를 하는가 하면, 커튼으로 가려진 침대 사이로 비명이 여기저기서 들린다. 그 좁은 공간과 비명 사이를 뚫고 나의 환자를 찾았다. 거의 6년을 백혈병으로 투병하던 하ㅇㅇ 씨가 완전 의식불명 상태로 응급실에 들어왔다. 순간 '아, 이제는 끝났구나.' '그토록 긴 세월 동안 정성을 다했는데.' 나는 허탈하였다. 그는 창백한 얼굴에 의식은 사라지고 가발도 벗은 채 조용히 누워 있었다. 그의 옆에는 늘 그림자처럼 따라다니던 부인이 맥없이 서 있고 환자는 이미 뇌출혈로 동공이 확대된 채 희망이 없는 상태였다. 부인은 입술을 깨물면서 혼이 나간 듯 무표정하게 그의 옆에 서 있었다. 그동안 수없이 체념하였건만 기적적으로 다시 회생하여 희망을 찾았기에 행여나 이번에도 살아날 수 있는지 몇 번이고 확인해 본다. 참으로 안타까운 순간이었다.

한 달 전만 해도 그는 명랑한 얼굴로 모 잡지사 기자와 인터뷰를 하고 원고 청탁을 받았다. 6년간의 투병생활을 하면서 그동안의 힘들었던 과정과 자신의 심정을 소상하고 진솔하게 표출한 내용이다. 난 이 분이 그렇게 혼자 깊게 생각을 하면서 자아와 대화를 하고 가족을 위해 자기의 생각을 표출하지 않고 참았던 것에 대해 존경과 경의를 보내고 싶었다.

의사로서 과연 환자에게 얼마나 솔직해야 하는가? 아니면 환자를 위해 선의의 거짓말은 용서가 될 수 있을까? 혈액 종양내과를 전공한 나로서 해답을 찾기가 어려웠다. 지금이야 당연히 환자에게 정확한 정보를 주어 환자 스스로 결정하고 헤쳐 나갈 시대가 되었지만, 1980년대는 환자에게 직설적으로 암이라는 용어를 쓰는 것은 사형 선고처럼 금기시되었던 시대였다. 100세 시대로 향하고 있는 현재 고령의 부모님이 암에 걸렸을 때, 항암 치료를 해야 하나? 과연 항암 약물에 버틸 수 있을까? 남은 삶을 편히 지내시게 하는 것이 도리인가? 여러 가지 문제점의 답이 쉽게 나오지 않는다. 우리나라는 아직도 인정이 많아 환자가 암이라는 것을 알면 충격을 받아 사포사기 상태로 생명이 단축될까 고심을 많이 한다. 그러나 최근에는 의학의 발달로 혈액암은 골수이식을, 다른 종양은 새로운 항암제의 개발로 눈부신 생존율을 자랑하고 있다. 또 환자는 암과 싸워 승리자가 되는 사람이 많아 암 보험과 더불어 암과 같이 사는 시대가 되었다.

이 환자의 투병기는 다음과 같다.

처음 모 대학 병원에 갔다가 의무 기록지에 Leukemia(백혈병)라는 진단명을 발견하고 사전을 찾아 백혈병이라는 것을 알고 자신은 이미 몹쓸 병에 걸렸다는 것을 인지하게 된다. 그 후 그는 나를 찾아 진료하면서 본인이 무슨 병인지를 한 번도 꼬치꼬치 물어본 적 없이 그냥 선생님의 지시에 따라 치료하겠노라고 하는 순한 환자였다. 그의 진단명은 Erythro Leukemia(적혈구성 백혈병)이었다. 나는 늘 "당신은 빈혈이 심해서 치료를 주기적으로 받아야 한다."고만 말하고 부인과 직장 상사에게 계속 향후 문제에 대해 논의하였다. 다행히 회사에서는 진단서를 제출하면 휴직 처리를 하여 도와주겠다고 한다. 진단서에 재생불량성빈혈의 진단으로 환자가 직접 제출하게 하였다. 직장의 동료와 상사는 이미 알고 있는 터라 격려와 동정으로 늘 도와주면서 휴직을 연장해 나갈 수 있었다. 부인과 어린 자녀들도 그의 치료에 협조를 잘해 주었다. '환자가 충격 받을까? 치료를 포기할까?' 하고 백혈병이 아닌 진단명을 써 주었지만 환자는 이미 알고 있었다. 그러면서 선생님까지 '자기를 속이면서 치료를 하고 있구나.' 생각하였지만 모르는 척 스스로 다짐을 하면서 일상을 지냈다. 자기를 위해 최선을 다해 주는 주치의에게 그는 순순히 치료에 응하면서 몇 개월이라도 더 살아야겠다는 욕망으로 열심히 항암 치료를 받았다. 그러면 나는 늘 '앞으로 더 좋은 약이 나오면 완치될 수 있으니 열심히 치료받으라.'고 권고한다.

얼마 후 그는 완전 관해 상태로 거의 정상 생활을 할 수 있었다. 이때가 1차 관해였다. 그러나 유지요법은 계속되었으며 머리는 다 빠져서 가발을 쓰게 되었지만, 항상 열심이고 긍정적인 그였다. 점차 전신 상태가 호전되면서 머리도 나고 직장도 다니게 되었다. 환자는 이

상태가 영원히 지속하였으면 하는 바람이었으나 1년 6개월 후 다시 재발하였다. 또다시 치료는 시작된다. 다행히 2차 관해가 되어 정상 생활을 하는 도중 부인이 유방에 덩어리가 만져진다고 하였다. 그러나 환자는 그 사실을 나에게 알리지 않았다. 부인이 암이면 누가 먼저 이 세상을 떠날 것인가를 생각하니 나에게 알릴 수가 없었다고 한다. 그래서 그는 부인을 데리고 이번에는 백혈병 환자 자신이 보호자가 되어 원자력병원을 찾았다. 조직 검사를 하고 기다리는 시간을 다른 사람이 수십 년 살았던 것 같이 지루하게 느꼈다고 한다. 다행히 양성 종양으로 나와 간단한 제거 수술을 받았다고 그는 투병기에 고백하였다.

다시 부인은 환하게 웃으며 보호자가 되어 나를 찾아왔다. 그 후 얼마 있다가 환자는 다시 입원하게 되고 또다시 퇴원 입원을 반복하면서 모 잡지사의 기자 부탁으로 투병기를 쓰게 되었다. 그 원고 속의 내용은 자신이 이미 자기의 병을 알고 있었지만, 의사로부터 백혈병이라는 잔인한 병명을 듣고 싶지 않아 모르는 척하였지만, 의사가 환자에게 진단명을 정확하게 가르쳐 주는 것이 바람직한지 아닌지를 물었다.

사실 의사들이 생각해 봐야 한다. 나의 진료실에 폐암을 진단받은 고령의 환자와 딸이 찾아 왔다. 심한 빈혈 상태였으며 탈수가 심하고 폐암 진단을 받느라고 갖가지 검사를 하느라 몹시 지친 상태였다. 보호자는 고령의 아버지에게 항암 치료를 받으라는 권고를 받고 상의하기 위해 찾아온 것이다. 이미 가족회의를 열어 항암 치료는 하지 않는 것으로 결론을 내렸지만, 혹시 가능한지를 타진하기 위해서란다. 난 보호자에게 항암 치료를 논하기 전 환자의 전신 상태부터 호전시키자고 제안하였다. 일단 항암 치료 거부에 대해 어떠한 위험한 상황이 닥쳐도 이의를 제기하지 않겠노라고 확답을 받고 대증적으로 치료를 시작하였다.

빈혈 치료를 하면서 탈수상태를 해결하고 정신적으로 안정을 시켰다. 환자는 빠른 속도로 회복 되면서 식사도 잘하고 전신 상태가 호전되면서 정상 생활을 할 수 있게 되었다. 환자에게 암이라는 사실을 비밀로 해 달라는 제의를 받고 기본 질환인 당뇨, 고혈압만 치료하고 있다. 이 환자는 암과 더불어 즐겁게 살아가고 있다. 물론 고령의 환자는 암세포가 늑장을 부려 서서히 자라는 면도 있지만, 암을 알려 스트레스를 줄 필요는 없다는 것이다. 모르는 것이 약이라는 옛말처럼 금방 가실 것 같은 호들갑은 사라지고 한 달에 한번 씩 즐겁게 만나고 있다.

자신의 병을 알고도 모르는 척, 주치의의 지시를 그렇게 잘 따라주었던 그 환자는 다음 달에 이 세상을 하직할지도 알지 못한 채, 그의 글귀에 '나의 마지막 소원은 현재 6학년 막내딸이 결혼하는 날 이 아빠의 손으로 데려다주었으면,' 하는 것이 그의 마지막 소원이었다.

어머니의 꽃다발

정경헌

✝

서울 정내과 의원 원장
한국의사수필가협회 카페지기
2006년《에세이 문학》으로 등단
제1회 제2회 한미 수필문학상 수상
taese2@hanmail.net

어머니는 가슴 깊이 꽃다발을 안고 있다. 하얀 국화 한 다발과, 화려한 꽃 한 다발이다. 승용차가 집 앞에 멈췄고 검정 정장 차림에 가슴에는 노란 리본을 꽂은 중년 부부가 내렸다. 어머니는 부부의 부축을 받으며 차에 올랐다. 어머니를 실은 차는 시골의 아스팔트길을 미끄러지듯 지나 산길로 접어들었다. 최근에 시멘트로 포장되었어도 산길은 좁았다. 길가에 먼지를 잔뜩 품은 거친 풀들이 차바퀴에 힘없이 밟혔고 길게 늘어선 나뭇가지가 차창에 부딪히며 신음했다. 경사가 급한 곳에서는 바닥에 깔린 모래에 차가 미끄러졌다. 속도를 높이자 바퀴 타는 냄새가 진동하고 날카로운 굉음이 귀청을 두드렸다. 긴장되거나 불편할 법도 한데 어머니는 눈을 딱 감고 미동도 하지 않았다.

"거친 시멘트 포장이지만 얼마나 다행인지 몰라요. 덕분에 어머니도 올라오실 수 있게 되었잖아요." 어머니의 마음을 편하게 해주느라 조심스레 건네는 말일게다. 남편과 함께 외국에서 살다가 최근에 귀국한 어머니의 오랜 친구 딸이다.

올해 83세인 어머니는 심장 질환으로 숨이 차서 외출을 자제하고 있었다. 계단을 오를 때는 한 발을 올리고 쉬었다가 다시 한 발을 천천히 옮겼다. 오르막길을 걷는 것은 아예 포기하셨다. 산길이 포장되어 따라나서게 된 게 어머니께는 반갑고 설레는 일이기는 하지만, 오늘

어머니 표정에서는 설명할 수 없는 또 다른 감정이 섞여있는 듯하다.

 내가 대학 초년생이었을 때였으니 어머니가 50대 초반이었을 것이다. 그 때 어머니는 오늘 만나게 될 절친한 친구를 암으로 잃었다. 젊어서부터 교편을 잡았던 어머니는 직장 생활, 집안일과 자식 교육, 그리고 건강이 좋지 못했던 아버지를 돌보느라 정신없이 바쁘기도 했지만 힘들고 서러울 때도 많았다. 자존심 강했던 어머니가 유일하게 속내를 털어놓고 정을 나눈 분이 오늘 만나게 될 친구 분이었다. 그 분은 남편의 약국에 나와 도와주다가 어머니가 불쑥 찾아오면 약국에 딸린 방안으로 슬그머니 모셨다. 냉장고에서 박카스를 꺼내 뚜껑을 따서 건네주며 어머니의 설움도 다 들어주시고 급전이 필요할 때면 편하게 빌려주시기도 했다. 그 분이 암에 걸렸을 때 어머니는 의예과 학생이었던 내게 왜 그런 병이 생기느냐며 집요하게 물으셨고, 무얼 먹으면 기운을 차릴지 골똘히 생각하시곤 했다. 핏기가 없다며 소 지라를 날 것으로 갖다드리기도 했고, 피부가 많이 상했을 때는 직접 달걀로 마사지를 해드리기도 했다. 그 분을 보내고 나서는 박카스만 봐도 한숨짓더니, 그 분 남편이 일 년 만에 재혼을 하자 친구만 불쌍하다며 서럽게 우셨다. 재혼한 그 분이 일 년도 못되어 약국을 정리하고 서울로 떠날 때는 내 친구가 열심히 불려놓은 재산을 후처가 가로채려 한다며 잠을 설쳤다. 추억이 서린 약국마저 없어지자 어머니의 아픔은 훨씬 강하고 질겼다.
 친구 남편이 재혼한지 20년 쯤 지나 중풍으로 쓰러졌다는 소식도 들었고, 중풍이 재발하여 재혼한 부인이 10여 년째 집에서 돌보고 있다는 사실도 알고 계셨다. 그래도 어머니는 재혼한 여인이 양심은 남아있던 모양이라며 평가절하 하셨다. 작년에 그 부인이 불의의 사고로 세상을 떴을 때에는 다른 것은 묻지도 않더니 대뜸 어디다 모시더냐고 물으셨다. 그 부인의 친정 선산에 모셨다는 답을 듣고는 안도하시며 입술을 깨무셨다.

오늘은 어머니의 오랜 친구 남편의 삼우제(三虞祭) 날이다. 어머니는 그 분께 하얀 국화를 바치며 무슨 말을 했을까. 조강지처를 첩첩산골에 남겨놓고 떠났지만 죽어서라도 옆에 묻혀 고맙다고 얘기하셨을까. 남자가 혼자되면 추하게 보이기 쉽고, 혼자서 약국 하는 게 힘들 거라는 말을 당신의 조강지처가 자주 했었다는 말을 하시며 우셨을까.

어머니는 생전에 친구가 좋아했던 꽃들로만 만든 꽃다발을 바치며 친구에게는 무슨 말을 했을까. 죽어서라도 다시 합쳤으니 하늘에서는 너무 빨리 헤어지지 말라고 했을까. 재혼한 부인이 나쁜 사람이 아니었던 게, 친구가 멀리서 돌봐준 덕분이었다고 얘기하셨을까.

"따뜻하고 앞이 탁 트인 게, 자리가 참 좋네. 너무 넓은 건 아니지?"

어머니는 나란히 누워있는 두 무덤 아래 한쪽 구석에 지긋한 눈길을 주며 읊조리듯 말씀하셨다. 대쪽 같으신 어머니도 죽음 앞에서는 약해지신 모양이다. 용서하라고, 화해하라고 가르치는 세월과 자연의 그 지엄함에 목소리를 낮춘다. 흙에서 형체가 없어지듯이 미움도 흩어지고 배신감도 녹아내리는 것이라고 얘기하나보다.

무덤까지 가려면 잠시라도 산길을 걸어야 했을 것이다. 어쩌면 어머니는 숨 가쁘게 산길을 오르는 것으로 용서하지 못했던 당신의 마음을 벌주고 싶었던 것일까. 그 마음에는 친구 남편뿐 아니라 재혼한 여인도 있었을까. 나는 그랬으리라 믿는다.

인생은 외줄타기

김애양

✝

은혜산부인과 원장. 의학박사

한국의사수필가협회 부회장

1998년《 책과 인생 》으로 등단

2008년 남촌 문학상 수상

수필집《 초대 》《 의사로 산다는 것 》《 위로 》《 명작속의 질병 이야기 》《 아프지 마세요 》

수필선《 유토피아로의 초대 》

enigma888@naver.com

지난해 노벨 문학상을 수상한 스베틀라나 알렉시예비치의《전쟁은 여자의 얼굴을 하지 않았다》는 세계 제2차 대전에 참전했던 여성 200여명의 경험담을 기록한 작품이다. 읽다보면 하룻밤 사이에 머리카락 색깔이 하얗게 변했다는 증언이 몇 차례나 나온다. 심한 경우는 보초를 서는 동안 단지 두 시간 만에 머리가 하얗게 세어버렸다고도 했다. 조국 벨라루스에 전쟁이 터지자 여학생들이 자진해서 싸우러 나갔다는데 고작 17살에 불과했던 그녀들이 겪었을 고통이 어떠했을지 짐작하고도 남게 하는 표현이다. 하지만 사람이 심한 충격을 받는다고 갑자기 머리색이 하얗게 바뀌는 건 아니다. 다만 스트레스를 받으면 머리카락이 빠지곤 하는데 이때 색소가 짙은 머리카락이 먼저 빠지니까 결과적으로 흰머리만 남아 있는 것처럼 보이는 것이다.

그런데 나야말로 하루 만에 머리가 하얗게 세어버린 사건을 겪게 되었다. 우리 병원이 건강보험심사평가원의 정기조사를 받게 된 것이다. 어느 날 사전 통보도 없이 5명의 조사원들이 병원에 들이닥쳐 수 개월간의 환자 차트와 진료자료를 요청하며 나의 과오를 밝혀내려고 혈안이 되었다. 이따금 검찰청에 조사를 받고 나온 피의자가 급작스레 자살을 감행하는 이유를 알 것 같았다. 조사를 받는다는 사실이 얼마나 괴롭고도 서러운지 어디로라도 도망가고 싶어졌다. 과정이 성가시고 귀찮다는 생각은 들 겨를이 없었다. 더 많은 자료를 찾아 서랍을 다 까뒤집어 보여줘서라도 나의 결백을 입증하고 싶었다.

마침내 밝혀진 나의 잘못은 환자 처치 시에 일회용 질경을 사용하고 그 재료값을 따로 받은 것이었다. 현행 의료법상 아무리 좋은 재료를 환자에게 제공하더라도 고시된 진료수가 이외에는 한 푼도 더 받아선 안 된단다. 의사가 비용을 감수하더라도 의료 보험 환자에겐 부담시킬 수 없다는 걸 미처 숙지하지 못한 결과였다. 한번 쓴 의료기구를 반복적으로 사용하지 않고 일회용을 선택한 나는 감염의 우려가 없는 양질의 진료를 한다고 자부했건만 거꾸로 위반자의 자리에 놓이게 된 것이었다.

아주 어릴 때 기억이 떠올랐다. 초등학교도 들어가기 전 이야기이다. 하루는 어머니와 아버지가 함께 외출을 하고 언니, 오빠들은 모두 등교를 해서 나는 강아지와 단둘이서 집을 보게 되었다. 그 때 아버지의 친구가 찾아 와서 어른들이 없다는 걸 알면서도 부득부득 집안으로 들어와 마루에 자리를 잡았다. 그 아저씨는 나를 붙잡아 앉히더니 우리 부모님에 대한 칭찬을 늘어놓았다. 그러면서 이 훌륭한 분들이 지금 어떤 법적 문제에 연루되어 걱정이라며 혼자 한숨을 내쉬었다. 그리고는 막내딸인 내가 우리 남매 중에서 가장 총명하게 생겼다고 추켜 세워주었다. 마지막엔 자신이 우리 집안의 문제를 해결해 줄 수 있으니 서류에 인감도장을 찍으라고 말했다. 아저씨 말대로 총명한 탓인지 나는 아버지의 인감도장이 어디에 있는지 식구가운데 누구보다 잘 아는 아이였다. 벽장 속 깊숙이 보관되어 있던 하얀 상아 도장을 꺼내와 아저씨가 손가락으로 짚는 요소요소에 찍어 주었다.

마치 성경에 나오는 에스더가 자신의 민족을 구할 때처럼 대단한 일을 하는 기분이 들었다. 아저씨는 갑자기 얼굴이 밝아지며 득의만만해서는 더는 어른들을 기다리지 않고 서둘러 돌아갔다.

오래지 않아 부모님이 돌아오셨을 때 그간에 생긴 일을 자랑스럽게 전하자 부모님들의 안색이 사색이 되어 가는 동시에 나는 회한의 나락으로 떨어지고 말았다. 그 아저씨는 아버지와 동향 사람이 틀림없지만 노름꾼으로 소문이 나서 이제는 곁에 두지 않으려던 참이었단다. 아마 돈이 필요해서 아버지에게 보증을 서달라고 찾아왔다가 만만한 나를 보고 인감도장을 찍어간 것이란 추측이 가능했다. 당시는 휴대폰은커녕 집전화도 없던 시절이라 어디에 가서 그를 찾아 내가 저지른 사태를 수습해야 할지 부모님은 막막해 하셨다. 온 가족은 마치 곧 집문서를 날리고 길거리에 나앉을 것처럼 근심을 하며 불안한 날들을 보냈다. 부모님은 결코 꾸중을 하지 않았지만 언니들과 오빠는 나라를 팔아먹은 이완용처럼 나를 적대시하며 구박하기 시작했다. 결과는 기억에 없으므로 큰 일이 생긴 건 아니리라. 하지만 그 일이 내가 태어나 겪은 최초의 곤경이라 여태 잊지 못하는 것 같다. 그렇게 우쭐한 기분에 해야 할 일과 하지 말아야 할 일을 분간하지 못했던 과오는 까마득히 어릴 날에 생겼다지만 이제 세상사를 어느 정도 터득했다고 자부할 나이에 여전히 실수를 하는 나를 어떻게 용서해야 하는 것일까? 또한 내가 자랑스레 행한 일이 사실은 생각처럼 잘한 일이 아니거나 옳지 않았을 때 느끼는 자괴감을 어떻게 극복할 수 있을까?

이럴 때 떠오르는 장면은 오래 전에 관람한 서커스이다. 서커스라니까 진기하고도 재미있을 줄 알았는데 나는 오로지 곡예사가 불쌍

할 따름이었다. 나와 비슷한 또래의 깡마른 아이가 꼬질꼬질 때에 찌든 옷을 입고 천막 꼭대기에 매달린 외줄을 타는 모습이 아름답다거나 부럽기는커녕 처절하기 짝이 없었다. 자칫 균형을 잃고 한 걸음만 잘못 디디면 공중에서 바닥으로 추락하는 위험을 피하기 위해 곡예사는 얼마나 피나는 노력을 해야 했을까? 아마 그 몸에는 단장의 채찍질이 각인되어 있을 지도 모르겠다. 어쩌면 체중 증가를 피하려고 단 한 끼도 배불리 못 얻어먹었으리라.

하지만 세월이 흐를수록 외줄타기를 하는 이가 단지 곡예사만은 아니란 걸 알게 되었다. 세상에 내던져져 하루하루 어렵게 살아가는 우리는 모두 삶이라는 외줄을 타고 있다는 걸 깨닫게 된 것이다. 아무리 많이 배워 아는 게 많아도, 아무리 다양한 경험을 겪었다 해도 평탄한 인생이 보장된 사람은 아무도 없고 매 순간 위험이 도사리고 있으니까 말이다. 곡예사가 외줄을 타는 이유는 우리에게 삶을 온 몸으로 보여 주려했던 것이리라. 곡예사처럼 한걸음 한걸음을 조심해서 내디뎌야 한다는 걸 잊어서는 안 되었는데 나는 한동안 자만했던가 보다. 아직 외줄을 타고 있는 중임을 깜박 잊었던가 보다. 3일간의 실사를 받고 나서 거울을 들여다보니 나는 머리가 하얗게 세고 얼굴에 주름이 가득 차 갑자기 폭삭 늙어보였다.

불 끄면 500원

권경자

권경자산부인과의원 원장

일본 도호대학 의학부 및 대학원 졸업

2006년《에세이스트》로 등단

부산광역시 문입협회 회원

부산의사문우회 회원

천년약속 회원

제3회 한국수필 부산문학상 우수상 수상

d-kwon@hanmail.net

주말 오후면 남편과 함께 동래의 온천천 걷기에 나선다. 반환점 2/3 지점까지 걷고는 단골 커피숍에 들른다. 차를 주문하고 화장실 앞에 가서 문 옆의 스위치를 켜고 들어가 손을 씻고 나와서 스위치를 끄는 것이 습관처럼 되어 있다.

그런데 어느 날 불을 끄려는데 스위치 위에 '불 끄면 500원!'이란 쪽지가 붙어있는 게 아닌가. 멈칫했다. 전에는 안 보이던 것인데 이상했다. 켰던 불은 반드시 꺼야지 무슨 말인가? 의문이 들어서 가까이 있는 여직원에게 물었다. 이것은 낮은 전류가 일정한 속도로 흐르게 설계된 '절전스위치'여서 켰다 껐다 하면 순간적으로 전력 소모가 증가하여 전기요금이 더 나온다는 설명이다.

"어머나, 좀 더 일찍 알았더라면 그러지 않았을 텐데, 난 전기를 아껴야겠다고 야무지게 끄곤 했지요. 오히려 전기요금이 많이 나왔겠네요. 나 같은 멍청이가 많은가 봐요? 그러니 경고 문구를 붙여놓았군요, 이제 알았으니 앞으로는 조심할게요."

여직원은 방싯 웃었지만 참말로 미안했다.

몇 년 사이에 온천천을 따라 가게가 많이 들어섰다. 어느 날은 다른 커피숍에 들어갔는데 그곳 화장실 벽에는 아예 스위치가 없었다. 안에 있나 하고 조심스럽게 문을 여니 불이 절로 켜졌다. 새 건물이라서 처음부터 이렇게 설계한 모양이다. 벽에 아무것도 없으니 보기에도 깔끔하고 불 때문에 신경을 쓰지 않아도 되었다.

　일주일에 세 번은 새벽운동으로 아시아드 올림픽경기장 안에 있는 실내체육관에서 배드민턴을 친다. 코트에 가기 전에 화장실에 들른다. 2주 전부터인가 좌변기에 앉으면 눈높이에 맞추어 '자동으로 켜지고 자동으로 꺼집니다. 절전스위치 작동 중'이란 안내문이 문에 부착되었다. 천장에 센서가 보인다. 이 시스템을 도입한 건 최근부터다. 고속도로 휴게소, 공항, 호텔, 백화점, 병원 등 대형건물의 화장실은 설계단계부터 이런 시스템으로 바뀌고 있다.

　우리병원 화장실 벽에는 스위치를 '사용할 때 켜시고 사용 후 꺼주세요'란 판넬이 30년 동안 견고하게 붙어있다. 나는 근처에 갈 때마다 스위치를 살핀다. 켜져 있으면 노크를 하고 "안에 계십니까?" 묻고는 대답이 없으면 문을 열어본다. 늘 사람은 없는데 불은 환하게 켜져 있는 것을 목격하게 된다. 얼른 스위치를 내린다.

　'불을 켜면 반드시 꺼라, 필요 없는 전등은 잠시라도 꺼라. 전기를 아껴 써라. 그래야 개인도 나라도 산다.'라는 말을 이 나이가 되도록 들어왔고, 당연히 내 의식에 고착된 이 생각은 몸의 습관으로 나타났다. 이렇게 오래 몸과 마음에 젖어든 습관이 남에게 피해를 주고 있었다니 충격이다. 나는 진정 몰랐다. 누군가 알려주었더라면 즉각 고칠 수가 있었을 텐데 모른 채 오랜 시간 그냥 비껴오고 말았다. 에너지를 아낀다는 목적은 같은데, 시스템에는 차이가 있다. 하나는 불을 켜면 반드시 꺼야 아낄 수 있는 시스템이고 하나는 불을 자주 껐다 켰다하는 것보단 일정시간 끄지 않는 것이 더 절약 되는 시스템이다.

　이 사소한 시스템의 전환은 결국 내가 이밖에도 얼마나 많은 고정관념에 묻혀 있을 것인가를 골똘히 생각하게 했다. 작은 커피숍 화장실 얘기를 너무 키웠나. 몰랐으니 불을 끈 것은 당연한데 그리고 그것이 그렇게 미안한일도 아닌데, 어쩐지 미안스럽다. 몰랐다는 것이 미안한 것인가?

  과학기술의 발전이 눈부시다. 한 세대 전보다 상상도 못할 정도로 생활이 편리해졌고 세련되었다. 특히 IT기술 발달은 우리의 생활에 천지개벽을 일으켰다 해도 과언이 아니다. 그러나 눈부시게 발전하는 문명이 모두 인류의 발전으로 귀결될 리는 없다. 날로 달라지는 문명사회에 열심히 적응은 해야겠지만 그렇다고 여태까지의 내 습관과 생각이 다 구식이고 고정관념이라고 치부하여 쓰레기통에 버려야 하는가는 조금 다른 문제다.

  나는 아직도 머뭇거리며 뒤를 돌아보곤 한다. 생각의 고착화와 유연성, 생활방식의 구태의연함과 세련됨은 옳고 그름이 아니라 그저 개인 간의 차이일 뿐이다. 경험이나 환경에서 비롯된 차이일 수도 있고, 성격상의 차이일 수도 있다. 빠른 변화가 사람들의 성정마저 성마르게 몰아가는 듯하다. 나는 새로운 것에 대해 이해가 더디더라도 느긋하고 편안한 사람을 만나면 동질감을 느끼며 마음이 뿌듯해진다. 조금 더디 변해도 좋겠다.

  오늘 커피 맛은 유난히도 부드럽다.

밤의 한가운데서

조우신

✝

서울의대 졸업

정형외과 전문의

남기세병원 정형외과 과장

2003년 한국수필 등단. 제1회 의사문학상 수상

수필집《 때론 의사도 환자이고 싶다 》《 그리울 땐 그리워하자 》

《 바람들이 마을에서 띄우는 편지 》

전문서적《 무릎의 인공관절술 1, 2, 3 판 》

(Knee joint Arthroplasty) (동명의 중국어판)

wscho50@naver.com

언제부터인지 모르나 더워도 에어컨을 켜는 것이 내키지 않고, 추워도 난방을 하는 것이 꺼려진다. 에어컨 바람을 쐬면 마치 무우에 바람이 든 것처럼 몸이 휑하니 비어있는 느낌이 들고, 난방을 많이 하다 보면 춥다고 창문을 꼭꼭 닫아 둔 폐쇄된 실내가 건조해져서 밤사이 입안이 쩍쩍 달라붙는다.

가습기를 틀어 놓으면 그런 현상이 없어지나 조금만 습도가 높아도 아침에 일어나면 코가 맹맹해져 버린다. 습도를 적당히 맞추기란 게 그리 쉽지가 않다. 그래서 추운 겨울에도 퇴근 후에는 매일 문을 열어 환기를 시킨 다음 방안의 온도는 방바닥이 차갑지 않을 정도로만 덥혀 놓고 옷을 많이 끼워 입고 잠을 청하곤 한다.

아내는 내방은 마치 시베리아 같다고 한다. 그래서 겨울엔 같이 한 방을 쓸 수가 없다. 이건 좋은 의미로는 체질이 바뀌었다고 할 수 있으나 분명한 것은 몸이 허약해졌다는 증거이다. 노년에 접어들면 한밤에 잠을 깨는 일이 비일비재하다. 이것도 일종의 노인병이라고 할 수 있다. 젊었을 땐 머리가 바닥에 가까워지기만 해도 잠에 곯아떨어지는 '잠보'였는데 나이가 들어서 이렇게 불면에 시달릴 줄은 꿈에도 몰랐다.

수면을 잘 못 이루는 원인은 너무도 많다. 전날 좀 많이 잤다 싶으면 영락없이 다음날은 마치 시차 극복을 못한 것처럼 잠을 설쳐대고

만다. 무슨 걱정거리가 생기거나 모든 세상의 문제를 혼자 해결하려는 듯 잡념에 빠지면 그 다음부터는 새벽 신문이 문 밖에 떨어지는 소리에 귀가 쫑긋해 질 때까지 속수무책이다.

이런 불면을 부추기는 역할을 하는 것이 야뇨증이다. 밤에 소변 때문에 꼭 한 두 번은 깨게 되는데 용무만 보고 바로 잠이 들어야지 어영부영 때를 놓치면 열차의 궤도를 조금만 바꾸어도 철커덕하고 딴 길로 들어서듯 기나긴 밤길을 동이 틀 때까지 터벅터벅 혼자 걸어야 한다.

겨울에 나에게는 불면의 단초가 또 하나 있는데 춥거나 코가 맹맹해서 깨는 것이다. 이건 경험해 보지 않으면 아무리 설명을 해줘도 이해를 하지 못한다. 오죽하면 이 추운 겨울에도 유리창을 옛 조상들처럼 통풍과 습도 조절이 잘 되는 한지(韓紙)로 바꾸어 놓고 싶겠는가?

그러다 보니 옛날에는 겨울 보다 여름을 싫어했는데 요즘은 겨울이 죽을 맛이다. 거기다가 겨울은 밤이 길기까지 하다. 해마다 겨울이 오면 빨리 동짓날이 오기를 기다리는데 그 이유는 동짓날 까지는 밤이 길어지지만 그 이후부터는 밤이 점점 짧아지며 봄이 오는 희망이 생기기 때문이다.

할 일 없으면 염불이라도 한다고 가끔은 잠 못 이루는 밤의 한 가운데서 글을 쓰기도 한다. 옷을 두껍게 입고 글을 쓰다 보면 마치 내가 닥터 지바고의 모습과 비슷하다는 착각에 빠지곤 한다. 눈보라가 몰아치는 추운 겨울 유리아틴이란 마을의 외딴 집에서 손에 입김을 불어 가면서 글을 쓰는 영화의 한 장면은 아직도 나의 머릿속에 깊이 각인되어 있다.

삶과 죽음이 넘나드는 근대 러시아 혁명의 소용돌이 속에서 위험을 무릅쓰고 자신의 생각을 글로 그려내려는 지성인의 고뇌와 토냐와 살아가면서 라라를 그리워하는 한 남자의 인간적인 갈등이 지바고로 분한 오마샤리프의 눈매에서 너무도 잘 표현되고 있다.

내가 의사이기 때문에 그런 감정에 더 몰입되었을 것이다. 물론 나와 지바고는 같을 수가 없다는 것을 잘 알고 있다. 소설과 영화이기 때문에 지금 내가 살아가는 현실과 그런 급박스런 환경과는 너무도 차이가 난다. 무엇보다도 가장 큰 차이는 내가 주인공처럼 그렇게 고매한 사람이 못 된다는 것이다. 그러나 상상의 날개는 끝을 모르고 날아갈 수 있고 착각은 자유이다.

글을 쓰면서 내가 지바고가 되어 새벽을 맞이한 밤은 한편으로는 나에게 지극히 행복한 시간이기도 하다.

2016 한국의사수필가협회 공동수필 제 8집
버리고 갈 것들만 남아

통영 앞 바다에서 | 이정희

세상에서 가장 슬픈 이유 | 남호탁

뭣이 중헌디 | 이희

원격을 소묘하다 | 유형준

침묵에 대한 기억 | 정찬경

진짜 대화 | 정명희

당신은 사랑하고 있나요 | 박언휘

부부 인생의 마지막 장면 | 이원락

내게 주는 상장 | 이석우

여느날 | 윤태욱

내면의 빛 | 신길자

4부

내면의 빛

통영 앞바다에서

이정희

알로이시오 기념병원 소아청소년과 과장

2002년《수필문학》으로 등단

2009년 원종린 수필문학상 수상

수필집《다음날, 그 다음날도》

hippolee47@naver.com

잔잔하던 바다에 물결이 인다. 상쾌한 갯내음과 비릿한 바다 냄새가 흘러나온다. 출항을 재촉하는 고깃배의 엔진 음이 들린다. 한국에서도 봄이 빨리 찾아온다는 통영, 그러나 바다바람은 아직 차다. 2월의 찬바람 부는 통영 앞바다를 찾은 건 제철의 도다리 쑥국을 먹고 싶은 유혹 때문만이 아니다. 봄으로 가는 길목에서 예향의 멋을 찾으려는 여유도 아니다. 시나브로 밀려오는 파도를 바라보며 또 그 소리를 들으며 나는 그 때를 잊지 못함을 기억한다. 운명은 어느 누구도 비켜가지 못하는 숙명이라는 사실을 푸른 바다는 알고 있는 것 같다. 고요한 물결위로 지난 슬픈 기억한편이 떠오른다.

나는 당시 해군군의관으로 진해 교육사령부 의무실에 근무하며 근처 단칸방에서 신혼생활을 하고 있었다. 군의관 2년차로 신병훈련소에서 교육을 받는 훈련병이 아프거나 훈련 중 부상을 당하면 치료하고 정도가 심하면 입원시켰다. 그해 2월 어느 날, 심한 감기로 입원하다 증세가 많이 좋아진 N이 찾아왔다.

"군의관님, 내일 퇴원하면 안 될까요?"

고된 훈련을 핑계로 며칠이라도 더 입원해 쉬고싶어하는 다른 훈련병과는 달리 그는 조기퇴원을 원했다. 대학재학 중에 지원 입대한 N은 성격이 밝고 고된 훈련을 피하지도 않는 적극적인 모범 훈련병이었다.

"왜 벌써? 나가면 추운 날씨에 다시 힘든 훈련이 시작될 건데 좀 더 있지."

"며칠 후에는 통영 충렬사로 참배를 가요. 배도 타보고 싶고 사당에 참배도 하고 싶어요."라고 웃으며 하는 말이 앞으로 장래가 밝고 참 좋은 군인이 될 것 같은 믿음이 들었다.

당시 신병훈련소에서 훈련을 받던 신병들은 12주 교육과정 중 8주차 교육에는 함상훈련을 하고 충무공 위패가 모셔진 충렬사와 제승당을 참배했다. 나라사랑과 참 군인정신을 배우는 교육을 실시하기 위한 계획이었다. N은 퇴원해서 그 훈련에 참석하고 싶었던 것이다.

그날 오후에 다른 훈련병이 의무실을 찾았다. 배를 타면 멀미하기에 이번 함상훈련에는 빠져 입원하기를 원했다. 그는 평소에도 힘든 훈련을 하던 날에는 자주 의무실을 찾을 정도로 약한 체질이었다. 이 두 사람은 서로 잘 아는 사이였고, N은 훈련에 참가하기 위해 퇴원했고 그 자리에 이 훈련병이 입원했다. 이렇게 둘의 처지가 바뀌었으나 며칠 후에 두 사람의 운명까지 바뀔 줄은 몰랐다.

2월 어느 날 저녁 무렵, 내일이면 훈련병을 데리고 함상훈련과 충렬사 참배를 떠날 K중사는 훈련소에서 저녁식사를 하고 수병들과 함대가 정박한 부두까지 행군했다. 이때 대열을 지시하던 중사 뒤로 두 어린 아들이 아버지를 부르며 쫓아왔다. 중사는 행진을 멈추지 않고 "내일이면 만날 텐데 왜 따라 오느냐. 엄마 속 썩이지 말고 집에 가라."며 계속 따라오는 아들을 돌려보냈다. 두 아들은 돌아온다던 아버지의 약속을 믿고 뒷모습이 사라질 때 까지 바라보고만 있었다.

의무실에 비상이 걸린 건 이 날 함상훈련을 나간 오후 늦은 시간이었다. 아니 전 부서에 비상사태가 생겼다. 그날 오전, 통영에는 춥고 비바람이 거세었다. 이런 궂은 바다날씨에 제승당과 충무공 위폐가 모셔진 충렬사 참배를 마친 해군·해경 훈련병과 승무원을 태운 해군 예인선 YTL은 예정대로 모선인 상륙작전용 LST로 향하고 있었다. 선체가 커서 부두에 접안할 수 없는 모선은 먼 곳에 정박하고 있었다. 훈련병을 태운 예인선은 느린 속도로 모선에 접근하기 위해 선수를 왼쪽으로 돌렸다. 이 때 강풍에 의한 파도가 예인선을 몰아쳤다. 복원력을 잃은 선체는 순식간에 침몰하기 시작했다. 모선이 뻔히 보이는 곳에서 예인선은 서서히 가라앉았다. 우왕좌왕 갈피를 잡지 못하던 훈련병들은 배를 탈출하여 바다로 뛰어 내렸다. 물에 빠진 그들은 당황한 채 서로 엉켜 허우적거렸다.

K중사는 있는 힘을 다해 물에 빠진 훈련병들을 모선으로 옮겼다. 지친 몸으로 한 명이라도 더 구하려 애썼으나 시간이 갈수록 힘이 부쳤다. 자신의 몸도 차츰 물속으로 잠기고 있었다. 전날 행군 속으로 따라다니던 아들과의 약속도 잊은 채 수중고혼이 되었다. 필사적인 구조에도 고귀한 젊은 생명 절반이 넘게 희생되었다. 충무공이 왜군을 물리친 역사적인 통영 앞바다에는 수병들이 쓴 군모가 주인을 잃은 채 바닷물 위에 꽃잎처럼 떠다녔다. N의 모자도 보였다.

해변 가로 옮겨진 시신은 차마 볼 수가 없었다. 서로 팔짱을 낀 채 엉켜 있는가 하면 헤엄치는 자세로 누워있기도 했다. 파란 색 중대기를 놓치지 않으려고 움켜진 채로 눈을 감은 모습도 보였다. 끔찍하고도 처참한 모습이 절박했던 그 순간을 떠올리게 했다. 1974년 2월 22일, 통영 앞바다에서 일어난 해군 YTL 침몰 사고는 이렇게 참혹했다. 신병 차수 159기에 159명 사망, 희한한 일치였다. 당시 극장가에는 아카데미상을 받은 해상재난 영화〈포세이돈 어드벤처〉가 상영 중이었다.

곧 사고원인이 밝혀졌다. 탑승인원이 정원의 배 이상 초과했고, 키를 잡은 조타사의 조종술도 미숙했다. 추위와 강풍을 동반한 기상악화, 이로 인한 구조 활동부진이 대형사고의 원인으로 지적 되었다. 공황상태에 빠진 진해는 살벌했다. 자식을 잃고 이성을 잃은 유족들의 격렬한 행동으로 무법천지가 되었다. 장병들은 정복을 벗고 사복으로 신분을 감추고 다녀야만 했다.

통영 앞바다에 물결이 일고, 파도소리가 들린다. 부하를 구하기 위해 목숨을 바친 K중사의 모습이 물결위로 어른거린다. 지금쯤 이 시대의 주역이 되어야 할 N신병의 해맑은 얼굴이 보인다. 그들의 영혼이 바다 위를 떠다니는 듯하다. 귀가 따갑게 듣던 '해군은 바다가 고향'이라던 해군가가 파도소리에 묻힌다. 당시에 즐겨 듣던 '예스터데이 원스 모어'라는 카펜더스의 감미로운 목소리가 들린다. 내 젊은 시절의 기억 한 조각이 바다 속으로 사라진다.

세상에서
가장 슬픈 이유
―
남호탁

✝

천안 예일병원 원장

2008년《수필과 비평》으로 등단

한국문인협회 회원

저서《똥꼬의사》《외과의사 남호탁의 똥꼬이야기》《수면내시경과 붕어빵》

《가끔은 나도 망가지길 꿈꾼다》《대장암, 걱정 마》《전염되는 게 어디 병뿐이랴》

2011년 7월호부터《수필과 비평》에 의학에세이 연재

신곡문학상, 흑구문학상 수상

수필집《가끔은 나도 망가지길 꿈꾼다》(2014년 문광부 선정 우수도서)

smallnam@naver.com

아주머니는 계절에 맞지 않게 깡똥하면서도 얇은 점 퍼차림을 하고 있었다. 사십대 중반으로 일견 피곤하고 지쳐 보이는 듯한 인상을 풍겼다. 그녀는 대장내시경검사를 예약하기 위해 병원을 찾았다고 했다. 복부팽만감이나 출혈과 같이 딱히 불편한 증상은 없었지만 건강검진을 받아봐야겠다는 생각으로 내원했다는 것인데, 나는 다소 의외라는 느낌을 받았다. 나이보다 더 들어 보이는 얼굴이나 허름한 옷차림 등으로 미루어볼 때 평소 자신의 건강을 꼼꼼히 챙기는 분으로는 생각되지 않았기 때문이었다. 겉모습으로만 사람을 판단하면 못쓴다지만 그게 어디 말처럼 쉬워야지.

"아주머니 같은 분들만 계시면 좋겠습니다. 아시아에서 대장암 발병률 1위 국가라는 오명은 벗을 수 있을 테니까요." 나는 차트에 오더를 휘갈겨 쓰며 흡족한 목소리로 그녀를 추켜세웠다. 하지만 아주머니는 얼굴에 짙은 그늘을 드리운 채 아무런 대꾸도 없었다. "얼마든지 예방이 가능한 병이 대장암입니다. 한데 어쩌자고 차일피일 미루다가는 덜컥 암에 멱살을 잡혀…… 그런 분들을 뵐 때마다 안타깝기 그지없습니다. 그런 면에서 보면 아주머니는 현명하신 분입니다."

아주머니는 상대방의 비위를 맞추기라도 하듯 나긋나긋 이어지는 나의 말에 여전히 아무런 반응도 보이지 않았다. 머쓱해진 나는 아주머니에게서 시선을 거둬들이고는 차트에 오더를 마저 써내려갔다.

"저는 오래 살아야만합니다!"

입을 굳게 다문 채 무거운 표정으로 앉아있던 그녀의 입에서 나온 첫말이었는데, 예사롭지 않게 들렸다. 그녀의 눈빛이며 목소리가 어찌나 비장하던지, 초라하고 안쓰럽게 앉아있던 그 아주머니가 맞나 싶을 정도였다. 나는 오더를 써내려가던 손동작을 슬그머니 멈춘 채 아무런 대꾸도 못하고는 그녀의 얼굴만 빤히 들여다봤다.

"중학생 아들이 하나 있는데 시각장애인입니다."

'…… 그랬구나.'

대충 사연을 짐작한 나는 쥐구멍이라도 찾고 싶은 심정이었고 가슴이 울컥해져 뭐라 입을 뗄 수가 없었다.

"죄송합니다. 그런 줄도 모르고…… 그런데 어쩌다가?"

나는 가까스로 입을 뗐다.

"초등학생 때 뇌종양이 발견되어 세 번에 걸쳐 수술을 받았는데, 그 과정에서 시신경이 손상을 입었습니다. 그런 아들을 홀로 남겨두고 저 먼저 갈 수는 없습니다. 그래서 건강검진을 받아보려는 것입니다."

새끼를 노리는 고양이와 맞서 일전을 불사하려는 어미닭마냥 그녀의 얼굴에선 결연한 의지가 뿜어져 나왔다. 눈물겨운 모성애 앞에 시 나는 위로의 말을 건네기커녕 망연자실 앉아있을 뿐이었다. 당시 나를 사로잡고 있던 감정은 모자에 대한 연민만은 아니었다. 시각장애를 초래한 원인이 뇌종양이라는 말에, 어린아이가 뇌종양을 앓게 되었다는 말에 내 마음속에서는 주체할 수 없는 분노가 들끓고 있었다. '이게 말이 돼?' '도대체 무슨 잘못을 저질렀다고 어린아이에게 이렇듯 가혹한 형벌을?' 슬픔과 불가해함 속에서 허우적대다 생을 마칠 수밖에 없는 것이 인간의 숙명인지도 모른다는 절망감 속에서 나 역시 휘청대지 않을 수 없었다. 무너질 듯 애처로우면서도 의연한 그녀의 모습만 어렴풋이 기억에 남아 있을 뿐, 그날 그녀와의 대화가 어디까지 이어졌고 어떻게 마무리되었는지에 대한 기억은 더 이상 없다.

하지만 그때를 떠올리며 글을 써내려가는 지금도, 가슴은 미어지는 듯 아프다. 방정맞고 헤픈 웃음이 넘쳐나지만 남모르는 눈물이, 은밀한 슬픔이 세상에는 더 많아 보이는 것이니……. 죽어 신 앞에 서는 그날, 감히 여쭤보리라. 무슨 이유로 어린아이가 그토록 처참한 형벌을 받아야만 하느냐고. 그리도 많은 슬픔이 세상에 존재해야하는 이유가 무엇이냐고. 가녀린 여인에게 너무 가혹한 처사가 아니었느냐고.

개업한지도 훌쩍 12년이 넘었다. 그동안 내게 대장내시경검사를 받은 환자만도 부지기수다. 변비가 심하다며, 피가 난다며, 똥을 누고 난 후에도 시원치가 않다며, 대장암의 가족력이 있다며…… 나는 그동안 수많은 이유와 사연을 만났다. 하지만 그날 마주친 아주머니의 내시경검사 결과, 아주머니의 대장에서는 아무런 병도 발견되지 않았다.

뭣이 중헌디

이 희

✟

영동신경정신과의원 원장
한국정신분석학회 회장 역임
대한신경정신의학회 부회장 역임
2009년《수필시대》로 등단
저서《정신요법》
역서《사랑 다음에도 사랑은 존재하는가》
webdrmind@korea.com

티비 뉴스 화면에 피켓을 든 사람들이 보인다. 피켓을 클로즈업시켜 보여주는데 '뭣이 중헌디'라고 쓰여 있는 것을 보고 뉴스는 잊어버리고 중요한 게 뭘까 잠시 생각에 잠겼다.

정말 중요한 것이 무엇일까? 누구에게나 공통적으로 가장 중요한 것은 무엇일까? 대부분 식량이라고 대답할 것이다. 먹지 않고는 살 수 없으니 당연한 답이고, 식량뿐만 아니라 생활의 기본이 되는 의식주가 중요하다. 그러므로 사회는 의식주에 위협을 받는 사람이 없게 복지제도를 만드는 것이 가장 중요하다. 그러나 일찍이 공자님께서는 군대와 식량보다 믿음이 중요하다고 하셨다. 믿음이 없이는 사회가 성립될 수 없으니 군대가 지킬 나라가 있을 리 없고 경제활동도 불가능해진다는 말씀이라고 생각하고 있다. 수렵채집 시대와는 달리 공자님이 사시던 농경시대에는 수력이 중요한 생산수단이어서 협동이 중요해졌고 믿음이 없이는 협동도 없었을 것이다. 우리가 살고 있는 정보화 시대도 모든 일이 협동을 통해서 이루어지고 혼자서 할 수 있는 일이 거의 없어졌다.

몸이 밥을 필요로 하는 것처럼 마음에도 믿음이 필요하다. 믿음은 믿을 수 있는 대상을 경험하면서 싹이 트고 자라나게 되는데 그 대상은 물론 좋은 엄마다. 배가 고프면 먹여주고 추우면 따뜻하게 더우면 서늘하게 해주고 늘 보살펴 주는 엄마는 아기를 안전하게 지켜주는 사람이다. 그러니 엄마가 있으면 안심할 수 있다. 엄마가 아기의 안전 기지가 되어야 아기는 마음 놓고 주위를 탐색하게 된다. 신체적으로나 정신적으로나 안전에 대한욕구는 사람의 가장 기본적인 욕구 중 하나고 성격발달의 주춧돌이 된다. 사람들 사이에도 믿음이 없으면 안전을 확신할 수 없어 불안하고 서로 협력하기보다는 항상 경계하게 된다.

공자님 말씀대로 사회에는 믿음이 중요하다. 사회에 믿음을 만들어내는 것은 온당한 법과 제도이고 그것을 공정하게 운용하는 지도자들이다. 자기 이익만을 위해서 목소리를 높이고 이중 잣대를 들이대면 믿음을 얻을 수 없다. 합리적인 기준이 일관성 있게 적용되어야 사람들은 지도자를 믿고 안심하고 자기 일에 전념해서 안정되고 활기찬 사회가 된다. 믿을 수 있는 지도자라, 생각나는 이야기가 있다.

어느 나라에 왕이 있었다. 그는 이웃한 큰 나라가 자주 무리한 요구를 해와 힘들 때가 많았어도 작은 나라의 고충이라고 생각하고 참고 들어주곤 했는데 이번에는 왕이 애지중지하는 보석을 요구해왔다. 신하들이 펄펄 뛰며 어떻게 나라의 보물을 내줄 수가 있는가, 싸우자고 주장했다. 그러나 왕은 보물이 아무리 아까워도 백성들이 편안한 것이 더 낫다면서 보물을 내주었다. 큰 나라는 작은 나라를 더 얕보고 이번에는 미인이라고 소문난 왕비를 달라고 했다. 신하들은 절대 안 된다고 하면서 전쟁을 하자고 했지만 왕은 왕비를 사랑하지만 백성들이 편안한 것이 더 낫다면서 왕비를 보냈다. 이제 기고만장한 큰 나라는 작은 나라가 가진 황무지를 달라고 했다. 신하들은 그 아까운 보물도 주었고 왕비까지 보냈는데 아무 쓸모도 없는 황무지를 두고 싸울 필요가 없으니 양보하자고 하였다. 왕은 화를 내면서 나라의 땅을 포기하자니 말이 되느냐 하고 군대를 소집해 전쟁을 했다. 격분해 있던 병사들이 잘 싸워 얕보고 방심하고 있던 큰 나라를 이겼다.

  국민이 없는 나라도 없고 땅이 없는 나라도 없으니 이 왕은 개인적인 희생은 극한까지 감수했지만 나라의 이익은 용감하게 싸워 지켜 낸 것이다. '뭣이 중헌지' 잘 아는 믿을 수 있는 왕이라 할 것이다.
  이런 지도자가 나오기를 기대하는 것은 무리일까? 모두를 만족시킬 수 있는 사회는 없으니 피켓을 든 사람이 없는 사회가 가장 바람직한 것은 아니다. 불만을 표출할 수 없는 억압된 사회를 의미할 수도 있기 때문이다. 그러나 피켓을 든 사람들이 너무 많이 보이는 사회는 믿음을 회복해야 하는 병든 사회다. 경제는 가라앉고 국방은 위기라면서도 국론은 사분오열되어 끊임없이 다투기만 하고 법과 제도보다 비선이 앞서는 총체적 난국인데 믿음직한 지도자는 보이지 않으니 옛 이야기만 생각난다.

원격을 소묘하다*

유형준

✝

서울의대 및 대학원(의학박사) 졸업

수필가《문학예술》(1992 등단), 시인(필명 유담)

저서《가라앉지 못한 말들》《그리운 암각화》《두근거리는 지금》

한국의사시인회 초대회장

박달회, 문학청춘작가회, 함춘문예, 서울시 의사회 의학문인회 회장

쉼표문학회 고문

의료와 예술연구회장

한림의대 내과학 · 의료인문학 교수

hjoonyoo@gmail.com

---

*소묘하다. (사람이 대상을)형태와 명암을 주로 하여 한 가지 색깔로 그리다.

'원격'은 다양한 분야에서 거론되는 말이다. 특히 '원격의료'는 현재 우리사회에서 가장 절절한 용어 중의 하나다. 이유는 과거에 오지나 벽지에 직접 사람을 보내거나 상주시키는 대신에 요즘은 의료데이터의 전송 등을 통해 공간적 원격을 좁히려는 노력이 활발한 까닭이다. 여기에는 원거리 통신과 정보 기술이 발달하면서 멀리 떨어진 거리의 장벽을 넘어 의료 혜택을 그리 비듬하지 않게 나눌 수 있지 않겠냐는 공평심도 일조를 하고 있다.

원격의료를 영어로 텔리메디신(telemedicine)이라 한다. '먼 거리'를 뜻하는 'tele'를 '원격'으로 번역한 것이다. 더 쉬운 영어 단어를 써서 아예 'distance medicine'이라고도 한다. 이러한 원격의료의 원격이 공간의 간격에 비중이 주어진 채 이해되고 논의되고 있는 건 어쩌면 자연스러운 일일게다. 그러나 공간적 거리만을 '원격'이라 부르는 것은 의료 현실의 실체를 제대로 살피고 난 뒤의 생각일까. 원격을 찾아 나선다.

원격 하나.

무의촌 파견제도가 있던 1979년 가을, 제주도 북제주군 보건소 김녕 동부지소에 파견되었다. 지금은 세계적 관광지로 교통도 편리해지고 인기척도 분주하지만 당시엔 제주시에서 시외버스로 한 시간도 더 걸리는 거리였다. 가끔 시내를 다녀올 때면 길옆으로 쉼 없이 펼쳐지는 바다풍경은 왕래의 목적을 잊게 할 만큼 한적했다.

보건지소 진료 중에 '방울약'이 '알약'을 의미하며 '머리 꽝, 허리 꽝'이 '머리와 허리가 무지근하게 아픔'이라는 걸 간호사의 통역(?)으로 알아차린 건 몇 주일 지나서였다. 청진기 하나로 만병을 진단해야 하는 보건지소는 대단한 수준의 의료시설이라는 현실을 깨닫게 된 건 중산간지역에 순회 진료를 나선 날이었다. 전복껍데기처럼 울퉁불퉁한 돌밭 길로 수평선이 멀리 아래로 보일쯤에 고립된 인심을 만났다. 이리저리 진료를 끝내고 돌아갈 채비를 꾸리고 있을 때 근심 어린 아주머니 한 분이 다가섰다. 아들은 서른 두 살이었다. 그런데 밤마다 오줌을 싼다는 것이었다. 한라산 구석구석 좋은 약초란 약초는 모두 구해 먹였지만 그저 세월만 지났으며 동네의 공공연한 비밀이 되었다. 덜 떨어진 총각으로 입에 오르내려지며 더해지는 심적 압박에 두문불출, 아들이 이상스러워진다는 것이었다. 이야기를 듣고 나니 당뇨병이란 생각이 들었다. 다음날 모자가 보건지소에 들어섰고 짐작대로 당뇨스틱은 진갈색으로 변했다. 당뇨병이었다. 다 큰 아들의 머리를 쓰다듬으며 불치병이 아니란 안도와 진작 검사를 받을 걸 하는 후회의 눈물로 소리 내어 울던 어머니의 모습은 지금도 생생하다.

원격 둘.

진료실 한 귀퉁이 지금도 고이 간직하고 있는 편지가 있다. 가슴 저린 순간적 곡절 때문에 교도소에 갇힌 채 당뇨병으로 인한 육신적 괴로움과 정신적 외로움의 불편함, 그리고 변화를 담고 있는 편지다. 진료실에 도착한 맨 처음 서신은 자신의 소개와 함께 당뇨병에 관한 상담회신에 응할 수 있냐는 내용과 차분한 외로움으로 빼곡했다. 철저히 고립된 한 번도 만난 본 적 없는 환자와의 서면 진료라는 흔치 않을 경험에 적절한 표현을 찾아 며칠을 서성이다가 교신이 가능하다는 격식 차린 짤막한 회신을 보냈다. 5개월여의 뜸을 거쳐 도착한 편지에는 당뇨병 합병증에 대한 막연한 두려움과 더불어 '7년 더'라는 체념이 외려 냉정히 섞여 있었다.

기다림에 지친 가운데 선생님의 편지를 받고 무척이나 반가웠습니다. 저는 징역 1년 6월을 마치고 보호감호 7년을 복역하고자 지난달 이곳으로 옮겨 왔기에 선생님의 편지를 며칠 전에야 받았습니다. 저는 현재 이곳에서 당뇨약을 먹고 인슐린 주사를 맞고 있습니다. 혈당수치는 216~240입니다. 지금도 다리 통증은 계속되고 있으며 "당뇨병성 신경병증"이 제일 우선 의심된다고 하는데 이 병의 종착역은 무엇인지 궁금합니다. 또한 "당뇨병성 망막증"이란 진단이 나왔고 오른쪽 눈은 "만성 결막염"까지 있다고 하는데 당뇨병성 망막증이란 병은 결국 어떻게 되는 것인지 알고 싶습니다. 지금 현재는 눈이 어릿어릿하고 좀 이상합니다. 선생님! 혹시 이러다가 실명되는 것은 아닌가하고 두렵습니다. 바쁘시겠지만 가르침을 주시기를 간곡히 바랍니다. 안녕히 계십시오.

곧 답장을 보냈다. 건강해지는 글에서 변화되어가는 당뇨병 관리에 대한 강렬한 의지가 마냥 고마워. 형기를 마치고 교도소와 사회를 가르는 문짝 하나를 나설 때까지 편지는 오갔다.

원격 셋.

영등포 쪽방 촌에 다녀왔다. 끊임없이 차들이 오가는 길 하나를 사이에 두고 세계적 대도시의 한 가운데, 삶의 모든 정체와 퇴행이 서로 비집고 간신히 생존하는 귀퉁이가 있었다. 바로 대도시 한 가운데에. 방금 건너온 길 맞은 편 대형 백화점과 크고 작은 병의원들의 간판들이 지척에 번화했다. 그 번화함 바로 길 하나 건너엔 얼키설키 실골목마다 오늘을 견뎌야할 오늘만이 꽉 차있었다. 입에 칠할 풀을 구하러 쉼 없이 다녀야 하는 하루의 틈새엔 어떤 선진 의료 혜택도 제도도 파고들 틈이 없었다. 도시가 대부분 쉬는 휴일에야 가까스로 생기는 그 틈을 찾아 진료가 시작되었다. 개원하고 있는 어느 선배의 깊은 봉사 정신에 동감하는 자원자들의 지극한 참이 최첨단 의료기기와 치료제를 대신하여 진단하고 치료하는 단출한 이야기가 이어졌다. 살아온 그대로 병력이었고, 병력 청취는 그대로 퍽 효험 있는 처방이었다. 몇 개월 복용할 사흘 치 혈압약은 분명히 보조 처방일 뿐이란 생각이 끊이지 않았다. 멀리 떨어졌다고 오래전의 진료 광경이었다고 느꼈던 거리와 상황은 4차선 길 하나를 사이에 둔 거리였고 시간이었다. 지금도 책상 위에서, 서류 속에서 완벽하게 꾸며진 평균 이상의 도시와 평균 이상의 시민을 의식한 의료서비스를 청진하는 청진기의 가슴을 버겁게 누른다.

원격 넷.

외래 진료 중에 급한 전화가 왔다. 병원과 담장 하나를 사이에 둔 빌라주택에 사는 부유한 노인 환자 보호자의 전화다. 당장 이름만 대도 알만한 자식들을 농사하고 지금은 내외 둘이 산다. 전화 내용은 이렇다. '진료 예약 시각에 맞추어 서두르다 거실에서 미끄러 넘어져 거동이 불편하게 되었다. 응급 상황은 아닌 거 같아 안정을 취하고 있다. 오늘 아침 약부터 먹을 게 없어 반드시 약을 타야 하는데 어떻

게 해야 하느냐.'

　순간 위약 효과의 세계적 학자인 파브리지오 베네데티(Fabrizio Benedetti) 교수가 떠올랐다. 그의 의견에 따르면 건강한 이가 환자가 되면서 다음의 네 단계 과정을 거친다고 한다. '건강한 사람이 아픔을 경험하여, 고통을 줄이고자 하는 욕구가 생겨, 의사를 만나고, 치료를 받는다.' 의사는 대개 세 번째 단계의 환자를 만난다. 이때에 환자는 신뢰와 희망이, 의사는 공감과 동정이 발동하여 작용한다고 한다.

　수십 년 째 알고 지내는 세 번째 단계 환자의 신뢰와 희망을 바쁘다는 핑계로 거절할 용기보다 분주하게 쫓겨 건조해져가는 동정에 공감할 직업정신이 아직은 더 많이 남아 있다. 이어지는 진찰의 사이사이에 동정 공감은 병록 번호를 찾아 처방을 내고, 환자 보호자에게 진행 사항을 전화로 알려 준다. 이 서두름은 예약 환자 딱 4명을 진찰하는 간간이 지나갔다. 담장 두께만큼의 원격이다.

　원격이 필요로 하는 것은 의료의 똑같은 -조금이라도 차이가 나면 큰 일 나는- 공간과 시간의 양적 배분이 아니다. 원격의 곡절을 찬찬히 담아내는 스마트한 형평이어야 한다. 그러기 위해선 원격을 이야기 하는 모든 이들이 원격의 본질적 형편을 알아야 한다. 원격의 본디 뜻을 넉넉히 깨우쳐야 한다. 그래야 원격을 챙기려는 그들 사이에 가로 쌓여 있는 원격이 슬그머니 사라진다. 내가 나와 멀어진, 우리와 우리가 멀어진 이 원격을 챙겨줄 지혜는 결국 원격이 가르쳐 준다. 원격이 원격 그대로 남게 될까 여전히 두렵다.

침묵에 대한 기억

정찬경

안과 전문의
인천 부평밝은눈안과 원장
2013년《한국수필》등단
《한국수필》신인상 수상
스페이스 에세이 문학회 회원
oculajck@naver.com

H군의 아버지와 나는 안과병동의 복도 끝에 서서 창 밖을 바라보고 있었다. 잿빛 겨울 하늘이 무겁고 음울해 보였다. 이 무거운 침묵에서 어떻게 벗어나야 할 지 몰랐다. 차라리 그가 나의 멱살이라도 잡고 따져주면 좋겠다는 생각이 들었다. '당신 때문에 내 아들 눈이 저렇게 되었으니 이제 어떡할 거냐?', 그렇게 내 몸을 붙잡고 거칠게 항의라도 하면 마음이 오히려 편해질 것 같았다.

낮은 탄식이 간간이 흘러 나왔다. 그가 입을 뗐다.

"이 아이가 지금 군대 다녀와서 복학을 해야 합니다. 공부해서 제 앞가림을 해야 할 텐데 저러고 있으니 어떡합니까?"

"아 네…. 교수님께 잘 말씀드려 놨으니 여기서도 최선을 다할 겁니다. 저도 끝까지……."

더 이상 말을 잇지 못했다. 나 역시 의사이기에 앞서 아들을 키우는 평범한 아빠로서 마음 아프고 안타까울 뿐이었다.

며칠 전 진료실에서 있었던 일이 다시 생각났다. 레이저 시력교정술 후 회복이 더딘 편이긴 했지만 그런 일이 생길 줄이야. 전날 밤 잠을 못 이룰 정도로 눈이 아팠다는 말에 불길한 예감이 들었다. 충혈이 매우 심하고 빛을 보기도 힘들어 하는 눈을 가까스로 진찰용 현미경으로 들여다 본 순간 머리를 둔기로 얻어맞은 것 같았다. 세균성 각막궤양이었다. 각막이 온통 뿌옇고 궤양부위가 녹아내려 천공(穿孔)의 위험마저 있어 보였다. 전방(前房, 각막과 홍채 사이의 공간)까지 노란 가래 같아 보이는 농이 들어차 있었다. 최악의 상황을 만난 나는 잠시 공황상태로 빠져들었다. 정신이 아득하고 어떻게 해야 할지 머릿속이 복잡했지만 겨우 마음을 가다듬어 현재 상태를 알렸다. 나도 모르게 목소리가 떨렸다.

"지금 심각한 상황입니다. 각막에 독한 균이 들어가서 심한 염증이 생겼습니다."

내 말을 들은 H군이 절망하는 표정을 지으며 눈을 감고 고개를 떨어뜨렸다.

"어머! 어떡해! 우리 아들 눈 이제 어떻게 되는 거예요? 아이고! 이게 무슨 일이니?"

날카롭게 울부짖는 듯한 엄마의 격앙된 목소리가 내 마음을 찔렀다.

모든 수술에는 반드시 수술 상처를 통한 세균감염의 위험이 도사리고 있다. 안과 영역에서 가장 흔히 이뤄지는 백내장수술은 안구를 절개하는 안내수술인데 통상 0.1%의 감염이 발생한다고 알려져 있다. 1000명 당 1명꼴이다. 하지만 안구를 절개하지 않고 각막의 표면에 레이저를 조사(照射)하여 시력을 교정하는 라식, 라섹 등의 수술에서 합병증으로 급성감염이 나타날 확률은 그보다 훨씬 더 낮다. 그토록 드문 일이 내 앞에서 벌어지고 있는 것이다.

아무래도 대학병원으로 옮겨서 치료를 받게 하는 게 낫겠다 싶었다. 마침 각막 전공 교수와 연락이 되어 응급으로 후송 후 신속한 처치를 했다. 입원 후 안정을 취하며 안약, 먹는 약, 주사를 투여했다. 다행히 약에 반응을 보여 조금씩 회복이 되고 있었다. 다음날 병원을 찾아갔다. 먼저 H군을 만났다.

"좀 어때?"

"어제보다 조금 나아진 것 같아요."

"그래 차차 좋아질 거야."

위로의 말을 건넨 후 나는 보호자용 간이침대에 한동안 걸터앉아 있었다. 내 가까운 이들이 입원했던 때의 일들이 생각났다. 침대에 멍하니 누워 있는 그를 한동안 바라보다 잠시 병실 밖으로 나왔다. 그때 그의 부모를 만나게 된 것이다.

복도에 서 있는 그의 아버지와 나는 또 다시 무거운 침묵에 잠겨 있었다. 꽤 길게 느껴지는 시간이 흐른 뒤 "최선을 다해주실 것을 믿겠습니다."

그는 이 한 마디를 남기고 아들이 있는 병실로 힘겹게 걸음을 옮겼다. 병실에 있는 환자와 그의 가족을 뒤로 하고 병원을 걸어 나오는 내내 꿈인 듯 몽롱한 기분이었다. 집으로 돌아오는 길에 줄곧 '무얼 잘못한 걸까', '앞으로 회복할 수 있을까' 하는 생각이 머릿속에 맴돌았다. 환자 때문에 마음이 그토록 아프고 힘들었던 적은 드물었다. 친구와 통화를 했다.

"야! 어쩌다 그런 케이스가 너한테 생겼을까. 사실 불가항력이잖아. 그래도 각막 쪽이 치료가 잘되는 편이고 혹시 잘못돼도 각막이식 같은 방법도 있고 하니 일단 맘 편히 먹고 쉬어라. 어제 오늘 맘고생이 많았겠다."

안타까워하는 친구의 위로를 들으며 스스로 마음을 달래보았다.

이후로 한 번 더 병원을 찾아갔으나 환자만 만나고 돌아왔다. H군의 아버지와 어머니는 그 뒤로 다시는 나를 찾아오지 않았다. 환자도 오지 않았다. 그보다 훨씬 사소한 진료에 대한 불만도 며칠이 멀다하고 와서 하소연을 하거나 원망 섞인 말을 하는 이들이 적지 않은 걸 생각하면 놀랍고 의아한 일이었다. 그들의 침묵은 이후로도 계속되었다.

안과의사로서 살아오며 가장 기억에 남는 환자를 말해보라 하면 이 H군이 먼저 떠오른다. 더욱 잊지 못하는 건 그와 그의 가족들의 침묵이다. 비록 불가피한 확률에 의한 일이라 하더라도 가해자일 수밖에 없는 나에게 그들이 보여준 인내와 침묵은 놀라운 것이었다. 그리고 그가 남긴 '나를 믿는다.'는 말은 아직도 내 귓전에 울리어 많은 생각을 불러일으킨다. 고통스런 침묵 속에서 보여 준, 한 의사에 대한 관대한 이해와 진실한 신뢰를 잊기는 어려울 것이다. 묵묵히 타인의 아픔과 처지를 이해하려 노력하는 삶으로 보답하고 싶다.

진짜 대화

정명희

✝

소아과 전문의
대구의료원 진료처장, 소아청소년과장
한국의사수필가협회 홍보이사
《안행수필》총무간사
2010년《수필과 비평》등단
수필과 비평 신인상 수상
수필집《꼭 붙어 있어라》《진료실에서 바라본 풍경》
mhchung46@paran.com

햇살이 고운 아침이다. 바람에 우수수 내리는 나뭇잎을 보며 아름다운 계절이 지나감을 실감한다. 쌀쌀한 날씨 속에 오르내리는 열로 울긋불긋 달아오른 아이들의 얼굴이 물든 단풍잎 같다. 오늘도 기운 나는 하루가 되기를 바라며 병원 로비에 들어선다.
　　콜록대는 아이들이 빼곡히 앉아 있는 대기실을 둘러보니 몸과 마음이 절로 바빠진다. 아픈 아이를 데리고 새벽같이 달려와 대기표를 뽑고 앉아서 진료순서를 기다리는 부모에게는 일분일초가 여삼추 같으리라. 그 마음을 충분히 짐작하기에 꼭 필요한 대화만으로 아이들을 진료할 수밖에 없는, 이 여유 없이 바쁜 상황이 그저 안타까울 뿐이다. 병원의 업무가 한가한 곳이 어디 있으랴. 모두 제일 처리하기에도 바빠 옆도 뒤도 돌아볼 틈도 없지 않은가. 몸이 아파 들어서면 누구나 마음 바빠지는 곳이 바로 병원이 아니던가.
　　급한 환자 몇 명을 우선 진료하고 나서 병실에 입원하여 치료받는 아이들을 진찰하러 7층 병동까지 계단을 뛰어올랐다. 회진을 막 시작하려는 찰나, 고객지원실 담당 직원이 다급한 목소리로 전화를 해왔다. 자세히 이야기를 전할 수조차 없는 보호자의 소란이라며 도저히 해결이 안 되니 잠시 도와주면 좋겠다는 것이다. 모두 밀린 진료에 바쁠 오전 시간이라 막무가내로 소리를 질러대는 그를 도저히 제지할 수가 없었나 보다. 할 수 없이 옷자락 앞섶을 풀어헤쳐 올려 진찰을 기다리는 아이에게 양해를 구하고 다시 건물 아래 로비 층으로 내달렸다.

외래 복도엔 대기하던 사람들이 불안한 표정으로 웅성거리며 몰려 있었다. 어찌 된 영문일까? 둘러보니 젊은 남자가 저 멀리서 직원에 둘러싸여 삿대질을 해대는 것이 보였다. 다가가서 보니 입원했던 환자 보호자라고 하였지만, 일면식도 없었다. 병원에 자주 면회를 오지 않아서 나와 만나지 못했을까, 보호자는 맞을까? 의아한 마음이 들었지만, 소란으로 인해 진료하러 온 다른 환자들에게 피해가 갈까 봐 나의 진료실로 그를 이끌었다.

"우선 좀 앉으세요."

나의 제언에 그는 언성을 높인다. "병원에서는 앉으라면 앉고, 서라면 서 있어야 하는 건가요? 그런 데가 병원인가요? 그런가요?" 하는 것이 아닌가. 나는 순간 청유형을 명령형으로 들을 수도 있구나. 참으로 기나긴 대화가 필요하겠구나 싶었다. "그러면 좋을 대로 하십시오. 서 있고 싶으면 그대로 서고, 앉고 싶으면 앉아도 좋아요. 우선 하고 싶은 이야기부터 한 번 들어봅시다." 나는 무조건 다 들어 볼 수 있다는 자세를 취했다. 무슨 억울한 일이 그리도 많았기에 이렇게 바쁜 아침에 찾아와 저리도 으르렁거려야 하는가 싶어서이다.

이야기인즉슨, 퇴원한 지 며칠도 지나지 않았는데 어젯밤에 다시 배가 아프다며 토했다. 그럴 수가 있느냐. 병원에 진찰받으러 와서 기다리는 동안 또 토하더라. 아이는 괴로워하고 있는데 로비에서는 무슨 행사를 하는지 직원들은 구호만 외치더라. 토했다는데 어떤 이가 와서는 말도 없이 구토물이 있는 바닥만 닦고 가더라. 아이가 괜찮은지 물어보지도 않고 자신의 할 일만 하더라. 그것이 어찌 병원이라

할 수 있느냐 등등 갖가지의 불만이었다. 일거수일투족이 모두 눈에 거슬렸는가 보다. 어쩌랴, 병원이 어떤 환자에게라도 미소 친절로 응대함이 마땅하다고 인식되는 마당에 고객의 마음에 들지 않았으니. 나부터 사과하는 수밖에.

불만 고객을 응대할 때에는 LAST를 기억하라는 교육을 받은 적이 있다. 첫째, 일단 들어주라(Listen). 진지하게 상대의 마음속에 자리 잡은 불만의 기저에 무엇이 들어있는지 살펴서 들어보라. 그다음엔 사과하라(Apologize). 어찌 되었든 상대가 자신의 내적 에너지를 소모해 가며 화를 내는 데는 나의 잘못도 있지 않으랴, 하는 마음으로 대하라. 역지사지의 입장에서 진심으로 뉘우쳐라. 그다음엔 해결해 주라(Solve). 어떤 방법으로든 그 문제를 내 선에서 최선을 다해 풀어주라. 당장 답이 나오지 않으면 언제까지 누가 해결하겠다는 대답이라도 해 주어라. 마지막으로 감사하라(Thank). 상대의 불만에 가만히 귀 기울여 듣다 보면 나 자신을 더 다잡으며 나아갈 수 있지 않겠는가. 불만은 달리 생각해 보면 애정과 관심의 다른 표현일터이니까. 무심하게 덮어버리는 것보다는 백배 낫지 않을까 싶다.

진료실에 마주 앉아 한참이나 넋두리를 하고 나더니 그의 표정이 조금 밝아왔다. 다른 환자들이 밖에서 오래 기다리고 있을 것이라는 데 생각이 미쳤던가.

"진짜 대화가 필요했어요. 외로웠거든요."

소란을 피워대었던 그가 내뱉은 느닷없는 말은 바쁜 시간에 오래 붙잡고 있어서 미안하다는 의미 아니겠는가. 일어서면서 고개를 숙이는 그가 왠지 안쓰러워 보인다.

그의 소란은 어쩌면 병약한 자식에 대한 미안함과 그렇다고 어떻게 해주지도 못하는 스스로에 대한 화가 분출한 것인지도 모른다. 나는 그에게 진심으로 부탁하였다. 외로우면 언제든지 찾아오고, 병원에 대해서도 더욱 많이 조언해달라고. 그는 그제야 고개를 끄덕이며 겸연쩍은 표정을 짓는다.

'진짜 대화'를 하고 싶은 사람들이 점점 더 많아지는 것 같은 요즈음이다. 마음에서 우러나오는 진실한 한 마디는 누구에게든 필요하지 않으랴. 날마다 마음속 '진짜 대화'를 서로 나누면서 해처럼 환하게 웃고 살 수 있기를 소망한다.

당신은 사랑하고 있나요

박언휘

✝

내과 및 소화기내과 전문의, 의학박사, 호 襃春(포춘)

박언휘종합내과 원장

시인 및 한국의사수필가협회 감사, 칼럼리스트

미국 코헨대학 명예정치학 박사, 계명대학여성학 석사

청소년 인성교육자격증 1급, 스피치 소통 전문 교육사 1급

시 전문계간지《시인시대》발행인

KBS-1 TV '아름다운 의사'(다큐멘터리) 방영(2008년)

대한민국 사회봉사대상(2009년), 올해의 의사상(2007년), 동아일보가 선정한 전국 명의(1998),

장영실과학상(2013), 대한노화방지명인1호(2013), 위대한장애인상(2015)

2012년 한국문학신문 신춘문예 시 및 수필부문 당선

한국무인협회 정회원, 국제PEN클럽홍보 이사, 한국의학문학학회 부회장,

한국의사시인협회 감사, 한국문학관건립위원, 한국노화방지연구소 이사장,

대구가정법률상담소 이사장, 한국문학신문 논설위원, 한국일보 편집위원, 중앙일보 객원논설위원

(사)대한민국보문인협회 시분과 위원장, 한국동서의학학회장, 한국산림보호협회 의료고문

저서《박언휘 원장의 건강이야기》《숙명 박근혜, 그의 삶과 대한민국》《내 마음의 숲》

odoctor77@naver.com

오늘은 내가 아끼며 보살폈던 환자 한 분이 홀연히 새로운 세상으로 몸을 바꾸어 떠나갔다.

암 선고를 받고도 죽도록 열심히 일만 하던 그녀는 휠체어에 몸을 태운 채로 후진들을 위해 강의를 하러 다녔었다. 2달 전까지만 해도 공공기관의 장으로 섭외까지 하던 k대학의 여교수를 사람들은 이해할 수가 없다며 안타까운 마음에 비난 아닌 비난까지 하는 것을 보았다.

퇴원과 요양 병원 전원을 위해 상의를 하자던 남편도 뵐 겸, 며칠 전 서울 S대학병원 중환자실에 입원해있던 그녀를 찾았다. 이미 그녀는 반은 의식이 없는 상태였다. 혈압은 떨어지고, 약물에 의존한 채로 뭔가가 불편한 듯 연신 얼굴을 찌푸리기만 하던 그녀를 보면서 살포시 가슴에 손을 얹었다. 쾌유(?)를 위해 기도하는데, 찌푸렸던 얼굴이 평온해지면서 내 손위에 그녀의 두 손이 포개졌다. 나는 깜짝 놀랐다. 의식 없던 그녀가 조용히 내 기도를 듣고 있었던 것이었다.

나는 떠나오기 전 "원도 한도 없을 만큼 열심히 연구하고, 예술작업, 후배교육 하셨으니까 이젠 좀 쉬세요. 누가 뭐래도 전 교수님을 이해할 수가 있어요."라고 말하고 이것이 마지막 인사구나 생각하며 중환자실을 나섰다.

시간에 쫓겨 허둥대며 기차를 탄 나에게, 빗겨져 가는 주마등같은 바깥 풍경들이 가만히 물어왔다.

"언젠가 죽음이 나를 부를 때, 후회하지 않고 따라나설 수 있을까?"
"어떻게 하면 잘 죽을 수 있을까?"

요즘 세계적인 대화록인 페이스북을 열면 그 속의 작은 네모상자는 내게 이렇게 묻는다,

"당신은 지금 무슨 생각을 하고 계신가요?"

화두처럼 어린 시절부터 묻고 또 물었지만, 여전히 오늘아침 내게 또 묻고 있다.

'나는 잘 살아가고 있는가?'
'어떻게 하면 후회 없는 삶을 살 수 있을까?'

숨이 막히는 이 더위도 시간이 흐르면 지나가게 되고, 빨간 사과가 익어갈 때쯤이면, 그녀의 영정 앞에 놓인 철 이른 국화 한 송이가 아닌, 빈 들판을 온통 뒤덮을 국화가 피는 진짜 가을이 오겠지. 우리 인생의 가을은 또 어떻게 맞이해야할까?

얼마 전 하버드 의대교수인 제롬 그루프먼이 지은 《닥터스 씽킹(How doctors think)》을 접하게 되었다. 의료계에 들어선 지도 강산이 여러 번 바뀌었지만, 여전히 나의 화두는 환자에 대한 '최선의 진료'이다. 환자들은 의사가 자신에게 얼마나 애정을 가지고 보는지에 따라 놀라울 정도로 민감해진다. 환자와 의사와의 치료 중 가장 중요한 것은 환자와의 소통이라는 주장을 보면 환자에게 주는 아낌없는 사랑이 결국 환자를 치유할 수 있는 비법 중의 하나가 되는 셈이다. 나는 매일 환자를 볼 때마다 한 사람 한 사람 기도하는 마음으로 진료한다.

지금 내 앞에는 83세의 할머니가 앉아 계신다. 일주일 전만 해도 허리가 'ㄱ'자로 구부러져 웃음을 잃고 계셨지만, 지금은 미소를 띠

면서 얘기하고 있다. 자신도 20대에는 보기 드물게 훤칠한 키에 허리 28인치의 미녀였다고, 그럴 것이라고 나는 고개를 끄덕였다. 보기 드물게 170cm 정도의 키가 큰 할머니였기에, 허리가 저렇게 구부러졌을 것이리라. 통장에는 단돈 만 원도 없지만 키우는 손자가 전 재산이라며, 아이의 머리를 쓰다듬어 주시던 인정 많은 할머니……. 이 할머니에게 아낌없이 주는 나의 사랑은 과연 어떤 방법이어야 할까?

2개월의 시한부인생을 살던 80세의 Y할아버지……. 위암이 복강 내로 전이되어, 항암치료마저 포기하며 치료받던 그 할아버지. 5년만 살게 해준다면 뭐든지 다하겠다던 그 할아버지는 19년째 지금 기적처럼 살아계신다. 자신의 생일은 병 때문에 생략을 한지가 19년째이지만, 매년 내 생일날이면 난초향이 그윽한 화분을 보내주고 있다.

오래 살려면 주치의가 필요하다며 손수 병원 쇼핑을 한 후 찾아오신 96세에도 귀여우신 K할머니. 11년 전 개업 한 후 바로 찾아오신 할머니는, 오래 기다리지 못하시는 게 흠이지만, 지금은 너무 늦어서 경제적 활동을 할 수 없단다. 그리하여 성경에 쓰인 것처럼 120살까지 살려면 돈을 아껴야 한단다. 그런즉 치료비를 무조건 50프로 할인해달라고 떼를 쓰신다.

우리의 상식을 넘어 죽음을 이기고, 주어진 삶을 잘 살아가는 사람들……. 나는 치료 할 때마다 이들의 마음을 안아주듯 쓰다듬고 보듬어준다. 주사를 놔 줄 때에도, 약을 쓸 때에도 이들의 마음에, 주치의의 아낌없는 사랑을 전달한다. 그리고 나을 수 있다는 확신을 심어주고, 최선을 다하며, 함께 기도하며 치료한다. 누군가가 어떻게 사는 것이 가장 잘 사는 것이냐고 내게 묻는다면, 나는 감히 이렇게 대답을 할 것이다.

"많이 사랑하고. 많이 베풀면서, 최선을 다해 자신의 일을 하는 것입니다."

그래서 나는 오늘도 최선을 다해 환자를 치료하고, 그들을 낫게 할 수 있는 방법을 연구 중이다.

20여 년 전 뉴욕의 한 소아 병원에 근무할 때가 생각난다. 병원 앞에 붙어있는 슬로건은 '안아주세요!(Hug me!)'이다. 지금 사랑에 굶주린 이웃들에게 따스한 포옹을 해 주시지 않으실래요?

우리는 누구나 언젠가는 이름 모를 무덤처럼, 죽음을 마주대해야 하는 피할 수 없는 숙명 속에 존재한다. 그저, 살아있다는 기쁨만으로, 가난하고 외로운 이웃들을 아낌없는 사랑으로 안아 줄 수 있다면, 이것이 바로 면역증가의 비법이며, 또한 120세까지 잘 살 수 있는 상생의 묘약이다.

그래서 나는 '시인시대'라는 사람을 사랑하는 계간지를 발간했다. 시를 통해 소통함으로써, 오랜 홧병 같은 마음의 병을 환기시켜 약물 대신 치료해보자는 의사의 작은 바람이며 욕심이다. 마지막까지 후진들을 위한 작은 장학회까지 발족시키며, 아름다운 생을 마감하고 우리 곁을 떠난 그 교수님께 삼가 고인의 명복을 빌어본다. 나 자신도 후회하지 않는 단 한 번뿐인 삶을 위해, 더 많이 사랑하고, 사랑하는 그들에게 좀 더 많이 베풀어야겠다는 다짐을 해본다.

이글을 읽는 그대들에게 보내는 남은 삶을 위한 나의 화두는 이것이다.

"당신은 지금 사랑하고 있나요?"

부부 인생의
마지막 장면

이원락

✝

경북의대 졸업, 정형외과전문의

청하요양병원 원장

대구 YMCA 이사장 및 재단이사

대구 경북 마라톤 클럽 연합회 회장

낙동강살리기운동 협의회 회장

대통령자문 지속가능발전위원회 위원

경북매일 신문 칼럼니스트

2010 문학저널로 등단

문학저널 신인 문학상 수상

저서 《건강과 달리기》《가시마저 사랑하라》

r202qrj@yahoo.co.kr

정열에 불타던 청춘 시절에 만나 일생을 약속한 부부는 그들만의 '인생 수레'에 좌우 두 개의 바퀴가 되어, 생명이 다 할 때까지 쉬지 않고 앞으로 밀고 나아간다. 그러는 동안 둘은 '길을 잘못 들었다.', '왜 자갈길로 들어섰느냐?' 등으로 많이 다투기도 했다. 이런 수많은 갈등과 부부싸움, 자식을 낳아 기르고, 재물의 형성이나 파산, 봉변을 당하거나 용서, 출세와 실패 등을 겪어가는 동안 어느새 백발의 머리에 잔주름이 가득한 노부부가 되어서 잘 걷지도 못하게 된다.

어느 날 늙은 부부 두 사람이 산책하던 중에 부인이 넘어졌다. 평평한 길에서 서로 팔을 잡고 천천히 걸었는데도, 갑자기 쓰러지면서 허리를 삐어서 요양병원에 입원했다. 이런 경우에는 간혹, 남편인 할아버지는 간병인을 대신하여 병원에서 목욕하기, 화장실 가기, 옷 입기 등을 보조할 수밖에 없다. 할아버지는 여러 면으로 수발을 들지만, 힘이 줄어든 상태여서 능률을 전혀 보이지 못한다.

이렇게 나이가 많은 노인들은 죽음을 그다지 두려워하지 않는다. 오히려 죽기 전에 살면서 일어나는 일들 즉 청력, 기억력, 친구들, 삶의 아름다운 장면, 지금까지 살아왔던 생활 방식 등을 잃어버리는 것을 두려워한다. 나이가 들었다는 것은 무언가 계속해서 잃어가는 과정 중에 있기 때문이다. 점점 많은 것을 잃어가기 때문에, 살아가는데 필요한 것을 충족하기가 점점 더 어려워진다.

　근래에는 젊은 나이에 갑작스레 죽음을 맞이할 경우가 줄어들었기 때문에, 대부분의 노인들은 삶의 상당 기간을 쇠약한 노인이 되어 살아간다. 즉 노인의 몸은 키나 몸무게 등이 점점 줄어든다. 그러나 노인은 힘이 아직 자기 몸에 조금만 남아 있어도 기쁨을 찾으려 한다. 그럴 때는 사람들을 옆에 두고 이야기하면서 같이 시간 보내고 싶어 한다.

　시간이 더 흐르면 시력은 점차 희미해지고 큰 소리로 말해야 겨우 들을 수 있으며, 기억력마저 줄어든다. 모호하고 흐려진 생각으로 일상생활을 할 수밖에 없다. 부부가 함께 있는 동안에는 의미 없는 수준의 말을 여러 번 반복한다. 부부 중의 한 사람은 대화를 들어주려고 옆에 머물러있다. 상대가 잊어버릴까봐 자기가 옆에 있음을 상기시켜주어야 한다. 부부는 서로는 돌보는 것에서, 또는 옆에 있다는 것만으로도 큰 위안을 갖는다. 곧 저 세상으로 사라져버릴지도 모르기 때문이다.

　이때쯤까지는 그래도 상대에게 옷을 입히고, 씻기고, 먹는 것 등을 겨우 도와줄 수 있다. 밤이면 서로의 팔에 기댄 채 포근하게 누워 있다가 스르르 잠이 든다. 부부는 그 시간이 가장 소중한 순간으로 기억에 남는다. 이때가 이제까지 살아온 그 어느 때보다 확실히 상대를 사랑하며, 속속들이 안다고 느끼는 순간이 된다. 그러나 나이가 점차 많아지면서 어려워져가던 의사소통 방법이 이제는 모두 불가능하게 되어버린다. 이때는 손바닥에 글씨를 써보아도 인식하지 못한다. 이 시점에서는 간단한 것 예를 들어 옷을 입히는 것조차 쉬이 되지 못한다. 모든 것이 악몽처럼 대단히 혼란스러운 일로 변해버린다.

둘은 말없이 누워 있고 사방은 조용한 적막강산의 어두운 밤이다. 이제는 시간이 흘러감에 따라 점점 더 깊이 망상에 빠진다. 치매로 인해 머릿속의 기억들도 혼미해 지고, 이제는 서로는 물론 더 이상 스스로도 돌볼 수 없다. 노약한 몸으로 겨우 숨 쉬며 살아가는 동안 생기는 스트레스 등으로 극도로 지쳐 있다. 다른 사람들이 입혀준 옷만 입고 있다. 자식은 이런 상태를 경험해 보지 못하였기 때문에 옆에서 이런 장면을 보아도 사람이 많이 늙으면 의당 나타나는 현상으로 생각하여 크게 신경을 쓰지 않는다.

그 후 할머니는 시름시름 앓다가 세상을 떠난다. 이때 할아버지는 허둥대면서 "내 몸의 일부가 없어진 것 같아요. 팔다리를 잃은 것 같아요. 모든 것이 내려 앉아버려요."라면서 눈물을 흘린다. 그래도 위안이 되는 것은, '이제는 아내가 고통을 겪지 않아도 된다.'는 것과, 그리고 '생애의 마지막 부분을 고생 중에도, 그래도 따뜻하게 사랑을 나누면서 함께 지냈었다.'는 것이다. (이 글에서는 할머니와 할아버지를 바꾸어 읽어 보아도 좋다.)

내게 주는 상장

이석우

✟

정형외과 전문의. 의학박사

증평 고려정형외과 원장

2013년 한미수필문학상 우수상 수상

leeswmd@naver.com

일요일 아침, 대학 동기들과 지방에서 만나기로 하였다. 이른 아침 약속은 아니었지만 일요일인지라 게으름을 피우다 촉박한 시간으로 집을 나서서 출발하게 되었다. 바쁜 마음에 차의 스피드를 내면서 고속도로를 향해 시내를 빠져나가고 있었는데 교차로의 신호등이 노란불로 바뀌려는 순간 냅다 속도를 올려 바쁜 마음에 부응하듯이 앞차를 따라 교차로를 지나가려고 했다.

그러나 앞차가 '휙' 하고 지나가버리고 내 차 앞에 딱, 나타난 건 수신호로 정지 신호를 보내며 교통정리를 하는 사람이었다. 앗! 급작스럽게 브레이크를 밟고 안전하게 차를 정지시킨 후 안도하는 순간 나의 시선은 혹시나 하는 마음으로 실내 룸미러로 가게 되었고 순간, 꽝하는 소리와 함께 뒤차가 내 차를 받았구나 하는 생각과 함께 몸이 움찔했다. 반사적으로 차문을 열고 나가서 제일 먼저 확인한 것은 부서진 내 차의 상태였고 이후 행동은 현장 사진을 찍는 것이었다. 상대방은 그때까지는 안중에도 없었던 것이다. 내 할 일(?)을 다하고 내 차와 부딪힌 후 도로 옆으로 미끄러져 나간 상대방의 차로 다가갔지만 그때까지도 상대 차의 운전자는 차 밖으로 나오지 않았다.

약간의 화가 나서 신경질적으로 상대방 차의 운전석의 유리창을 두드리니 그때서야 유리문이 내려가며 운전자의 얼굴을 볼 수 있었다. 그녀는 전화를 걸고 있었다. 여자 운전자였다. 그 여자를 본 순간 나의 첫 마디는 격앙된 목소리의 "일단 내리셔야죠!"였다. 마치 당신이 해야 할 일은 빨리 내려서 당신이 가해한 차량의 운전자의 안위를 걱정해야 하는 것이 아니냐는 듯이 말이다. 이윽고 그녀가 내게 첫마디를 건넨다.

"죄송해요. 제가 휠체어를 타야해서요."

순간 나는 다리가 떨리며 가슴이 콩닥거리는 것을 느꼈다. 동시에 내 눈 안에 그녀의 운전석의 장애인 장치가 들어왔다. 얼굴이 화끈거렸다. 나는 다른 것을 생각할 겨를도 없이 "죄송합니다. 몰랐어요. 정말 미안합니다."라고 말했다. 그녀는 곧바로 "아니에요……." 하면서 내게 명함을 건넸다. 장애인으로서 장애인 관련 일을 하고 있었다.

나는 더 이상 어찌 할 수가 없었다. 갈라지는 목소리로 "전 다친 곳은 없는 것 같아요, 차만 수리해주시면 되요. 그러니까 대물 접수만 해주세요."라고 했다. 그녀는 멍한 표정으로 "네, 그리고 아까 선생님이 찍은 사진 저에게도 보내주세요. 문자로요."라고 했다. 그녀는 후면경으로 나의 이상한(?) 행동을 계속 지켜보고 있었나보다. "네, 알겠습니다."라고 하며 바쁜 듯이 그 자리를 떠나와 버렸다.

원래의 나의 목적지를 향해 가면서 내가 피해자임에도 불구하고 가해자인 그녀에게 최대한 피해가 안 가도록 해 줄 수 있는 방법밖에 생각나지 않았다. 다른 때 같았으면 어떻게 이 사고를 보상 받을까하는 생각으로 한참을 고민했겠지만 이번에는 달랐다. 결국 내가 생각한 최선의 방법은 원래 말했던 대로 차만 고치는 것이었다. 그러면 적어도 그녀의 보험료 할증은 덜 될 것 아닌가?

사고로 인한 여러 가지 손해는 이번엔 그리 중요하지 않았다. 더욱이 내가 이렇게 했다는 것을 그녀가 알지는 모르겠지만 그것이 뭐 중요한가? 나 스스로에게 대견함의 상장을 주는 것으로 더 행복하고 즐거운 하루였다.

여느 날

윤태욱

을지의과대학 졸업
연세대학교 의과대학 의사학과 기초전공의 수료
현) 연세대학교 의과대학원 인문사회의학협동과정 박사과정

2012년 한미수필문학상 장려상 수상

twtwy@naver.com

모든 진료실에는 수많은 이야기가 있다. 내가 일하는 진료실도 그렇다.

여느 날과 다를 것 없는 오늘이었다. 한 중년의 남성분이 진료실 문을 열고 들어왔다. 나와 눈빛을 마주치기를 피하는듯하다. 따로 은밀하게 부탁할 거리가 있나? 자신은 하루하루 벌어서 먹고 사는데, 큰일이 났다고 한다. 매일 아침 5시에 모여 일자리를 배정받는데, 혈압을 측정하기 시작했다고 한다.

"거기서 고혈압이 있다고 나오면, 그날 일자리를 못 받아요. 하루 벌어 하루 먹고 사는데."

며칠 전 혈압이 높게 나와서 일을 못 받았다며 자신이 고혈압이 없다는, 일을 해도 괜찮다는 소견서를 끊어달라는 부탁이었다. 나는 재빨리 혈압측정기를 세팅하기 시작했다. 소견서를 인쇄해주려면, 정말 혈압이 괜찮은지 확인해봐야 하니까. 혈압을 측정해보니, 수축기 혈압이 170이 넘었다. 그러면 소견서를 쓸 수가 없다. 거짓말을 해야 하니까.

"소견서를 적어드려야 하는데, 실제로 혈압이 높으세요. 고혈압이 없다고 적어드리기가 좀 어려울 거 같아요."

평소에 혈압을 재면 130정도가 나온다고 한다. 그날은 아침에 좀 피곤해서 커피를 몇 잔 마셨다며 커피를 너무 빨리 마셔서 그럴 수도 있지 않느냐고 물어왔다.

"그럴 수도 있어요. 혈압 수치는 상황에 따라 민감하게 반응하는 거니까요. 그렇다고 해도 실제로 평소보다 40 정도 이상 혈압이 높게 올라가는 건, 그래서 170이 넘게 나오는 건 조심해야 할 부분이라고 보여요. 실제로 혈압이 그 정도로 높은데 바로 일을 하시는 건 무리가 있을 수 있어요."

"그럼 어떻게 해요? 요 며칠은 다른 사람 이름으로 일을 했는데. 일을 안 할 수가 없어요."

일을 하지 말라고 말할 수는 없는 노릇, 그렇다고 괜찮다는 소견서를 드릴 수도 없는 노릇이었다.

"그럼, 혈압약을 드릴게요."

고혈압이 있는지, 혈압약을 복용해야 하는지를 확실히 결정하려면 보다 꼼꼼한 혈압 측정이 필요하지만, 혈압이 높게 나오는 것 때문에 당장 일거리를 받기 어려운 상황. 이러한 상황이라면 바로 혈압약을 먹는 것도 방법이 될 수 있다는 판단이었다.

"우선 7일 정도, 혈압약을 처방해드릴게요. 새벽에 일찍 일하러 나가셔야 하니까, 아침에 일어나자마자 한 알 드세요. 혹시 약 드시면서 불편한 데가 있으면, 바로 오셔서 말씀해주시고요. 제가 약을 조절해 드릴게요."

"내일 바로 혈압 재러 갈 건데, 내일 아침 하루 먹으면 바로 혈압이 좋아지나요?"

"가끔은 바로 효과가 나타나지 않을 수도 있어요."

"바로 일을 해야 하는데, 혈압이 또 높으면 어떻게 해요. 오늘도 다른 사람 이름으로 일했다니까요. 그럼 한 4, 5알을 동시에 먹으면 안

될까요?"

"안 돼요. 그렇게 드시면 안 돼요. 큰일 나요. 쓰러질 수도 있어요. 혈압약을 한 번에 드시지 마시고, 그 대신에 혈압을 측정하시기 전에 최소한 10분이라도 몸을 급히 움직이시지 마시고 푹 쉬었다가 재세요. 계단 올라가도 혈압이 쭉 올라가요. 느릿느릿, 천천히. 아침에 일터에 나가신 다음에 의자에 몸을 파묻고 그냥 세월아 네월아 늘어져 계시다가, 이름 부르면 그때 느릿느릿, 혈압 재세요. 졸린 듯, 느릿느릿."

환자가 팔짱을 낀다. 지난번에도 그렇게 하고 측정을 했다고 한다. 혈압을 잴 때, 긴장이 돼서 더 높게 나온다고 한다. 최근 며칠은 특히 더 그런다고 했다. 신경이 쓰여서 잠도 잘 안 오고.

나는 신경 안정제를 0.5T 추가 처방을 드린다고 했다.

"그럼 그걸 혈압약하고 같이 먹으면 되죠? 신경 안정제는 좀 많이, 그러니까 한 번에 먹어도 되나요? 혈압 재기 전에?"

안 되겠다. 나는 약을 3일분만 드린다고 했다. 환자가 팔짱을 풀지 않는다.

"그러면, 진료확인서를 적어드릴게요. 오늘 진료확인서에 '감기몸살이 심하다.'고 적어드릴게요. 감기 몸살이 있어서 혈압이 높게 나온 거라고 적혀있는 진료확인서가 있으면, 아침에 혈압이 조금 높더라고 왜 높은지 이유가 되니까 괜찮지 않을까요? 고혈압이 있는 게 아니고, 감기몸살 때문에 일시적으로 그런 거라고 말하면 되니까요."

환자가 팔짱을 푼다. 신나게 진료확인서를 작성하고 인쇄를 한다. 하지만 뭔가 좀 이상하다. 이 진료확인서가 있으면 혈압 측정을 통과할 수 있으려나? 혈압이 높은 거는 고혈압이 있어서 그런 게 아니라 일시적인 거라는 내용이니까 되겠지? 갸웃거리고 있으니까, 곧 다음 환자가 들어오고 나는 기계적으로 진료를 본다.

이 환자가 나가자, 다시금 아까 그 환자가 진료실 문을 열고 빠끔, 목을 내민 채로 묻는다.

"근데 이거면 되나요? 아프면 일을 못하는데."

아, 이런 실수를. 진료확인서의 내용이 애초에 목표하고 방향이 안 맞다. 쉬어야 한다, 몸이 안 좋다고 말하는 거면, 고혈압이든 몸살이든 어쨌든 몸이 안 좋으니까 일할 수 없다는 내용으로 가버린다.

"그러면 안 되는데. 일을 해야 하는데."

"그러면 방향을 바꿔서 적으면 될 거 같아요. 다시 적어드릴게요. 진료확인서에 '오늘은 혈압 좋았다.'라고 적을게요. 그러면 혈압이 괜찮다는 거니까 일을 할 수 있다는 근거가 되니까요."

소견서와는 달리, 진료확인서는 오늘 진료를 봤을 때 혈압이 괜찮았다는 것을 의미한다. 물론 오늘도 혈압이 높기는 했지만, 평소에는 수축기 혈압이 130 정도라는 환자의 말을 믿어보기로 한다. 의사와 환자 사이의 라포가 중요하다고 배웠으니, 이 정도는 괜찮겠지. 의학은 과학이 아니니까, 치료를 위해 다소간 전략적인 방법을 사용하는 게 허용된다. 어느 정도는.

환자가 활짝 웃는다. 감사하다고 인사를 한다. 이게 바로 의사와 환자 간 라포 형성이라고 하는 거다. 다시 다음 환자가 들어오고, 나는 또 반사적으로 진료를 본다. 그러면서도 나는 계속 이전 환자에 대한 생각에서 벗어나지 못한다. 뭔가 좀 이상하다. 오늘 혈압 좋았다고 적어봤자, 어차피 내일 아침 다시 측정하면 도루묵 아닌가? 다시 그 환자를 불렀다.

"그럼 그냥 혈압약 주세요."

"혈압약 드릴게요. 3일 정도 드릴 테니까, 아침에 일어나시면 바로 1알을 드세요. 3알을 한 번에 전부 다 드시면 안 됩니다."

"혈압약이니까 그거 먹으면 혈압이 좋아져야 하는데, 왜 그래요? 많이 먹으면 그만큼 좋아져야 하는 거 아니에요?"

"혈압이 높을 때 낮추는 쪽으로만 작용한다고 보시면 됩니다. 혈압이 높을 때는 낮춰주고 낮을 때는 올려주는 식으로 맞춰주지는 못해요. 그 혈압약 잔뜩 먹고 혈압이 뚝 떨어지게 되면 정신 잃고 쓰러지실 수도 있어요."

나는 혈압이 높다는 것이 어떤 의미인지, 그리고 혈압약이 작용하는 기전은 어떤 것인지에 대해 간략히 설명을 드렸다. 늘 그렇듯, 고혈압, 당뇨, 고지혈증 관리 상담은 지루하지만 필요한 일이다. 당뇨 때문에 저혈당에 빠졌으니 그 치료를 위해 당뇨약 2, 3일치를 한 번에 복용하는 사람들이 의외로 많다. 다이어트를 위해 다이어트 콜라를 잔뜩 마시듯. 해장을 위해 해장술을 마시듯.

"알겠어요, 알겠어. 그러면, 3일분이면 되나요? 좀 더 줘야 하는 거 아닌가?"

"당장 내일 아침에 일터에서 혈압 재신다고 하셨잖아요. 하지만 혹시 모르니까 3일분을 드리는 거에요. 한 번에 드시면 안 됩니다. 내일 일 하러 가실 때, 한 알 드시고요, 혈압 잘 측정하시고 일도 조심히 잘 하세요. 실제로 지금 컨디션이 별로 좋지 않으신 거 같아요. 혈압이 높다는 건, 몸이 힘들다고 투정부리는 신호이기도 하니까. 그만큼 몸을 좀 쉬어주셔야 해요. 너무 무리하지 마세요."

"우선 내일 한 번 가보고, 혈압이 높아서 일 못하면 다시 올게요.

"네, 오늘 푹 주무세요."

"그런데 3일이면 되나? 좀 더 주면 안돼요? 7일 정도."

이 이야기는 이렇게 마무리됐다. 나는 그 뒤로 그 환자를 다시 보지 못했다. 아마도 혈압 측정을 잘 통과했거나, 아니면 통과하지 못하고 다른 의원을 찾아갔거나, 혹은……

모든 진료실에는 수많은 이야기가 있다. 내가 일하는 진료실도 그렇다. 그 모든 이야기들에 정신없이 귀를 기울이다보면 점차 더욱 따뜻한, 아프지만 아름다운, 더 슬프고 더 감동스러운 이야기들을 찾아 헤매이게 된다.

결국 나는 수필을 위한 적절한 소재가 필요했으니까. 짧은 글 한편으로 많은 사람들에게 감동을 주고 싶었으니까. 진료실 의자에 앉아서 기승전결이 없는 단조로운 이야기들과 매일 마주해야 한다는 것은 지루한 일이었다. 좋은 수필에는 힘든 역경을 이겨낸 이야기들이, 결국에는 사랑과 희망이 살아있다는 것을 알게끔 해주는 이야기들이 잔뜩 담겨 있는데, 왜 내 주변에는 이토록 아무런 감흥이 없는 이야기들만이 넘쳐나는 것일까.

하지만 문득, 돌아보게 되었다. 날씨가 갑작스럽게 추워져서일까. 나는 진료실에 마주앉은 사람들에 대해 무엇을 알고 있을까. 나의 이야기 속에 다른 이의 삶을 인용한다는 것의 무례함에 고개가 숙여졌다. 더 맛있는 요리를 만들기 위해 더 자극적인 양념을 첨가하는 건 경계해야 할 테지. 보통 환자들의 감흥 없는 이야기들은 내 시야 밖으로 제외되고 있었다. 수필을 접하면서 내가 느꼈던 위화감은 이 때문이었을까. 짧은 글 한 편 속에 사람들의 이야기를 담아낼 수 있다고 믿었던 내 생각이 순간 거북스럽게 느껴졌다. 나는 내 생각을 오롯이 글 속에 담아낼 수 있다는 생각, 그 생각을 당연하게만 여기고 있었다는 자괴감. 주변의 모든 것들이 희뿌옇게만 존재하는데, 나의 생각만은 분명할 수 있다고 믿었던 데 대한 부끄러움. 내가 볼 수 있는 것은 단조로운 이야기 속 작은 멈칫거림들 뿐이었고, 나는 그마저도 어떤 의미인지 알지 못한다. 환자들은 내가 잘 한 것에 대해 불만을 표시했고, 내가 잘 하지 않은 것에 감사를 전해왔다. 그 무수한 엇갈림들.

앞선 이야기 속의 환자는 실제로 내가 진료했던 분이다. 위 이야기처럼 현장 일을 하시면서 혈압 측정을 통과해야 한다고 상담을 하러 온 사람들은 제법 많다. 진료실은 보험이 없는 일용직 노동자분들이 많이 상주하시는 곳에 있다. 그 중에서도 극적이지 않고 평범한 이야기를 골랐다. 수필이기에 이 글 속에 나의 주관이 담기는 것은 어쩔 수 없는 일이다. 하지만 위의 이야기는, 그 이야기 속 환자는 나의 주관이 함부로 할 수 없는 것이다. 그 이야기에서만은 나의 생각이 드러나지 않기를 바랐다. 혹시라도 환자의 선택이 희화화되지 않기를 바랐다. 아무런 평가도 내리지 않고자 노력했다. 건조한 일상에 따뜻한 위로의 한 마디를 전해주지 않도록 애썼다. 그조차 지나친 일이라고 느껴졌으니까. 그의 삶은 어쨌든 나의 이야기보다는 크지 않겠는가.

내면의 빛

신길자

✝

이화여대 의과대학교수

이대목동병원 심혈관센터 소장

2014년 《에세이스트》등단

수석회 회원

giljshin@ewha.ac.kr

2008년 초, 첫 직장이던 이대 동대문병원에서 이대 목동병원으로 이적하게 되었다. 결국 동대문병원은 문을 닫았고, 지금은 동대문 역사문화공원이 되었다. 따져보니 꼭 30년이 되는 해였다. 새해를 맞아 다른 사람들은 새해에 대한 기대와 희망으로 한창 부풀어 있을 때였다. 선진국형의 교통체계로 이루어졌다고 하는 목동은 일방통행로이어서 한번 길을 잘못 들면 돌아와도 제자리여서 길을 헤매기 십상이었다. 게다가 가도 가도 똑같은 아파트 단지가 이어질 뿐이었다. 나는 아무 죄도 없는, 익숙하지 않은 이런 주변 환경에 대해 투덜거렸다.

병원을 옮긴 초기라서 나를 찾아오는 환자도 별로 없었고, 지나치는 직원들도 잘 모르는 사람이 더 많았다. 간간이 얼굴을 아는 직원들이나 제자들도 있었지만 시간에 떠밀려 다니느라 아는 척하기는커녕 그 흔한 눈인사도 하지 않고 그냥 스쳐 지나갈 뿐이었다. 그리고 나는 나 자신이 먼지가 된 것 같은 느낌을 받게 되어 한동안 정말 신열이 나기도 하고 몸도 이상하게 아팠다.

정확하게 언제부터인지 잘 모르지만 나는 지나가는 낯선 사람들을 보면서 첫인상을 나름대로 정해주었다. 그 안에는 장미, 소나무, 나팔꽃을 비롯하여 기린, 사슴, 꾀꼬리 같은 동물은 물론 바위, 철광석과 같은 광물도 들어 있었다. 느리지만 시간이 또 얼마가 흘러갔고, 나도 모르게 주변의 마주치는 사람들의 빛깔을 상상하고 있는 나를 발견하게 되었다. 저 사람은 왠지 활기차고 기분 좋은 일이 있는 모양이구나. 그럼 오렌지. 저 직원은 원래 웃는 환한 얼굴인가? 그럼 노랑. 저 의사 선생님은 얼굴에 근심이 어려 있는 듯하구나, 환자가 안 좋아졌나? 그럼 검정. 저 학생은 오늘 좋은 약속이라도 있는지 아니면 발표를 잘 하여 칭찬을 받았는지 싱글벙글하네, 그럼 빨강……. 이렇게 또 얼마가 지나니 무표정하고 걱정이 어려 있는 것 같아 그 어디에도 잘 속하지 않는 회색의 얼굴들이 점점 더 늘어나기 시작하였다. 어떤 날은 거의 하루 종일 만나는 사람마다 회색이었고, 그래서 나는 이제 이런 짓을 그만두게 되었다.

드디어 봄이 왔다. 나는 올림픽대로를 따라서 출근을 한다. 여의도 부근에는 특별히 버드나무가 많다. 봄이 오면 버드나무 줄기는 탁한 노랑이 섞인 연두 빛을 발하고, 길을 따라 나란히 서 있는 벚나무도 가지 끝부분에 불그레한 빛을 품고 있다. 연녹색의 새순이 돋기 전에 이미 '난 버드나무' '난 벚나무' 하고 말하고 있는 듯하다. 그럼 나도 그럴까? 그럼 나는 무슨 색으로 보일까? 나는 생겨날 때 무슨 색이었을까? 아니 나는 무슨 색을 낼 수 있을까? 그리고는 나도 종전처럼 바쁘게 되었다.

금년 석가탄신일 즈음하여 수석회 회원들과 같이 일본에 있는 나오시마 미술관 여행을 다녀왔다. 수석회는 지난 50년 동안 한 해도 거르지 않고 수필집을 발간해온 의사들의 모임이다. 돌아오는 마지막 날 제임스 터렐의 설치미술을 관람하였다. 제임스 터렐은 빛을 소재로 한평생 작업을 하고 있는 작가인데 안도 다다오가 이 작가의 한 점 작품만을 위해서 미술관을 설계하였다. 결국 세계적인 대가 두 명의 합동 작품인 셈이다.

안도 다다오는 나오시마 어디서나 흔히 자라고 있는 삼나무를 태워서 까맣게 만든 목재로 미술관을 지었다고 한다. 그리하여 미술관은 겉에서 보면 빛보다는 어두움의 기운이 감돈다. 일본 남부 지방의 내리쬐는 강렬한 햇빛아래 일본인들은 물론, 유럽인으로 보이는 많은 사람들이 한 줄로 서서 기다렸다. 우리 순서가 왔다. 잔뜩 기대를 하고 한 발을 들여 놓으니 칠흑같이 깜깜하고, 보이는 것이라고는 아무 것도 없다. 그리고 단지 웅성거리는 소리가 조그맣게 들릴 뿐이다. 입장하기 전에 어두워서 넘어질 염려가 있으니 앞의 사람 어깨에 손을 얹고 같이 들어가라고 했지만 건성으로 들었다. 나는 본능적으로 앞에 사람 어깨옷깃을 꼭 붙잡고 그것도 모자라 옆에 있는 사람 손도 꼭 붙잡는다. 이제부터는 종아리에 뭐가 닿는 느낌이 있으면 앉아서 엉덩이로 밀면서 들어가라고 한다. 이제 우리는 서로를 의지하여 어둠 속에서 간신히 자리 잡고 앉는다. 미술작품을 감상하는 고차원적인 행위가 아니라 뭔지도 잘 모르는 불확실한 어두움이라는 원시적인 공포로부터 벗어나 안전하게 앉은 것만으로 성취감을 느낀다. 그리고 이제는 됐다고 안심하는 바로 그 순간 설명하던 직원이 자기는 얼마 후에 다시 오겠다고 하는 목소리만 남긴다.

오로지 의지하는 것은 같이 들어간 우리 20여 명이란 존재들뿐이다. 그리고 이것은 또 뭐야 라는 생각에 조금은 궁시렁 대는 소리가 들린다. 그런가 하더니 이제 아무 것도 보이지 않는 절대적 어둠 속에서, 숨소리조차 들리지 않는 듯하다. 긴장했는지 나의 침 삼키는 소리가 꿀꺽 크게 들릴 뿐이다. 조용하다. 왜 그럴까? 갑자기 왜 이렇게도 엄숙하고 조용해 졌을까? 침묵은 절대 고독을 불러오는 것일까? 두려움 속에서 나 혼자의 의식만이 깨어있는 듯하다. 메시야를 기다렸던 우리 믿음의 선조들의 심정이 되기도 하고, 엄마의 뱃속에 있을 때의 나를 떠올리기도 한다. 죽은 후에 내가 이렇게 되는 걸까? 주변에는 다 주검뿐이고 아무도 살아 있지 않은데 나만 살아서 이런 생각을 하는 것일까? 하는 묘한 기분에 젖는다. 죽으면 이런 절대고요의 순간이 오는 것인지 궁금해진다. 몇 분 안 되는 짧은 시간이었겠지만 내가 느낀 어두움 속에서 기다림과 두려움을 견디어 낸 인내의 시간은 몇 십분은 족히 지난 것 같았다. 그동안 나는 너무 두려워 눈을 감고 있었는지 아니면 무엇인가를 보려고 안간힘을 쓰면서 두 눈을 더 부릅뜨고 있었는지 기억이 나지 않는다. 단지 나의 시각이 닫혔을 뿐인데 모든 감각이 다 마비되어버린 듯한 두려움에 사로잡힌다. 아무런 움직임도 없다. 나는 이제 확실히 혼자이다.

어디선가 "앞에 스크린 같은 빛이 보이기 시작하시나요?"라는 낭랑한 음성이 들려온다. 마치 절대자를 만난 듯한 느낌이다. 여기저기서 "네!, 네!" 하는 대답소리가 몇 초의 시간차를 두고 들린다. 나에게도 보인 그 빛은 우연의 일치였는지는 모르겠지만 내가 많은 사람들에게서 보았던 희끄무레한 바로 그 회색이었다. 이 빛은 처음부터 여기에 있었던 빛입니다."라는 말은 굉장히 충격적이었다. 그 희끄무레한 빛이 언제부터 거기에 있었던 것일까? 우리가 어둠속이라고 절대 어둠이라고, 절대 고독이라고 느끼는 그 때에도 저 흐릿한 빛 덩어리는 거기 있었을 것이다. 내 망막은 암흑을 건너 진즉 저 희끄무레한 빛에 가 닿았던 것인지도 모른다. 다만 내가 기대하던 나도 잘 모르는 모종의 그것이 아니었으므로 그것이 거기 있었음에도 내겐 없는 존재였던 것이다. 아직 대상으로 자리 잡지 않은, 아직 의미를 띠지 않은, 아직 뭐가 뭔지 모르는 모습으로 존재할 뿐, 그것은 아직 존재

한다고 말할 수 없는 상태로 녹아있으며 무한히 열려 있으면서 내 자신 속에 갇혀 있는 거대한 흐름이었다.

이전에 내가 다른 사람에게서 느꼈던 그 모든 색깔들은 나의 감각과 이상이 빚어낸 허상이었으며 이 빛을 다시 만나면서 마야의 베일 너머에 존재하는 본질적인 것과 대면하는 순간이었다. 겉으로 드러나는 것은 일시적이며 실체를 가지고 있지 않으며, 그 실체는 영원에 존재한다는 바가바드기타의 가르침이 찰나를 스친다.

2016 한국의사수필가협회 공동수필 제 8집
버리고 갈 것들만 남아

우리 한국의사수필가협회 3대 회장으로서 혼신의 힘을 다하신

임만빈 회장님께서 지난 5월 6일에 세상을 떠나셨습니다.

이에 회원들이 마음을 모아 추모합니다.

편히 쉬소서.

특집

임만빈 전 회장님을 추모합니다.

추모수필

천국에 제 자리도 하나 잡아주세요

맹광호

임만빈 선생님! 지난달부터 나온 얘기여서 선생님도 이미 알고 계셨겠지만, 금년에는 정부가 평일인 5월 6일을 임시 공휴일로 정해 5월 5일 어린이날 이후 일요일인 8일까지 긴 연휴가 이어졌습니다. 국내 경기(景氣)가 너무 안 좋아 내수(內需)를 조금이라도 활성화 시켜보려는 시도였다고 합니다. 좋은 기회다 싶어 오랜만에 저희 부부도 아들 며느리와 함께 제주도 여행을 계획했었습니다. 그러나 대학 시간강의를 하는 아들에게 갑자기 일정상 차질이 생겨 부득이 가족 여행을 포기해야 했습니다. 그리고 집에서 쉬고 있던 바로 6일 오후, '한국의사수필가협회' 총무로부터 임 선생님의 부음(訃音)을 연락 받았습니다. 당연히 처음에 많이 놀랐었지요. 불과 한 달 전 아드님 결혼식장에서 비교적 건강한 모습으로 하객들을 맞고 계시더라는 얘기를 전해 들었기 때문입니다. 그러나 저의 놀란 가슴은 금방 "아! 결국…" 하는 한탄으로 바뀌더군요. 아마도 선생님의 지병(持病)에 대한 사전 지식 때문이었을 것입니다.

2006년 8월, 우연히 왼 쪽 폐에 생긴 조그만 종양(腫瘍)을 발견하고 곧장 수술을 받았다는 것과, 2011년에는 그동안 멀쩡하던 양 쪽 폐에 암이 재발되어 다시 큰 수술을 받았다는 사실을 우리 회원 모두가 알고 있던 참이지요. 지금에 와서 얘기지만, 이후 해를 넘겨가며 몇 차례 모임에서 임 선생님을 뵐 때마다 그 밝은 얼굴 표정 속에 혹여 제가 인지하지 못하는 고통은 없으신 것인지 유심히 선생님의 표정을 살피곤 했습니다. 폐암의 경우, 양쪽 폐에 종양이 발견되면 수술을 해도 5년 생존율이 단 1%도 안 된다는 사실을 우리 의사들은 거의 다 알고 있는 일이기 때문이지요. 그런데도 선생님은 그 큰 수술 후에도 매년 몇 차례씩 모이는 협회 모임에 거의 한 번도 빠지지 않고 참석을 하셔서 우리를 기쁘게 해 주었습니다. 더구나 2014년부터 2년간은 협회 3대 회장 직을 맡아 '전국 의과대학생 수필공모' 같은 사업을 수행하기도 하셨기 때문에 우리들은 더 이상 선생님 건강 걱정을 안 해도 되나보다고 생각을 했습니다. 드디어 양쪽 폐 수술을 받은 지 만 5년이 되는 금년 1월을 넘기시는 것을 보고 저는 선생님에게 기적이 일어났다고 기뻐하며 축하전화까지 드렸지요. 아! 그런데 마치 5년만 채우기로 누구하고 약속이라도 하신 것처럼 겨우 3개월을 더 살고 이렇게 우리 곁을 떠나가시는군요.

사실, 임 선생님과 제가 서로 알고 지낸 것은 연한으로 볼 때 그리 길다고 할 수는 없지요. 2008년 6월, 그동안 여러 수필문예지를 통해 수필가로 등단한 전국의 의사들 30여 명이 참여하는 '한국의사수필가협회'를 창립하는 과정에서 저와 전화로 인사를 나눈 것이 시작이니까 10년도 채 안 되는 셈입니다. 그러나 협회가 창립되던 2008년 연말 송년모임에서 처음 만났을 때 선생님과 저는 아주 오래 사귀어 온 사람들처럼 금방 서로가 친근감을 느꼈지요.

같은 학문인 의학을 전공했다는 것 말고는, 저보다 5년 정도 후배

이시고, 사는 장소도 대구와 서울로 멀리 떨어져 있을 뿐 아니라, 세부 전공도 제가 전공한 예방의학과 성격이 크게 다른 신경외과를 전공한 임 선생님을 제가 어떻게 처음부터 그토록 좋아하게 된 것인지는 언뜻 이해가 되지 않습니다.

그런 예사롭지 않은 느낌을 정당화하기라도 하려는 듯, 그날 우리는 사람사이의 '인연'(因緣)에 관해서 꽤 깊은 얘기를 나누었던 기억이 납니다. 굳이 불교용어를 동원해서 말하자면, 임 선생님과 제가 함께 수필을 좋아하는 것을 우리가 만나게 된 '인'(因)이라고 한다면, 의사수필가협회를 만들어 함께 하게 된 것이 '연'(緣)이 된 셈인데, 그것이 우연인가 아니면 필연인가를 두고 많은 얘기를 나누었지요. 그날 우리는 그렇게 늦은 나이에 만나 금방 친하게 된 것을 '필연'이라고 했고 그것을 증명하기 위해서라도 좀 더 서로 가깝게 지내자고 말하며 환하게 웃었던 일이 생각납니다.

그러나 지금 와서 생각해보면, 임 선생님은 선생님을 만나는 어느 누구에게도 그것을 '필연적인' 것으로 생각하게 하는 매력을 가진 분이었습니다. 선생님은 상대가 누구든 그 사람의 마음을 끌어들이는 넓고 깊은 포용력을 가지고 계셨으며, 통상적인 신경외과 의사의 특성과도 거리가 있어 보이는 인자함이 온 몸에 묻어나는 분이었습니다.

외과계통 의사답지 않게 자상하고, 그래서 많은 사람들이 선생님을 좋아하게 되는 그 부드러운 마음씨는 2013년에 펴낸 교수님의 세 번째 수필집,《병실 꽃밭》의 표제 수필에 너무 잘 나타나 있습니다.

"병실은 환자들만 있는 곳이 아니다. 생각하기에 따라서는 꽃밭이 될 수도 있다. (중략) 간호사가 나비처럼 다가와 환자의 혈압과 체온을 잰다. 간병인이 기저귀를 갈아주고 몸을 닦아준다. 청소하는 아줌마가 벗겨진 기저귀를 바구니에 담아간다. 의사가 다가와 욕창을 치료해 준다. 병실은 꽃들과 벌들과 나비와 정원사들과 청소원들과 치료사로 붐빈다. 병실은 꽃밭이 될 수 있다."

고통스런 환자와 피곤한 의료진의 얼굴에서 웃음이 없어진지 이미 오래되었다고 생각되는 우리나라 종합병원 병실의 모습을 이렇듯 아름다운 꽃밭으로 바라보는 선생님의 시각은 병원을 찾는 환자와 의료진 모두에게 희망 그 자체라고 할 수 있지요.

연휴를 즐기려 길 떠나는 사람들이 절정을 이루던 7일 토요일 오후, 어렵게 고속버스 자리를 구해 대구 계명대학병원 영안실로 선생님 문상을 다녀왔습니다. 연휴 여행계획에 차질이 생기는 바람에 오히려 그렇게라도 선생님 영정(影幀) 앞에 마지막 작별 인사를 하고 올 수 있어서 얼마나 다행인지 모릅니다.

늦은 저녁시간, 서울로 오는 버스를 타고 시내를 벗어날 때, 왼쪽 차창 너머 먼 하늘 전체가 온통 진한 핏빛으로 물 든 예사롭지 않은 석양을 보고 저는 그것이 임 선생님의 죽음을 호곡(號哭)하는 대구의 슬픔일 거라는 생각을 했습니다. 국내 최고 신경외과 의사의 한 사람으로써 대구 시민들의 건강을 위해 평생을 바친 임 선생님과의 이별을 대구의 하늘과 땅이 어찌 모른 채 할 수 있었겠습니까!

임 선생님! 더 이상 병도 고통도 없는 천국에서 이제 편안한 삶을 이어가시기 바랍니다. 그리고 무엇보다 그곳에 가시거든 제 자리도 꼭 하나 잡아 주세요.

임만빈 학력 및 경력

1948년 2월 2일 출생

1973년 경북대학교 의학 학사

1981년   계명대학교 동산병원 신경외과 전임강사, 조교수, 부교수

1983.03 ~ 1987.03 계명대학교 동산병원 신경외과 조교수

1987.04 ~ 1992.03 계명대학교 동산병원 신경외과 부교수

1988년 경북대학교 의학전문대학원 석사, 경북대학교 의학전문대학원 박사

1991.06 ~ 1999.02 계명대학교 동산병원 신경외과 과장

1992.04 ~   계명대학교 동산병원 신경외과 교수

2000.03 ~   계명대학교 뇌연구소 소장

2003년 대한뇌혈관외과학회 회장

2005.03 ~ 2007.02 계명대학교 의과대학 학장,
           제7차 한일 친선 뇌혈관외과학회 부회장

2006 ~ 2008 제9차 한일 친선 뇌혈관외과학회 회장

2006 ~ 2007 대한신경외과학회 회장

2013.06 ~ 2015.06 한국의사수필가협회 회장

2013년 제15차 세계신경외과학술대회 차석 부회장

2013년 계명대학교 의과대학 정년퇴임

2013년 한국의사수필가협회 제3대 회장 역임
           대한신경외과학회 회원 및 세계신경외과학회(WFNS) 회원
           세계신경외과학회 유치단 조직위원회 회장

2016년 5월 6일 별세

수상내역

2003년　제2회 한미수필문학상 장려상 수상

2005년　제1회 보령의사수필문학상 은상 수상

2006년　제5회 한미수필문학상 장려상

2011년　제4회 의사문학상 일반

　　　　제1회 보령의사수필문학상 은상

　　　　제5회 한미수필문학상 장려상

　　　　제2회 한미수필문학상 장려상

2013년　옥조근정훈장

작품 활동

2006년 《에세이문학》에 수필 〈동충하초〉로 등단

2007년 수필집 《선생님 안 나아서 미안해요》

　　　　（한국문화예술위원회 우수문학도서）

2009년 수필집 《자운영 초록의 빛깔과 향기만 남아》

2013년 수필집 《병실꽃밭》

2013년 수필집 《나는 엉덩이를 좋아한다》

2014년 수필선 《살아있음에 대한 노래를》

나는 엉덩이를 좋아한다

임만빈

 산을 오른다. 산을 넘어 지하철을 타고 출퇴근 한다. 큰 병을 앓고 나서 건강을 되찾기 위해 선택한 방법이다. 시간이 좀 걸리지만 걷고 나면 기분이 상쾌해진다.
 몇 발짝 앞서 부부로 보이는 두 사람이 산을 오르고 있다. 계단으로 된 오르막에서는 손을 잡아 서로 이끌기도 한다. 그들의 뒷모습을 보는 것이 참으로 좋다. 한 가정의 평화를 보는 듯도 하다. 아니 꼭 그래서만은 아니다. 원래 나는 사람의 뒷모습 보는 것을 좋아한다. 예쁘게 깎아내고 덧붙인 얼굴이 있는 것도 아니고 모양 좋게 만든 유방이 있는 것도 아니며 억지로 만든 가식의 웃음이 존재하는 것이 아니어서 좋다.
 뒷모습 중에서도 엉덩이의 모습을 특히 좋아한다. 오해를 받을 만한 말이지만 그래도 어쩔 수 없다. 흔히 미인의 조건으로 가는 허리를 들먹이는데 개미 같은 허리도 보름달 같은 엉덩이가 뒷받침해줘야 풍성한 미인의 모습이 완성된다. 가는 허리만 있어서는 빈약한 모습일 뿐 풍만한 미인의 모습을 그려내지 못한다. 그럼에도 불구하고 미인을 언급할 때 엉덩이가 들먹여지는 일은 드물다. 얼굴과 몸매만 강조된다. 몸매 구성에 허리와 엉덩이가 중요한 역할을 하는데도 말이다.

남자의 엉덩이도 매혹적이긴 마찬가지다. 어렸을 적 여름이면 한더위를 식히기 위해서 연못에서 미역을 감곤 했었다. 그때 빨리 물에 뛰어들기 위하여 먼 곳에서부터 옷을 벗어 한 손에 들고 바람개비처럼 돌리면서 숨이 차도록 달려가면 솟아오르는 땀은 한낮의 태양빛에 반짝였고 엉덩이는 팔딱거리며 솟아올랐다. 그 자그마한 엉덩이는 얼마나 앙증맞고 신선했던가. 하지만 학교에서 벌을 받을 때는 매를 맞는 부위이고 아파서 주사를 맞을 때에는 바늘에 찔리는 부위가 바로 엉덩이였다.

청년시절의 궁둥이는 무척 아름다웠지만 미에만 관심을 둘 수가 없었으니 삶이 빡빡하고 미래가 불확실했기 때문이다. 인고의 시간, 그 길이와 강도에 따라 미래의 삶이 결정된다고 믿었기에 대부분의 시간을 의자에 앉아 보냈다. 확고한 몸의 받침판이 필요했다. 엉덩이가 그 역할을 했다. 진물이 생기고 못이 박혀도 엉덩이는 미련스럽게 참았다. 그래야 받들고 있는 몸이 미래에 조금이라도 풍요로울 것을 아는 듯이 말이다.

처녀의 엉덩이를 생각하면 귀엽고 아름답고 사랑스럽다는 말이 먼저 떠오른다. 손으로 쓰다듬으면 꽃잎처럼 보드라울 것 같지만 언감생심, 치한으로 몰릴 가능성이 십중팔구다. 굽 높은 구두를 신고 앞에서 또각또각 걸어가는 처자의 모습을 보라. 그 가는 다리 위에서 불쑥 솟아오른 두 개의 동그라미는 나비의 날갯짓처럼 걸음을 옮길 적마다 경쾌하다. 두 둔덕의 율동은 마치 어린 손녀가 춤추는 것처럼 깜찍해서 박자에 맞춰 따라하고 싶은 충동을 일으키기도 한다.

여성의 가장 일반적인 본질은 생산과 키워냄이라고 하면 여성들에게 몰매를 맞을까. 단순히 동물적 차원으로 말하면 암컷의 아름다움은 수컷을 유혹하기 위한 수단이라 할 수 있다. 수단이 본질을 앞설 수는 없다. 넓고 푸짐한 엉덩이가 가냘프고 앙증스런 엉덩이 보다는 생산능력의 우월성을 암시한다. 옛날 어머니들은 며느리를 선택할 때 미적인 가냘픈 엉덩이보다 생산에 적합한 푸짐한 엉덩이를 찾았다. 이 때문에 결혼 당사자인 아들과 어머니가 간혹 다투기도 했다는데 아무래도 난 어머니의 선택에 동의하고 싶어진다.

아기를 낳은 엄마는 자식을 키우는 데 정성을 다하느라 자신의 엉덩이 모양에 별 관심을 두지 않는다. 의도해서가 아니라 본능이다. 삶의 하중이 무거우면 무거울수록 엉덩이는 더욱 넓어지고 평평해진다. 나이 든 아주머니의 모양 없이 평퍼짐한 엉덩이는 얼마나 치열한 삶을 살았는가를 보여주는 또 다른 징표이다.

목욕탕에서 노인들의 엉덩이에 까맣게 못이 박인 자리가 눈에 띌 때가 있다. 얼핏보면 징그럽고 보기 흉한 자국에 불과하지만 나는 마음속으로 머리를 숙이곤 한다. 한 삶이 얼마나 고달프고 치열했던가를 보여주는 듯해서다. 그리고 한 번도 남의 위에 올라서지 못하고 평생 남을 받들며 살아온 삶의 숭고한 표증처럼 보여서이다.

둥그스름하고 보드랍던 둔덕은 이제 쭈글쭈글하고 찌그러져 볼품이 없다. 미(美)와 희생과 종족보존과 겸허함과 진실성으로 한 생을 보냈던 엉덩이가 이제 삶의 막을 내리는 것이다. 무겁던 체중도 삶의 하중도 모두 훌훌 벗어 던지고 유유자적 정토의 땅으로 향한다. 자신의 모습을 닮은 묘를 조용한 산중에 만들어 놓고.

엉덩이 같은 삶을 살고 있거나 살다 저세상으로 떠나간 사람들이 어찌 없으랴. 한평생 남의 밑받침으로 살다가 가슴에 못이 박힌 사람들. 그들도 젊은 한 때, 신분상승의 꿈을 꿔보았지만 성형과 꾸밈의 대상이 되지 못하고 버려진 채로 한 평생을 살고 있거나, 살다 사라진 사람들이다. 그렇지만 우리들은 안다. 그들의 삶이 진실한 삶이었다는 것을. 성형한 얼굴이나 젖가슴은 세월이 지나면 추한 모습으로 변하지만 자연스런 모습은 세월이 지나도 추하게 변하지 않고 우아함을 오래오래 유지한다는 것을.

병실 꽃밭

임만빈

병실은 환자들만 있는 곳이 아니다. 생각하기에 따라서는 꽃밭이 될 수도 있다. 만발한 꽃들 사이로 사랑의 꿀을 분주히 나르는 벌들의 모습도 볼 수 있다. 이 꽃, 저 꽃 날아다니며 꽃잎에 입맞춤하는 나비들도 있다. 꽃들을 돌봐주는 정원사들도 있고, 떨어진 꽃잎을 담아가는 청소원들도 있다. 꽃들이 시들기라도 하면 달려와 이리저리 살펴서 치료해주는 치료사들도 있다.

내가 근무하는 신경외과 병실에는 아름다운 꽃을 피워놓고 오랫동안 누워있는 꽃들이 많다. 욕망과 질시, 물욕과 명예욕을 깨끗이 지워버린 맑은 눈동자를 꽃술처럼 꽃부리로 감싸고 배설물의 치욕을 꽃받침으로 감추는 식물인간들이 많은 것이다. 이들한테는 사랑의 꿀을 날라주는 벌들이 있다. 하루 종일 힘든 일을 끝낸 일벌처럼 날갯짓이 힘들어 보이지만 그래도 새벽이슬처럼 맑은 영혼을 가진 그들의 입에서는 향내가 난다.

병원 생활 3개월이면 친구가 사라지고 6개월이 지나면 형제간에 균열이 생기며 1년이 지나면 효자와 불효자가 구별되고 3년이 지나면 모든 자식들은 불효자가 된다고 한다. 그래도 나는 향내를 담은 주머니를 달고 붕붕 거리며 꽃들을 찾아다니는 벌들을 본다. 어떤 경우는 꽃의 아내이고 어떤 경우는 어머니이며 어떤 경우는 여동생이고 그리고 어떤 경우는 자식들이다. 가끔 그들의 소원을 듣는 경우가 있다.

"선생님, 대소변만 가리게 해주십시오. 몸에서 버린다는 것이 그렇게 힘든 일인지 이제 겨우 알았어요. 버리는 것이 그렇게 힘든데 왜 그렇게 많은 것을 가지려고 했었는지 모르겠어요."

어느 보호자가 울면서 이야기 한다.

"선생님, 어머니가 깨어나서 한 번만이라도 제 얼굴을 알아보고 웃어주도록 해줄 수는 없을까요? 제가 3년 넘게 이렇게 어머니를 돌보는 것도 한 번 저를 알아보고 웃는 모습을 보고 싶어서인지도 모릅니다."

소리 없이 눈물을 흘리며 어느 보호자가 한 이야기이다.

간호사가 나비처럼 다가와 환자의 혈압을 재고 체온을 잰다. 간병인이 기저귀를 갈아주고 몸을 닦아준다. 청소하는 아줌마가 벗겨낸 기저귀를 바구니에 담아간다. 의사가 다가와 욕창을 치료해준다. 병실을 꽃밭이 될 수 있다. 식물 같은 인간이 화려한 꽃을 피우고 사랑의 꿀이 젖줄처럼 흐르는, 천국으로 승천하는 길목이 될 수 있다. 나는 그곳에서 근무하는 행운을 얻고 있다. 매일 아름다운 꽃들을 바라보고 꿀의 단맛을 즐기는 그런 축복을 받으면서 말이다.

모티

임만빈

　아파트 옆 차도와 대로가 만나는 귀퉁이에 아담한 집이 하나 있다. 모티(MOTTI)라는 간판을 단, 차도 팔고 칵테일도 파는 집이다. 옛날 고딕체의 예쁜 영문 간판과 앙증스런 건물 모양 때문에 모티라는 간판이 적어도 서양에서, 서양 중에서도 유행이 앞선다는 프랑스에서 따온 불어인 줄만 알았다. 그런데 어느 날, 술이 취한 나를 택시에 태워 집까지 바래다 준 친구가 고마워, 마지막 입가심만 하자고 억지로 택시에서 끌어내려 모티로 들어서면서 나는 허풍스럽게 말했다. 파리의 몽마르트 언덕에나 있음직한 불란서 풍의 칵테일 바에서 한 잔 하자고.
　친구가 술에 취하지만 않았더라면 그리고 그가, 내가 마음속 어느 한 곳에 언젠가 꼭 한번쯤 가보고 싶어 하는 이국의 멋있는 찻집에 대한 동경을 숨기고 있다는 것을 알았더라면 그렇게 간단히 나의 망상을 깨트리지는 않았을 것이다. "애야, 술 깨라. 모티는 모퉁이의 경상도 사투리다."
　그래, 사투리면 어떤가. 불란서 말이 아니면 어떤가. 나를 떼어놓고 일하러 호미를 메고 무정하게 산모퉁이를 돌아가던 어머니를 생각나게 해주면 되지 않는가. 엄마를 따라가고 싶어 한없이 울던 내가 제풀에 지쳐 꾸벅꾸벅 졸고 있을 때 산모퉁이를 돌아 불어와 나를 잠재우던 산들바람을 그리워하게 만들면 되지 않는가. 멋모르고 우리 집 뒤꼍으로 들어온 다람쥐를 잡으려고 달려갔을 때 허겁지겁 집 모퉁이를 돌아 도망치고는 내가 살금살금 발소리를 죽이자 다시 모퉁이에서 고개를 내미는 얄미운 다람쥐를 한 번 더 미워하게 만들면 되지 않는가.

초등학교에서 수업을 마치고 집으로 돌아오던 오후였다. 산길 옆으로는 개망초 꽃들이 활짝 피어 있었다. 산모퉁이를 돌자 여자아이 하나가 저 멀리 앞서 걸어가고 있었다. 좋아하던 여자아이였다. 무명 저고리 색은 개망초꽃 색과 구별되지 않아 꽃 속에 숨고 검은 치마만 길 따라 움직이고 있었다. 숨이 차도록 달려가 와락 끌어안고 싶어 뛰었다. 그녀가 뒤를 돌아보았다. 심장은 갑자기 멈춘 듯하다가 미친 듯이 팔딱거렸다. 얼굴은 부끄러움으로 화끈거렸다. '너하고는 상관없는 일'이라는 듯이 그녀 옆을 쏜살같이 지나갔다. 땀으로 미끈거리는 발과 부자연스러운 몸동작으로 몸은 기우뚱하고 넘어지려 했다. 그 때 언뜻 보았던 그녀의 눈빛, 의아해하면서도 내가 넘어질까 걱정스럽게 빛나던 그 빛, 모퉁이는 그 눈빛만 내 기억 속으로 끌어오면 되는 것이다.

산등성이에 앉아 모퉁이를 돌아 달려가는 기차를 하염없이 바라보던 시절이 있었다. 아무도 없는 산골짜기에 질러대는 기적소리만큼이나 공허한 대처로 나가고 싶은 욕망을 마음속으로 소리치던 때가 있었다. 소리는 화통에서 뿜어져 나오는 연기에 실려 하염없이 하늘 속으로 사라졌다. 그 허망함, 그래도 언젠가 이루어지리라는 꿈을 접지는 않았다. 기차를 타고 날아오르던 그 어렸을 적 야망과 꿈을, 이제는 늙어 자꾸만 시들어만 가는 내 마음속에 다시 한 번 불을 지펴 태우도록 하기만 하면 되는 것이다.

　삶의 의미를 물으며 끝없이 방황하던 젊음의 시절이 있었다. 소주잔과 막걸리 잔을 기울이면서 원인 모를 슬픔과 허망함으로 밤늦도록 흐느끼기도 했다. 삶이 온통 고통으로 채워진 양 안주로 나온 고구마를 이빨이 시리도록 깨물던 시절이었다. 밤새워 길을 물어 돌아가면 또 나타나고 돌아가면 또 나타나던 삶의 모퉁이, 안주로 나온 번데기의 주름같이 세고 따라가면 없어지고 세고 따라가면 없어지던 삶의 길, 삶이란 그렇게 앞이 보이지 않는 모퉁이를 돌고 돌아가다가 마침내 온 몸에 번데기 같은 고뇌의 주름을 만들고 사라진다는 것을 깨우치려고 조숙한 몸부림을 치던 시절도 있었다. 모퉁이는 그런 것만 나에게 가르쳐 주어도 되는 것이다.

　사랑하는 자가 생겨 속을 태웠다. 초등학교 학생의 젖꼭지 같은 사랑이 아니라 성인의 사랑이었다. 만나고 싶고, 같이 있고 싶고, 스물 네 시간 빤히 눈을 쳐다보고 싶었던 여인이었다. 모퉁이만 돌아서면 서로 눈을 맞추질 수 있었을 텐데 모퉁이를 돌아서지 못했다. 숨바꼭질 하듯 숨어서 눈길을 주다가 눈이 마주치면 깜짝 놀라 눈길을 엇갈렸다. 순진함을 빙자한 미련함 때문에 우리는 서로 꼭꼭 숨어있었다. 결국 사랑하는 자는 휘어진 뒷골목의 모퉁이를 돌아서 사라졌다. 떠나가는 자의 뒷모습이 보이지 않을 때까지 눈을 떼지 못하고 소리 없이 눈물만 흘렸다. 그녀에 대한 기억은 별이 되어 내 가슴속에 박혔다. 지금까지도 캄캄한 밤이면 한 번씩 반짝거려 잠을 설치게도 한다.

모퉁이는 그런 별만 내 마음 속에 만들어 주었으면 되는 것이다.

결혼하고 자식 낳아 정신없이 고속도로 같은 삶을 살아왔다. 어느 날 문득 삶이 단조롭고 무의미해졌다. 쭉 뻗은 고속도로 옆 풍경은 언제나 똑 같았다. 내 삶에도 모퉁이가 있어야 한다는 생각이 들었다. 살아가다가 한 번씩 피를 토하며 울고 싶을 때는 더욱 그랬다. 남한테 보이지 않는 공간, 움츠리고 울먹일 수 있는 모퉁이가 필요했다. 어릴 적 숨바꼭질할 때 술래가 영영 나를 찾지 못하는 나만의 숨을 장소가 있기를 바랐듯이, 내가 울고 싶을 때는 울어도 누구도 나를 찾지 못하는 그런 삶의 모퉁이가 말이다. 허연 백발이 서러워서, 지나온 삶이 아쉬워서 애달피 울 수 있는, 아무도 영영 찾을 수 없는 그런 모퉁이 같은 장소가 나에게 필요한 시기가 다가 온 것이다.

2016 한국의학도 수필공모전 당선작

수상 작품

대상 | 분만실, 탄생 그리고 재회 • 이지선

금상 | 고통의 병태생리학 • 김양우

은상 | 고시원은 사랑입니다 • 서선미

은상 | 그림 한 점에 담긴 철학 • 김보민

동상 | 능소화의 꽃말 • 정연주

동상 | 스마일 로드, 그 한 걸음 • 최태양

동상 | 기내의 의학도 혹은 벙어리 • 임현아

동상 | 너구리 • 박현진

대상

분만실, 탄생 그리고 재회

이지선

가톨릭대학교 의학전문대학원 4학년

나는 탄생부터 쉬운 딸이 아니었다. 1987년 8월 19일. 엄마는 찌는 더위 속에 12시간이 넘는 진통을 겪고서야 나를 품에 안았다.

어린 시절에는 수없이 잔병치레를 하여, 병원도 없던 시골마을에서 자가용도 없이 어렵게 옆 도시의 병원을 오가야 했다. 성격은 또 내로라하는 황소고집이어서 한여름에 겨울 외투를 입고 유치원에 가겠다고 떼를 쓰는 등의 에피소드는 나를 낳은 엄마가 감내해야 했던 지극히 평범한 일상이었다. 사춘기 때는 급기야 가출까지 감행하기도. 사람들이 엄마에게 '공부 잘 하는 딸 두어 좋겠다.'고 이야기할 때마다 엄마는 침묵의 미소로 대답하거나, 옅은 웃음을 지으며 '그럼 한 번 데려다 키워 보세요.'라고 말했다. 엄마에게 난 결코 '간단한' 딸이 아니었다.

대학생이 되자 내 일탈은 그 차원이 한층 과감해졌다. 나는 멀쩡히 잘 다니던 학교를 돌연 휴학하고 홀로 1년간 중동과 아프리카로 여행을 떠나겠다고 선언했다. 반대하던 아빠를 설득하도록 도와준 건 엄마였지만, 그런 엄마도 공항에서는 끝내 눈물을 보였다. 네 결정이니 조심히 잘 다녀오라는 말은 울먹이는 소리에 묻혀 희미하게 들렸다. 내가 본 엄마의 첫 눈물이었다. 내가 세계를 누비며 새로운 것들을 흡수하고, 다양한 문화를 경험하며 만끽하던 시간 동안, 엄마는 딸에 대한 걱정을 꾹꾹 가슴에 눌러 담고 무작정 기다릴 수밖에 없던 인고의 시간을 견뎠을 터였다. 하지만 엄마의 그런 마음까지 헤아릴 여유가 내겐 없었다. 그저 모든 것이 신나고 즐겁기만 했다. 그리고 이런 내 삶의 방식은 그 후로도 변함없이 이어져갔다.

2016년 1월에는 IS가 기승을 부리는 가운데 중동을 향한 비행기에 다시 몸을 실었다. 남들 눈에는 어쩌면 정의롭고 대단하게 보일, 레바논의 시리아 난민들을 도우러 떠난다는 의대생 딸은 그렇게 또 불시에 엄마의 마음을 벼랑 끝으로 내몰고 말았다. 그러나 그 때도 엄마는 나를 막아서지 않았다. 전 세계를 놀라게 했던 파리 테러, 그에 가려 언론에 조명되지 않았던 레바논 테러, 전 지구적 충격과 공포가 채 가시기도 전인 바로 그 무렵이었다. 극단적으로는 목숨이 위태로울 가능성마저 떠안아야 했던 그 곳, 그렇지만 나는 꼭 가고 싶었고 가야만 했다. 나에 대한 걱정으로 엄마가 느꼈을 두려움 따위는 역시 안중에 없었다. 그저 내 자아의 완성과 내 신념에만 골몰했을 뿐이었다.

레바논에서 무사히 일정을 마치고 돌아온 데에 대한 안도도 잠시, 나는 선택실습이라는 이름으로 다시 방글라데시 행 짐을 꾸렸다. 방글라데시에서도 시골 마을 구석에 있는 병원에 도착하기까지 비행기만 무려 다섯 대, 그렇게 꼬박 3일. 오가는 길조차 험난한 여정이었다.

먼 길을 떠나온 만큼이나 내 마음도 집으로부터 멀어졌다. 도착하기가 무섭게 빠르게 적응하며 다른 의료진들, 환자들과의 삶 속으로 깊숙이 들어갔다. 새롭게 마련된 내 복잡한 삶 속에, 타국에서 실습하는 딸 때문에 매순간을 노심초사하며 지낼 엄마에 대한 생각이 비집고 들어올 틈은 없었다.

내가 참 많은 시간을 보냈던 분만실, 커튼으로 가려진 8개의 침대가 놓인 그 곳은 매우 분주했다. 산모 수에 비해 의사 수가 턱없이 모자라 특별한 문제가 없는 자연분만은 모두 조산사들의 몫이었고, 간호대 학생들이 이를 도왔다. 그러다보니 의대생인 내게도 한국에서 익숙해져 있던 '멀찌감치 참관하는' 역할이 아닌, 보다 적극적인 참여가 요구되었다.

첫 인사를 하자마자 여기저기서 조산사들이 나를 찾았다. 가방을 내려놓고 머리는 질끈 묶고, 여러 개의 장갑을 갈아 끼우며 바쁘게 움직였다. 오랜 진통의 기다림, 생명 탄생의 순간, 갓 태어난 아기를 품에 안은 산모……. 새로운 인격체가 세상의 빛을 보기를 준비하는 시간부터 생의 첫 시작을 마주한 순간까지 모든 과정이 정신없이 분주하게 동시다발적으로 진행되고 있었다.

내게도 새 생명을 내 손으로 맞이할 첫 기회가 주어졌다. 산모의 가장 가까이에서, 온힘을 짜내어 세상을 향해 머리를 밀고 나오는 작은 생명체를 기다리는 시간. 산모와 아기, 나를 제외한 세상의 모든 시간이 멈춘 것 같았다. 분만실을 시끄럽게 채우던 산모들의 고통어린 신음과 비명, 갓 태어난 아기들의 울음소리, 의료진들끼리 나급히 지시사항을 주고받는 그 어떤 소리도 들리지 않았다. 새 생명을 기다리는 산모의 거친 숨소리, 산도 내에서 아기가 벌이고 있을 치열한 사투, 한 치의 실수도 용납하지 않겠다는 내 긴장 가득한 의지. 그게 전부였다.

서툰 방글라로 "조금 더!", "힘을 주세요!"라는 말을 수없이 외치고 나서야 뱃속 아이는 열 달을 머물던 엄마의 몸 밖으로 고개를 내밀었다. 나는 경험 많은 조산사의 지시에 따라 아기의 머리를 잡고 그 탄생의 완성을 도와 엄마에게 안겨주었다.

생명의 탄생은 고귀했고, 앞으로 이 세상을 살아갈 생의 출발을 목도했다는 것, 그 과정에 두 손으로 참여할 수 있었다는 것은 내가 아는 세상의 모든 언어를 동원해도 표현해낼 수 없는 기쁨이었다. 그 뜨거운 감격 앞에 가슴이 벅차올라 눈물이 나려 했다.

애써 평정심을 되찾아 아기의 탯줄을 자르고, 태반을 꺼내고, 산도의 열상을 조심스럽게 봉합해주었다. 그 일련의 과정을 다 마치고 상황이 어느 정도 정리된 후에야 비로소 아기를 안고 있는 엄마의 얼굴이 눈에 들어왔다. 새로운 탄생 그 자체에만 집중하고 흥분하느라 그 생명을 몸속에서 길러내고 빛을 보게 해 준, 앞으로 긴 시간 이 아이를 키우며 울고 웃을 엄마에게는 미처 관심을 갖지 못했다. 치열한 고통의 과정을 이겨낸 후의 기진맥진한 표정, 그러나 한없이 평화로운 미소. 공존할 수 없을 것 같은 이 양극의 표정이 어우러져 품에 안긴 아기를 내려다보는 엄마의 모습은 어떤 화려한 배우들보다 아름다웠다. 그때 문득 그 얼굴에서 나는 내 엄마를 떠올리고 말았다. 방글라데시에 온 이후 처음이었다.

약 28년 전 한국의 어느 병원에서 나는 저 아기의 모습으로 누워있었을 것이다. 그리고 엄마는 열 달간 한 몸으로 지낸, 그 순간 처음으로 엄마에게서 분리되어 이후의 삶을 통해 끊임없이 엄마에게서 멀어져 갈 나와 마주했을 것이다. 그제야 비로소, 달게 견뎌냈던 고통으로 낳은 딸이 당신의 품을 떠나 수없이 위험을 무릅쓰는 것을 말없이 지켜봐야 했던 엄마의 심정을 헤아려보게 되었다. 28년의 세월동안 쉼 없이 엄마의 마음을 괴롭혀 온, 그러면서도 '나'의 삶을 엄마가 존중하고 받아들여주는 게 당연하다고 여기며 오로지 내 주장만을 내세워 온 그동안의 삶을, 나는, 낯선 나라에서 직접 아기를 내 손으로 받으며 민낯으로 마주했다. 부끄러움의 따가운 볕이 그 민낯 위로 쏟아졌다. 분만실 한 켠에서 나는 처음으로, 엄마에게 몹시 미안했고 많이 감사했다.

그 후로 약 열 건의 분만을 더 내 손으로 진행했다. 이제는 아기와 산모 뿐 아니라, 진통의 시작부터 출산을 마칠 때까지의 모든 과정동안 산모들의 옆에서 물을 떠다 목을 축여주고, 손을 꼭 잡아주며 그들을 돌보는 산모들의 어머니들이 함께 보였다. 이제 막 엄마가 된 딸을 그 엄마는 대견하고 안쓰럽게 바라보며 보살펴주고 있었다. '사랑'이라는 글자에 실체가 있다면 바로 '엄마'의 저런 모습이리라 싶었다. "나도 우리 엄마 보고 싶다." 그 때 나도 모르게 불쑥 흘러나온 한 마디. 나는 휴대폰을 만지작거리며 내 사랑의 실체에게 메시지를 보냈다.

'엄마 그냥 많이 보고 싶어.'

금상

고통의 병태생리학
(Pathophysiology of the Pain)

김양우
한양대학교의학전문대학원 4학년

  며칠 전, 누군가 힘없는 나의 두 손을 꼭 잡고 기도했다. 하나님은 우리가 이겨낼 수 있는 시련만 주신다고. 신을 믿지 않는 나에게는, 그다지 깊은 울림은 아니었다. 독방으로 돌아와 책을 펴니 니체가 말했다. 우리를 죽이지 않는 고통은 우리를 더욱 강하게 만든다고. 이렇게 전해 들으면, 고통은 인간에게 반성과 성찰의 기회를 주는 좋은 것이다.

  MRI 촬영을 위해 온몸을 포박당한 채 시끄러운 기계음이 울리는 속에서, 나는 그렇게 지난 시간을 하나씩 복기해보았다. 아무래도 성경보다는 니체 쪽이 이해하기 쉬웠다. '우리를 죽이지 않는 고통'이라니 내 상황에 잘 어울리는 말이다. 나의 고통은 두 군데에서 출발해 퍼져나갔다. 한쪽으로는 엉덩이에서 허리를 타고 올라가고, 다른 쪽으로는 이성에서 마음으로 내려왔다. 흉추가 가장 아픈 걸 보니 두 줄기가 아마 여기서 만나는 듯하다. 그런데 문제는 나는 이런 고통을 겪으면서 강해지고 싶은 마음이 조금도 없었다는 것이다. '내가 왜 이렇게 고통스러워야 하는지…….'라는 원망에서 '내가 왜 강해져야만 하는지'라는 한탄으로 머릿속 질문이 바뀌어 갔다. 이 고통이 나를 죽이지는 않을 테니 나는 결국 이 모든 시련을 이겨내고 강해질 것이다. 그런데 내가 무엇 때문에 강해져야 하는 걸까? 제발 나에게서 이 고통을 거둬 가시고 나를 나약한 그대로 내버려 두소서. 직접 겪는 고통은 전해들은 것과는 달리 하나도 좋지 않았다.

감정이 점차 격해지고 있던 찰나에 촬영기 밖으로 끌려갔다. 끝난 줄 알았는데 조영제 주사를 맞고 다시 촬영기로 들어갔다. MRI도 조영제를 맞는구나, 그때 알게 됐다. 일주일 뒤 나온 판독 소견은 역시 예상대로 강직성 척추염이었다. 양쪽 천장관절(sacroiliac joint)에 염증이 심하게 생겼고 뼈와 힘줄, 인대 군데군데에 손상과 염증이 보였다. 제법 진행한 상태였다.

갑작스럽게 포도막염이 생겼고 안과에서 진료를 받은 뒤에 HLA-B27 유전자 검사와 골반 X선 촬영을 했다. 의대 생활을 시작한 후 만성적으로 허리 통증에 시달리고 있었는데 대수롭지 않게 생각했었다. 그 후 나온 영상의학적 소견까지 더하면, 나는 강직성 척추염의 교과서적 증례에 해당했다. 강의로만 듣던 희귀병인 줄 알았는데 바로 나한테 있던 병이었다. 현대 의학은 아직도 이 병에 대해 아는 것이 많지 않다. 바꿔 말하면 의대생인 나는 이 병에 대해 알만큼은 알고 있었다.

병원 실습 중에 외래 진료를 참관하면 수많은 환자를 보게 되는데 간혹 의사를 힘들게 하는 환자가 있다. 의사가 더 해줄 수 있는 게 없는 상황에서 떼를 쓰듯이 말하는 사람들이다. 가만 들어보면 무엇을 해달라는 구체적 요구가 아니라, 자신이 얼마나 힘든지 알아달라는 하소연을 하고 있다. 대기자는 수없이 밀려 있고 응급 상황도 아닌데

자기 생각만 하는 이런 사람들은 종종 교양이 없다는 비난을 듣는다. 누구나 고통스럽고 어렵다, 병원이라면 특히. 의사가 이미 최선을 다 했다는 사실을 모르는 게 문제다. 아무래도 의학 지식과 사회경제적 수준이 배려심의 양을 정하는 게 아니겠냐는 생각이 들곤 했다.

포도막염을 진단받던 날, 눈의 통증이 극에 달해 있었고 자가 면역이 원인일 수도 있기에 걱정이 많았다. 병원 실습도 계속되어 정신이 없었다. 그래도 나는 환자로서는 최고의 교양을 갖춘 사람이었기에 교수님께 공손히 내 상황을 설명해 드리고 차분하게 검사를 받았다. 실습과 진료를 같은 병원에서 해결하니 동선도 간단했다. 점심을 먹고 오후 일정을 위해 응급실로 돌아왔는데 아버지께 '카톡'이 왔다. 오랫동안 아프시던 친할머니가 돌아가셨다고 했다.

모든 상황은 우연히 이어졌다. 그런데 아버지의 '카톡'을 본 순간 나는 깨달았다. 인생은 평범하고 지루한 일상의 연속이지만, 그 굴레에서 벗어나 그 어떤 드라마도 소설도 흉내 낼 수 없는 소용돌이에 휘말릴 때가 있다는 사실을. 사르트르는 사람이 태어나고 죽는 사이에 선택만이 있다고 했지만, 틀린 말이다. 탄생과 죽음 사이는 삶이라는 무의미하고 가는 실로 이어져 있고, 삶은 고통이라는 주파수로 가끔 흔들리며 의미를 찾아간다. 이 과정에서 일부러 고통을 선택하는 인간은 없다. 스스로 고통을 선택했다며 자기 위안에 빠질 뿐이다.

가톨릭 신자였던 친할머니의 장례는 미사로 치러졌다. 신부님은 죽음 앞에 삶이란 얼마나 보잘것없는지, 예수님이 나약한 우리를 어떻게 품어주시는지 나긋나긋 시를 읊듯 말씀하셨다. 친할아버지는 지난 삶을 회고하고 남은 삶을 두려워하며 관을 부여잡고 슬프게 우셨다. 따라 울음을 터뜨린 아버지는 입을 벌리고 목을 놓았다. 마치

갓난아기 같았다. 아버지의 아들인 나도 눈물이 흘렀다. 그런데 포도막염이 낫지를 않아 눈물이 차오르면서 안구에 통증이 왔고, 피로가 겹쳐서 허리가 너무 아팠다. 참기 어려운 고통 속에서 내 몸과 내 영혼은 파르르 떨며 "끼이익 끼이익" 서툰 마찰음을 내고 있었다. 이 비명 같은 연주는, 인생에서 서곡조차도 될 수 없는, 내가 낼 수 있는 소리를 확인하는 조율 정도였을 것이다. 이 고통을 이겨내면 나는 더 나은 인간으로 더 좋은 소리를 낼 텐데, 너무 힘들고 고통스러워 차라리 아무 일 없는 채로 그냥 못난 인간이 되고 싶었다.

의학은 인간의 고통을 얼마나 이해하고 있을까? 분명 종교나 철학보다는 훨씬 고통의 실체에 근접했다. 고통을 이해하는 것을 넘어 고통을 낫게 하거나 나을 수 있다는 희망을 주기도 한다. 그래서 의학이 참 대단하다고 믿었는데, 나에게 찾아온 만성적 허리 통증과 희귀병이라는 절망감, 가족이 함께 겪는 상실감 앞에서 이 믿음에 균열이 생겼다. 말기 암이나 중증 폐질환도 아니고 내가 열심히 살면 극복할 수 있는 '나를 죽이지 않는 고통'임을 잘 알고 있는데도 나는 한없이 나약해졌다. 고통에서 가장 고통스러운 것은 고통 그 자체다. 의학은 그것을 이해하지 못한다.

그렇다면 의사는 인간의 고통을 얼마나 이해하고 있을까? 가치중립적이고 차가운 의학과는 달리 의사는 고통을 잘 알고 있다. 의사는 환자에게 고통에 대해 잘 알려줄 수 있다. 고통의 원인은 무엇이고 치료법은 무엇이고 그다음 치료법은 무엇인지까지 알고 있다. 나도 내 고통에 대해 잘 알고 있다. 그러나 나는 내 삶을 잘 모르겠다. 내 삶은 왜 이렇게까지 고통에 떨면서 가냘픈 울음을 울어야 하는지 도통 모르겠다. 그래서 사실 나는 내 고통에 대해 잘 모르고 의사 역시 인간의 고통에 대해 조금도 아는 바가 없다.

　이제 내가 의사가 된다면, 인간의 고통을 실존으로 마주하는 순간이 올 것이다. 나는 의사로서 또 한 인간으로서도 그 고통을 조금도 이해할 수 없으리라 생각한다. 다만 고통이 흔들고 있는 삶의 떨림을 보고, 그 떨림이 내는 서툰 연주를 들으면서, 내 고통의 악보로 내 삶을 함께 연주할 것이다. 이것이 인간이 유일하게 이해할 수 있는 고통의 의미다.

은상

고시원은 사랑입니다

서선미
전남대학교 의과대학 의학과 2학년

  2009년, 서울에서 보낸 그 해는 유독 나에게 추운 겨울이었다. 재수를 위해 서울이라는 도시에 첫 발을 내딛었던 그 날이 지금도 생생히 떠오른다. 아는 사람 한 명 없이 외딴 섬에 남겨진 것 같아 더욱 추웠던 그 겨울, 내가 살았던 고시원은 무엇과도 비교할 수 없이 따뜻한 보금자리였고 공부하는 도중 유일한 쉼의 장소였으며 또 어떤 이들에게는 생존의 장소였다. 야간 근무로 매일 새벽 즈음에 퇴근하는 옆방 언니, 식당에 다니며 생계를 꾸려 가시는 앞방 큰언니 그리고 내가 공부를 마치고 밤에 돌아오면 오순도순 둘러앉아 함께 부엌에서 부침개를 해먹던 고시원 식구들. 그 시간에는 나도 공부에 대한 걱정은 잠시 접어두고 한 자리 차지하고 앉아 어른들의 세상사는 이야기에 귀를 기울이곤 했었다.

  301호 아저씨는 믿음이 신실한 기독교 신자이신데, 매일 새벽에 나가서 밤늦게 들어오는 내가 안쓰러워 보였는지 고시원 복도에서 마주칠 때마다 "아픈데 없냐? 힘내서 열심히 해라."라며 특유의 말투로 넌지시 말을 건네고는 하셨다. 한번은 100일 남짓 앞으로 다가온

시험 때문에 열심히 공부하던 어느 날 문득 달력을 보니 성탄절 전
날이었다. 그 날은 매일 시계추처럼 왔다 갔다 했던 학원이 아닌, 아
저씨가 다니는 교회에 가서 성탄절 전야를 보내고 예배를 드렸다. 함
께 지하철을 타고 교회에 가며 이런 저런 인생 조언을 들려주셨던 아
저씨의 목소리가 어제 일처럼 떠오른다. 그 날 큰 소리로 찬양을 하
시며 눈물로 기도하시던 아저씨의 뒷모습은 어쩐지 쓸쓸하게 느껴
졌다. 무슨 일을 하시는지 늘 피곤한 모습의 아저씨였지만 교회에 갈
때에는 대기업 회장님 부럽지 않게 단정히 양복을 차려 입으신 모습
이 참 멋있어 보였다.

303호 백령도 오빠는 고시원에 산 경력이 나보다 훨씬 더 오래되
었고, 동대문 시장에서 일하고 있다고 했다. 내가 공부를 마치고 돌아
오는 밤이면 부침개, 김치찌개, 카레, 감자전 등 그 시간에 쉽사리 그
냥 지나칠 수 없는 맛있는 음식들을 부엌에서 분주히 만들며 고시원
사람들에게 요리 실력을 뽐내고는 했다. 큰 키에 잘생긴 얼굴의 그는
앞치마를 단정히 매고 부엌을 이리저리 돌아다녔는데 그 모습은 마
치 드라마를 보는 것 같은 착각을 일으키기도 했다. 공부하느라 힘든
데 원기를 보충할 겸 먹으라며 접시에 노릇노릇한 음식을 담아 줄때
면 고마움의 차원을 넘어 엄마 생각이 많이 나서 마음까지 뜨끈하기
도 했다.

고시원을 운영하시는 할머니, 할아버지는 총무실 옆방에서 주로
TV를 보시며 하루를 보내시는 것 같았다. 할머니는 웃으실 때마다
눈가에 주름이 너무나 예쁘셨던 고운 분이셨다. 내가 김치가 다 떨어
졌다고 할머니 방문을 똑똑 두드릴 때면 좀처럼 움직이지 않고 누워
계시는 할아버지의 이불 매무새를 한번 다듬어주시고 나오셔서 옥

상에서 김치를 꺼내다 주고는 하셨다. 할아버지는 전구를 달아주시거나 대청소를 하실 때에만 방에서 가끔 나오시는 것 같았는데 청력이 좋지 않으셔서 아주 큰 소리로 말해야만 들을 수가 있었다. 항상 같은 검정색 점퍼를 입고 소리 없이 이리 번쩍 저리 번쩍하던 고시원 총무는 할머니의 아들이나 조카뻘인 듯했다.

그 당시 고시원에서 제공되는 김치와 밥은 나에게 거의 유일한 식량이었다. 나는 매일 새벽 4시 20분에 일어나 부스스한 모습으로 세수도 하지 않고 고시원 식당으로 직행했다. 지난밤에 피곤한 탓에 못 먹었던 부침개가 아른아른 거렸지만 남은 음식은 없었다. 잠시 냉장고를 뒤적뒤적 하다가 먹을 만한 것이 없음을 알게 되면 프라이팬을 꺼내 김치와 밥을 넣고 볶아 아침으로 먹고 작은 플라스틱 도시락에도 넉넉히 담았다. 소시지를 잘게 썰어 넣어 먹으면 더 맛있었지만 시간과 돈을 아끼기 위해 그렇지 못한 날이 더 많았다. 점심과 저녁에 한 개의 도시락을 나누어 먹으며 거의 매일 같은 메뉴를 먹었지만 질린다는 생각은 한 적이 없었다. 오히려 공부하다 먹는 매일 그 어떤 밥보다 맛있었다.

혹독한 추위와 싸우며 바깥에서 일하시는 아버지 생각에 비싼 반찬, 비싼 옷, 비싼 고시원 모두가 나에게는 부모님에 대한 미안함으로 인해 누릴 수 없는 것이었다. 공부하며 거슬리는 머리카락을 시간을 아끼려고 미용실 한번 가지 않고 고시원 한켠에서 자르곤 했었다. 추운 겨울에 고시원 보일러가 고장 나곤 했지만 빨리 학원에 가서 공부할 마음에 찬물로 오들오들 떨며 샤워를 한 날도 있었고, 신발을 살 돈이 아까워 주변 시장에서 구입한 삼선슬리퍼를 신고 부지런히 학원과 고시원을 왔다 갔다 하였다. 한 달에 60만원이란 거금을 꼬박꼬박 보내주시는 부모님께 해지해버린 휴대전화 대신 고시원 앞 공중전화에서 눈물을 삼켜가며 통화를 할 때에도 단어장을 손에 꼭 쥐고 있었던 기억이 난다. 고시원 사람들의 사랑과 지지를 받으며 독하게 공부한지 1년이 지난 어느 날, 나는 목표했던 대학의 합격 통지서를 받아 들고 옥상에서 하늘을 보며 쉴 새 없이 촉촉해지는 눈가를 열심히 닦아내었다.

지금은 그 때보다 훨씬 좋은 학교, 좋은 집, 좋은 음식을 먹으며 공부하고 있지만 옆집이나 윗집 사람 그 누구와 마주쳐도 서로 인사조차 하지 않는다. 내 또래의 학생들인 것 같지만 등굣길에 복도를 스치며 서로 눈을 마주치는 것도 왠지 꺼려하는 것이다. 그럴 때면 문득 고시원생활의 추억 뿐 아니라, 세상 돌아가는 이야기, 사람들 살아가는 이야기에 가끔 눈시울을 붉히게 만들었던 고시원 사람들이 떠오른다. 좁은 방, 남녀 공용 샤워실, 가끔 바퀴벌레도 출현했던 부엌이었지만 그 사람들이 있는 그 곳에서 다시 한 달만 더 살아보고 싶을 정도로 그곳이 그립다. 지금쯤 다들 무엇을 하고 지내고 있을까. 이번 겨울 방학에는 그 고시원에 다시 한 번 꼭 찾아가 보아야겠다.

은상

그림 한 점에 담긴 철학

김보민

부산대학교 의학전문대학원 2학년

올리브색과 연두색 하늘 뒤로 경계가 희미한 장미꽃이 자리합니다. 이 배경을 뒤로 한 채 어머니와, 모유를 먹는 한 아기가 있습니다. 추운 날인지 어머니는 뜨개질한 남색 가디건 스웨터를 반쯤 열어 왼손으로 자신의 젖가슴을 아기의 입에 가져다 대고, 오른손으로는 아이의 몸을 받쳐 그 체온의 따스함을 전합니다. 새하얀 피부가 더 돋보이는 흰 색 배내옷 위로 빨간 담요를 두른 아기는 배가 고픈 듯 초롱초롱한 천사의 눈을 한 채 엄마를 바라보고 있고, 평온히 내려다보는 엄마의 두 눈은 마치 아이가 전하는 눈빛을 다 알고 있는 것 같습니다.

4월, 피리에 있는 국립현대미술관에서 본 독일의 표현주의 화가 '포울라 모더슨 베커'의 그림입니다. 단순화된 형태와 과하지 않은 색채로 내면의 감정을 표현한 그녀는, 모성과 여성의 운명을 솔직하고도 대담하게 표현하여 독일 미술을 현대로 이끌었습니다. 파리에서 머무는 일주일 동안 수많은 예술가들의 작품을 만났지만, 이름도 몰랐던 작가인 그녀의 회고전이 저에게는 여행이 남긴 가장 큰 선물이었습니다. 이 화가는 10년도 채 되지 않는 짧은 경력 속에서 다작을 이뤘고 첫 아이를 낳다가 31살의 나이로 생을 마감합니다. 이런 그녀의 기구한 삶 속에는 항상 그녀와 가장 친했던 친구, 시인 라이너 마리아 릴케가 있었습니다. 미술관에서 읽었던 릴케가 남긴 진심 어린 손 편지 한 구절이 기억납니다.

"포울라, 나에게 말해주시오. 당신이 죽고 난 후인 지금, 이 땅에 당신의 부재를 뛰어넘을 만한 곳이 존재하나요? 내가 당신을 대신하여 우리가 평생 그려왔던 그 이상향을 찾아 여행을 떠나야 할 것 같습니다. 당신은 나에게 생생한 감각으로 그곳을 떠올리게 했어요. 나는 강을 건너 계곡을 지나 유서 깊은 그 곳을 찾을 것입니다. 그 곳에 살고 있는 여성과 아이들을 바라보며, 그들의 집 문을 두들기곤 그 앞에서 몇 시간이고 깊은 대화를 나눌 겁니다. 그리곤 그들은 말할 것입니다. 내 고향은 이곳이 아니라 나의 아이들이라고요."

외부세계와 내밀한 관계를 유지하는 어린아이를 새로운 인간상의 기준으로 삼은 릴케는 모성적 인간이야말로 내면이 성숙한 사람이라고 칭했습니다. 모성애는 남녀 모두의 내면에 들어있고 진정한 사랑을 통한다면 내 안의 나를 확장할 수 있게 만드는 힘이 됩니다. 그가 왜 평생 내면의 성숙과 사랑을 노래했는지 조금은 알 것 같습니다. 릴케의 편지와 베커의 그림은 아이가 지닌 순수함이 좋아 소아과 의사를 꿈꿨던 저의 초심을 일깨워주는 계기였습니다. 건강한 모성애를 바탕으로 모든 걸 이겨내는 어린이들을 통해 저는 이들이 진실로 위대하다는 것을 느꼈습니다. 학교 가까이에 있는 어린이병원을 지나다 가슴 아픈 친구들의 모습을 종종 보곤 합니다. 그런데 병동에서 나와 병원 앞 놀이터에서 산책을 하는 그들의 얼굴에는 그늘보다는 빛으로 가득 차 있습니다. 오히려 안쓰럽게 여긴 저를 무색하게 만들뿐이지요. 인공호흡기에 의존하지만 어머니와 웃으며 대화를 나누는 어린 소녀, 관절에 이상이 있어 걷기가 힘들어도 씩씩하게 걸어가는 소년에게는 꿈이 가득해 보였습니다. 어떤 이유로 저렇게 해맑을 수 있나요? 부모님도 의사선생님도 아닌 아마 자기 자신을 위한 희망을 마음속으로 노래하고 있는 것 같습니다. 자신을 위한 주변 사람들의 사랑과 스스로 병마와 싸우며 얻은 성숙한 정신력으로 소년과 소녀는 앞에서 말한 '내 안의 나'를 확장해 나가고 있는 과정에 있는 듯합니다.

우리는 누구나 어린이였던 때가 있습니다. 어른이 되고 나서는 이를 간과하고 살게 될 뿐입니다. 세상이 낯선 것은 나이에 상관없이 오랜 사회적 통념에 의해 혹은 세월의 때가 묻으며 인생이 조금 익숙해질 뿐인 것 같습니다. 윌리엄 워즈워스가 '어린이는 어른의 아버지'라고 말했듯이 모성애에서 출발한 아이의 사랑과 힘은 언제나 우리 스스로의 원동력이 될 것입니다.

누구나 인생에서 추구하는 목표는 나르시만 고독하고 부끄럽고 고민하게 되는 순간이 존재할 것입니다. 이럴 때는 어린 나로 돌아가 꾸밈없는 자신의 내면을 들여다보는 솔직함의 미학이 필요할 것 같습니다. 저 또한 의사를 목표로 공부하면서 스스로에 대해 자신이 없어 밤을 지새운 날들이 있었습니다. 무엇을 위해 이 기나긴 시험 준비와 끝없는 의학이라는 학문을 공부하고 있는지 의문이 들었기 때문입니다. 그 때마다 어머니에게 전화를 걸어 불평을 하곤 했는데 지금에 와서 보니 길 잃은 아이가 엄마를 찾아 세상 떠나가게 울 듯, 저도 모르게 어리광을 피웠던 것 같습니다. 어머니의 위로 한마디로부터 세상에 대한 용기를 얻고 나 스스로가 어떤 의사로 성장하고 싶은지 조금씩 해답을 찾아가고 있습니다.

 의사든 예술가든 사람에 대한 문제를 가볍게 넘기지 않고, 가능성과 믿음으로 삶을 이어나가게 해준다는 점에서 두 길이 공통분모를 가집니다. 어려움을 해결하는 방법만 다를 뿐 의술과 예술은 동일 선상에 존재하기 때문에 그 연결고리를 평생 찾아가고 싶습니다. 정신과를 공부하며 프로이트와 융을 찾고, 소아과학에서 배운 삶의 성장에 관한 관점을 포올라 모더슨 베커의 작품 〈기대어 쉬는 엄마와 아기〉를 통해 한 번 더 이해하는 것처럼 말이지요. 앞으로도 생명과 직결되는 의술을 펼치면서 늘 문학과 미술이 주는 인생의 철학을 잊지 않으려고 다짐 해 봅니다.

동상

능소화의 꽃말

정연주

건양대학교 의과대학 2학년

먼지 쌓인 선풍기를 꺼내야 할 때가 되면 아파트 현관에는 능소화가 꽃망울을 피운다. 항상 그 자리에 있었을 터이지만 내가 그들을 처음 보게 된 것은 하늘을 자주 올려다보던 작년 여름이다. 고개를 두리번거려 까마득한 밤하늘에서 달을 찾으려 애썼고 어쩌다 달이 잘 보이는 날엔 선물이라도 받은 듯 기뻐했다. 달과 능소화가 함께 있던 저녁들은 집과 강의실, 도서관을 오가던 나에게 소소한 행복이었다.

아침저녁으로 그들을 보았다. 집 앞의 문지기 마냥 그들은 항상 그곳에 있었다. 그 꽃들은 왜 거기서 피고 질까. 나는 여기서 무엇을 하고 있는 것일까. 존재의 심연에서 허우적거렸다. 대학 입학 전에 고민해봤어야 할 문제들을 그때서야 생각해보기 시작한 것이었다. 나는 왜 의과대학에 왔을까. 어떻게 살아야 할까. 사실 능소화는 단지 심어져 있었을 뿐이었고 그들에게 의미를 부여하는 건 나 자신이었다. 이렇게 끝없는 질문들에 빠져 버린 사람에게는 헤쳐 나올 시간이 필요하다. 나는 뭍으로 다시 올라가기 위한 시간이 필요했다. 꽃들에게도 가을과 겨울이 있어야 하는 것처럼 말이다.

　그러나 학기 중의 생활은 그렇게 호락호락 하지 않았다. 나를 위한 시간은커녕 하루하루 능소화들을 지나치며 학교에 갔지만 수업의 흐름을 놓친 지 오래였다. 결국 의대생이라면 모두가 두려워하는 재시를 보게 되었다. 20여 년 간의 생애에서 가장 길게 느껴졌고 가장 치열하게 공부한 시간이었다고 단언할 수 있다. 아침 이슬에 젖은 능소화를 보며 학교에 갔고 돌아올 때면 그들은 어둠속에 몸을 감춘 지 오래였다. 능소화는 끝끝내 나를 기다려 주지 않았다. 이미 늦은 것이었다. 하지만 나에게는 자의는 아니었지만 내년의 꽃들을 기다릴 수 있는 시간이 생겨버렸다. 그렇게 내게 능소화의 꽃말은 재시가 되어버렸다.

　한동안 그들을 볼 수가 없었다. 밖에 나오지 않은 것은 아니다. 나에게 그런 당연히 존재하는 자연은 보이지 않았다. 태연한 척 했지만 괜찮지 않았다. 그런 나 자신에게 괜찮다고 세뇌시키기 위해 사람들도 만나러 나갔다. 조그맣게 존재하는 내 세상의 전부와 단절된 느낌이었다. 당시 내가 소속된 사회는 학교뿐이었으니깐 말이다. 어떻게든 혼자 잘 살아갈 수 있다는 것을 보여주려다 유난히 덥던 그 여름 지쳐서 집으로 돌아갔다. 내가 태어날 때부터 속해있던 가장 작은 사회이자 내가 행복하기만을 바라는 사람들이 있는 곳으로 말이다.

　능소화들은 그렇게 나에게서 잊혀 갔고 서늘한 바람이 불어옴과 동시에 일을 시작했다. 카페에서 바리스타 일을 배우기 시작했다. 하루하루 어딘가를 나갈 수 있다는 것과 권태로움을 이기기엔 그보다 좋은 일이 없었다. 손님들이 계속 들어오고 나감에 따라 내가 닦아야 할 테이블은 늘어났으니깐 말이다. 내가 다른 차원으로 온 것이 아닌가 의심이 들만큼 시간이 순식간에 흘러갔다. 가장 자유로웠던 그해 가을이었다. 학교 밖 세상은 나의 편의를 봐주는 법이 없었지만 최소한 영원히 끝날 것 같지 않았던 시험 일정은 없었다. 평소 가보고 싶었던 곳들도 다녀왔다. 지금도 그 해 가을의 한 사진이 노트북 배경화면을 차지하고 있다.

혹자는 이렇게 보내는 시간이 동기들에 비해 뒤처지는 것이라고 생각한다. 입시경쟁 때부터 우리는 다른 사람들보다 뒤처지는 것을 두려워하도록 가르쳐진다. 저 아이들보다 잘해야 하고 저 아이들은 이미 진도를 다 나갔고 그래서 너도 해야 한다고 교사들과 학부모님들이 말씀하신다. 그렇지 않으면 성공할 수 없다고 하신다. 우리의 인생은 대학에서 끝나는 것이 아니다. 앞으로의 삶을 위해 지금 헤쳐 나가기 위한 시간이 필요하다면 절대 낙오라 부를 수 없다.

그 후 올해 여름 다시 집 앞의 능소화를 만났다. '아, 저 꽃 꽃말이 재시였는데.'라고 생각하며 피식 웃었다. 올해는 '나와 관련 없는 일이다'라고 되뇌었지만 그 꽃과 다시 친해질 수는 없을 것 같았다. 그렇게 능소화는 그 곳에 있었다. 정말 아름다운 꽃들이었지만 한번 그들의 꽃말을 재시라고 생각해버리자 그들이 필 때가 돌아오니 우울해졌다. 그렇다. 결국 내가 어떻게 생각하느냐에 달려 있는 것이었다. 사실 그들을 처음 만난 여름에는 이름조차 몰랐다. 우연히 한 영화포스터의 배경에 있던 그들을 보고 검색해 보았고 포털 사이트는 그들을 능소화라고 불렀다. 자연히 진짜 꽃말도 연관검색어에 나왔다.

'명예'

명예는 다른 사람들이 나를 어떻게 보고 평가하는지에 따라 달려있다. 일종의 보여주기 위한 세속의 가치일 뿐이다. 학교와 사회는 대학입시를 준비할 때의 학생들의 가치는 입시 성적에 달려있다고 착각하게 만든다. 고등학교 시절의 나 역시 학생들이 한번쯤은 꿈꾸는 것처럼 의대생이 되고 싶었던 것이었다. 물론 직업임과 동시에 남을 도울 수 있다는 점은 충분히 매력적이었지만 의사가 된다는 것에 대해 구체적으로 생각해보지 못했다. 입시가 끝나자 의대생이 되기 위한 틀에 갇혀 살던 나는 더 이상 없었다. 나만의 꽃을 피우기 위해서는 새로운 가치관과 각오가 필요하다. 이제 나는 의사가 될 것이다. 어떤 의사가 될 것인지 생각하고 발전하는 것이 앞으로의 나의 삶일 것이다. 나의 꽃말은 무엇이 될까.

동상

스마일 로드, 그 한 걸음

최태양
충남대학교 의과전문대학교 2학년

녹록지 않은 날입니다. 그간 겪어보지 않았던 무더위가 물러날 기미를 보이지 않습니다. 온 세상이 찜통이 되어버린 듯한 이 날씨로부터 자라나는 청소년을 구하고자 각 학교들은 방학을 연장하기까지 했습니다. 비록 같은 학생이지만, 우리는 이미 20살이 훌쩍 넘어버렸기에 의연한 듯 폭염 속에서 두 번의 시험을 치르고 나서 뉴스로 전해들은 그 소식에 부러워만 했습니다. 어른이라는 신분증만이 주어졌지 우리도 청소년과 별반 다르지 않습니다. 고등학교 때와 같이, 아니 어쩌면 훨씬 더 빡빡한 일정을 소화해 나가면서 20살과 함께 주어진 책임이라는 무게를 지는 법을 배우고 있습니다. 그런데 정말 우리가, 고민 없이 주어진 길만 따라가는 이 어른아이들이 우리 앞에 놓여 있는 책임의 의미를 알고 있을까요?

연이은 찜통더위 속 7월의 중, 후반 한동안 기획했던 의대생 국토대장정인 스마일 로드가 시작 되었습니다. 벌써 5회를 맞이했다는 이 행사에 전국에서 올라온 의대생들은 다른 학교의 친구들을 만난다는 부푼 꿈을 가지고 집결지인 경주역에 모였습니다. 일주일간 펼쳐질 고난의 행군은 상상도 하지 못하고, 처음 만난 사람들과의 어색함과 설렘만이 경주역을 감싸고 있었습니다. 태양반이라는 내 이름을 딴 반을 이끌면서 저 역시 그 설렘에 동조하고 있었습니다. 천년의 고도 경주에서 펼쳐지는 장관들을 감탄하며 시작한 국토대장정은 걷는 것을 좋아한다고 자신을 소개했던 것이 무색하게 사흘이 못돼서 '참 못할 것'이 되어버렸습니다. 물집은 예사고, 맞지 않는 일기예보로 비를 보지 못한 친구들은 내리쬐는 태양 볕에 더위도 덤으로 짊어지고 걸어야 했습니다. 다른 국토대장정과 달리 의대생의 체력을 고려해서 일정을 짰다고 했지만 그래도 왜 이렇게 길이 끝나지는 않는 건지. 쨍하게 멋진 배경과는 다르게 사진속의 우리의 얼굴은 왜 이리도 일그러져 있는 건지. 정말 지나간 유행가 가사처럼 "알 수 없지만 알 수 없지만 오늘도 저희는 또 걸어가고 있었습니다……." 저라고 힘들지 않았겠습니까. 햇볕에 타서 장갑을 낀 것 같은 두 손과 평생 앓아본 적 없던 햇빛 알러지를 선물로 받게 되니, 지난여름 그 길이 참 대단 했구나, 다시 한 번 실감하게 됩니다.

하지만 아이러니 하게도 마지막 날 우리는 지겹고 지독했던 그 길에 내년에도 서자고, 함께 걷자고 그렇게 약속했습니다. 그동안 우리는 곱게 자라왔습니다. 다들 어딘가에서 우등생으로 대접받으며, 더울 때 시원한 곳에서 공부하고, 추울 때도 따뜻한 곳에서 보낼 수 있었습니다. 30명이 넘는 인원이 웅크리고 한 마을회관에서 자야하며, 샤워기는커녕 더운물도 나오지 않는 화장실에서 씻어야 한다는 걸 상상이나 했을까요? 그걸 알고서도 우리는 내년을 기약합니다.

뒷사람이 못 씻을까 하루 종일 땀에 절어버린 몸을 차가운 물 두어 바가지로 씻어내는 대원들, 짐을 짊어지고 각자의 숙소로 돌아갈 때,

곧 쓰러져 버릴 것 같은 후배의 짐을 대신 져주는 선배, 길 위에서 뒤처지며 완주를 못할 것 같은 친구의 등을 밀어주던 그런 든든한 친구들을 저는 '스마일 로드' 그 위에서 만났습니다. 만약 우리가 학교에서 계속 공부를 하거나 실습만을 했다면 이런 모습들을 볼 수 있었을까요? 편하고 즐거운 상황에서만 만나는 친구들 사이에서는 항상 밝은 모습만 보기에 그 친구들이 힘들 때 어떠한지 알 수가 없습니다. 덥고, 좁고, 피곤한 이 여정에서 우리는 진짜 그 친구들을 만날 수 있었습니다.

남들이 잘 때, 빨래 당번이 되면 30명분의 빨래를 해야 했습니다. 조금은 이기적이고 싶은데, 조금은 설렁설렁 넘어가고 싶은데 다 같이 힘든 걸 보니 나 혼자 편한 것이 더 불편합니다. 빨래까지 하고 겨우 두 눈 붙였는데, 5시 20분에 출발한다고 하니 비몽사몽 일어나 짐을 싸고 옷을 챙겨 입느라 눈을 떴는지 감았는지 분간이 안 되어도, 나로 인해 대열이 전부 늦어진다고 생각하니 몸이 저절로 움직였습니다.

이렇게 우리는 책임감을 배워 가나 봅니다. 우리가 원하던 의사라는 직업은 정말로 책임이 중요한 직업입니다. 환자들을 위해 한 번 더 움직여야 하고, 또 한 번 그들을 위해서 자신의 편안함을 버려야 합니다. 따뜻한 내 집에서 사는 것은 고사하고 기숙사에서 잠만 잘 수 있어도 감사할 그런 날이 올 것입니다. 한 번도 불편하지 않았더라면 결국 그때가 돼서 우리는 해야 되는 것과 불편함이 아니라, 편함과 불편함 사이에서만 고민했을지도 모르겠습니다. 이래서 어른들이 고생은 사서도 한다고 하나봅니다. 우리는 지난여름 '스마일 로드'라는 고생길에 참가비라는 값을 지불 했습니다. 덤으로 체력과 건강을 지불한 것 같기도 합니다. 하지만 이렇게 산 고생은 정말 살 만한 가치가 있었습니다. 고생을 같이 산 전우 같은 친구들을 얻었고, 무엇보다도 앞으로 겪게 될 세상 불편함에 미리 예방접종을 할 수 있었습니다.

학교에선 매 학기 인성 관련 수업이 배정되어 있습니다. 이런저런 강의를 들으며, 또 여러 가지 과제를 하면서 교수님들께서는 저희에게 이타심을, 인성을 그리고 책임을 가질 것을 바라십니다. 하지만 정말 우리가 이 책임을 배워가는 곳은 좁은 강의실이 아니라 넓게 펼쳐진 길 위가 아닐까 생각해 봅니다. 이 길 위에서 어른아이였던 우리는 한 뼘 더, 그을린 피부만큼 한 걸음 더 진짜 어른에 가까워지고 있는 것 같습니다.

동상

기내의 의학도 혹은 벙어리

임현아

가톨릭대학교 의학전문대학원 4학년

"망치요?"

"그러니까 제가 의대생인데 이 고무망치가 제 가방에 들어있었는지 미처 몰랐어요. 이 망치가 뭐냐면 ……."

바르셀로나 공항의 검색대 한 쪽에서 어설픈 영어로 상황을 해명하는 내 목소리가 울렸다. 학사일정 중 '선택실습' 과정으로 체코의 의대에서 6주간의 실습을 하고 짧게 주어진 '부활절휴일' 기간을 틈타서 유럽 다른 국가들을 여행 중이었다. 스페인에서 친구를 만난 후, 스위스의 WHO에서 인턴 실습 중인 동기들을 만나러 가려던 참이었다. 젊은 패기로 살인적인 일정을 잡았었기에 공항에서 밤을 새고 새벽에 출발하는 지가항공사의 비행기를 타려고 검색대에 줄을 서서 기다리면서 얼른 다시 자고 싶다는 생각뿐이었다. 그런데 내 가방이 검색대에 딱 걸린 것이다. 체코에서 여행을 시작하며 대부분의 짐은 한국으로 부치고 최소한의 옷만 가지고 여행 중이었기에 의아했는데 범인은 다름 아닌 '고무망치'였다. 실습 중에 혹시라도 신경학적 검사를 할 일이 있을까 싶어서 한국에서 들고 왔다가 그 사실을

까맣게 잊고 있었는데 쇠로 된 손잡이가 X-ray에서 보이니 딱 걸린 것이다. 그래서 나를 불러낸 직원에게 이 고무망치가 무엇인지 설명하였지만 그는 선뜻 이해하지 못했고 특히나 이름이 고무'망치'인 탓에 그는 혹시라도 테러를 위한 '흉기'는 아닌 지 의심하고 있었다. 가뜩이나 불과 일주일 전의 벨기에 테러로 긴장감이 더해진 시기여서 검색이 더 삼엄했던 것 같다. 그래서 고무망치를 어떻게 쓰는 것인지 시범을 보이고 국제학생증을 보여주고서 검색대를 통과할 수 있었는데 그 때 까지만 해도 여행 후 친구들에게 웃으며 전할 이야깃거리가 하나 더 늘어난 것 같아 그저 재미있었을 뿐이었는데 이 상황을 누군가 지켜보고 있을 것이라고는 꿈에도 몰랐다.

비행기에 탑승을 한 후 한 시간 반 정도는 충분히 잘 수 있겠다는 생각에 안전벨트를 하고 눈을 감았다. 해외여행을 많이 해보지도 않았던 터라 비행기에서 창밖의 하늘을 보는 것이 좋아 대부분은 창가 자리를 예매하는 편인데 이번에는 남은 자리가 없어서 복도 쪽 좌석에 앉는 것이 내심 아쉬웠던 차였다. 이윽고 안내방송이 나온 후 활주로를 달리던 비행기가 이륙을 시작하는 것이 기울어진 각도로 오롯이 전해졌다. 다음 여행지에 대한 설렘으로 가장 좋아하는 순간이기도 한 그 때, 내 오른편에 앉은 사람이 내 팔을 치는 것이었다. 좌석이 좁아서 그러겠거니 하고 이해하려 했는데 한 번, 두 번이 아니라 갑자기 '툭툭툭…….' 자신의 팔꿈치로 내 팔을 사정없이 치는 것이었다. 낯선 이가 계속 부딪치는 불쾌한 기분에 왜 이러나 싶어 눈을 뜨고 보니 옆자리의 아저씨가 조금 이상했다. 양 팔을 경련하듯이 떨면서 입을 쩝쩝 다시고 있었다. 시선은 멍하게 앞을 응시하고는 이내 숨도 헐떡이기 시작했다.

'Seizure(발작)구나!'

나는 놀란 마음에 얼른 손을 들고 승무원을 불렀다.

"여기로 좀 와주세요. 옆자리 사람이 발작을 하고 있어요!"

아저씨의 왼 팔을 잡은 채 다급하게 도움을 요청했다. 그렇지만 기체가 기울어진 채 비행기가 이륙 중이었던 터라 승무원들은 이동할 수 없다며 잠시 기다릴 것을 요청했고 그 짧은 시간 동안 나와 창가의 젊은 청년은 그저 아저씨의 팔을 하나씩 잡은 채 어쩔 줄을 몰라 하고 있었다. 아저씨는 내가 부르는 소리에도 그저 계속 팔을 떨면서 점점 더 숨을 급하게 몰아쉬고 있었다.

이륙이 끝나고 승무원 두 명이 다급하게 우리에게로 왔다. 일단 아저씨를 제일 뒷줄의 빈 좌석으로 옮겨서 눕히자 이내 방송이 나왔다.

"기내에 환자가 발생했으니 탑승하고 계신 승객 중 의사가 있으면 뒷좌석으로 와주시기 바랍니다. 다시 한 번 안내드립니다……."

병원에서 신경과 실습을 할 때 몇 번 본 게 다였던 발작하는 모습을 그것도 비행기 안에서 보게 되니 너무 놀란 마음에 정신마저 아득해지는 기분이었는데 안내방송을 들으니 심장이 쿵쾅대기 시작했다.

'이게, 영화에서만 보던 doctor-call인가? 일생에 한 번도 없을 것 같았는데 이게 무슨 상황인거야.'

당황스럽고 긴장된 마음에 손에 땀이 났고 얼른 의사가 나타나서 환자를 돌봐주길 간절히 바랬다. 영화 속 주인공이라면 이 상황에서 '짠' 하고 나타나 환자에게 멋진 처치를 하겠지만 나는 두려운 마음이 훨씬 컸으며 나는 아직 학생일 뿐이고 아는 것도 없다는 사실이 참으로 답답하고 속상했다. 내가 할 수 있는 것은 아무 것도 없는 것 같았고 두려움에 울고만 싶었다. 안내 방송은 두 번이나 더 울려 퍼졌지만 의사라고 나서는 사람은 없었다. 이 많은 사람 중에 의사 한 명이 없는 것일까 싶어 아득했고 머릿속으로 희미한 기억 속에 발작 환자들에게 어떤 처치를 해야 하는지에 대해 떠올려보려 했지만 평소 성실히 공부하지 않았던 탓에 그다지 기억나는 것이 없는 바보 같은 내가 원망스러웠다. 하지만 옆에서 숨을 헐떡이던 아저씨의 모습이 생각나 이대로 가만히 있는 내 자신이 한심해서 견딜 수가 없었다. 길지 않은 일, 이 분 가량의 시간동안 내가 주저하는 사이에 혹시나 아저씨가 정말 위급한 상황에 빠지는 것은 아닐까 싶어서 두려웠다.

비겁하게 고민만하다가 힘겹게 쭈뼛쭈뼛 손을 들었다. 처음 승무원에게 환자가 발생했다고 다급하게 소리치며 들던 손과는 대조적으로 너무도 힘없이 바들바들 떨면서 말이다. 옆으로 온 승무원에게 작은 목소리로 사실 나는 의대생이라고 말했다. 그리고는 바로 이어서 아는 것도 없는 일개 학생일 뿐이라는 변명도 허겁지겁 덧붙였다.

"오, 맞아요. 검색대에서 본 게 당신이었군요!"라며 대각선 건너편에 앉아있던 아주머니 한 분이 자신이 봤다며 큰 소리로 말했다. 참으로 민망하고 창피한 순간이었다. 그 아주머니는 검색대에서 고무망치를 들고 의대생이라고 설명하던 나의 모습을 봤던 것이다. 그리고는 이내 의대생이라고 당당히 밝히고 얼른 환자를 돕지 못하며 주저하는 내 모습도 계속 지켜보고 있었던 것만 같아 창피함에 그 순간 어디로든 사라져 버리고만 싶었다.

그러한 작은 소란 속에서도 의사라고 나서는 사람은 없었고 사람들은 웅성대며 이쪽을 다시금 쳐다보기 시작했다.

승무원은 사람들을 진정시키며 나에게 뒷좌석으로 와줄 수 있느냐고 물었고 나는 축 처진 어깨를 하고 따라 갔다. 아저씨는 좌석 3

개를 차지한 채 누워서 아직도 숨을 몰아쉬고 있었고 승무원 한 명이 아저씨의 팔 다리를 주무르고 있었다.

'침착하자. 침착하자. 일단 생각을 해 보자.'

나는 속으로 되뇌면서 내가 배웠던 많은 내용들 중 무엇이라도 떠올리고자 노력하였다. 그나마 가장 최근, 응급의학과에서 실습을 하면서 교수님께서 해주셨던 말씀이 떠올랐다. 교수님께서는 응급실로 오는 많은 환자들 중 이 사람이 당장 죽을 위험에 빠진 환자인지 아닌지를 감별하는 것이 가장 중요하다고 하셨다.

"혹시 가슴이 아픈가요? 어깨 쪽으로 뻗치는 통증이라든지 극심한 흉통이 있지는 않나요?"

나의 질문을 승무원이 스페인어로 아저씨에게 번역해주었고 아저씨는 고개를 내저었다. 고작 질문 하나로 확신할 수는 없겠지만 나는 그래도 심근경색은 아닐 것이라는 기대에 참으로 다행이라고 생각하며 "그렇다면 숨쉬기는 어떠세요? 숨이 많이 차신가요? 숨이 막히는 기분인가요?"라고 질문을 건넸다.

아저씨는 숨이 막히는 건 아니고 아픈 곳도 없다고 대답을 하면서 다시금 양팔을 떨며 발작을 했다. 교수님께서 사람의 심장이 정상적으로 피를 내보내고 있고 기도가 확보되어 숨을 쉴 수 있다는 것을 확인하는 것이 가장 중요하다고 강조 하셨던 것도 생각났다. 그래서 혹여나 아저씨가 구토를 하거나 혀가 기도를 막아 버릴까 두려워 얼른 고개를 왼편으로 젖혔다. 그리고는 마땅한 것이 없나 찾다가 승무원에게 부탁하여 물수건을 접어서 입에 물리고 허리 벨트를 풀었다. 그 다음은 내가 해야 할 일이 도저히 떠오르지가 않았는데 아저씨가 식은땀을 많이 흘리는 것을 보다가 혈압을 재야겠다고 생각이 들었다. 승무원이 혈압계를 가져다주었고 실기 시험 때 했던 방법들을 떠올려 가며 혈압을 측정하니 110/80 정도의 정상범위의 혈압이 측정되었다. 그래도 혹시나 싶어 승무원에게 부탁을 하여 양다리를 높게 들었다. 만일 혈압이 떨어진 상태라면 다리를 드는 것으로 조금이나마 혈압을 높일 수 있을 것이고 혈압이 정상인 상태로 내가 제대로 측정을 한 것이라면 다리를 드는 것만으로는 문제가 되지 않을 터였기 때문이다. 그리고 혹시나 과호흡 때문에 발작이 유발될 수도 있다는 희미한 기억을 떠올려 아저씨에게 비닐봉투를 통한 호흡을 시켜야 하나 고민하면서 승무원에게 부탁하던 차에 구세주가 나타나듯 비즈니스 등급의 좌석에 있던 스페인 의사 한명이 나타났다. 나는 안도의 한숨을 내쉬면서 그에게 지금까지의 상황에 대해 설명하고는 자리로 돌아왔다. 창가에 앉아 있던 청년은 나에게 환자는 괜찮으냐며 눈물을 글썽이며 물었고 나는 이제 의사가 나타났으니 괜찮을 것이라고 대답해 주며 제발 무사하기를 나 또한 기도했다.

나중에 그 스페인 의사에게 물어보니 환자는 원래 고혈압이 있었고 예전에도 발작을 한 적이 있었지만 약을 제대로 먹지 않았다고 했다. 그리고 비행기가 이륙을 할 때 긴장으로 발작이 유발된 것 같으며 지금은 위급한 상황은 아닌 것 같으니 안심해도 좋다고 말해주었다. 그리고 놀랐을 텐데 침착하게 잘 처치했다며 앞으로 좋은 의사가 되기를 바란다는 칭찬과 격려도 해주던 그는 나에게 미소를 지어주었.

그 말을 듣는 순간 정말로 다행이라는 생각과 함께 온 몸의 긴장이 다 풀려 버렸다. 일생에 한 번 있을까 말까한 기내의 의사호출을 겪고 나니 얼떨떨하기도 했다. 그리고 만약에 정말로 불운하게도 환자가 정말 위급한 상황이었다면 과연 내가 할 수 있는 일이 있었을까 싶었다. 다른 그 어떤 생각보다도 '두려움'이 다시금 덮쳐왔다. 앞으로 1년만 있으면 의사면허를 받고 의사가 되어 정말 아픈 여러 환자들을 보아야 할 텐데 내가 잘 할 수 있을까 두려웠고 그간 공부를 열심히 하지 않은 내 자신이 너무도 후회스러웠다.

이역만리 타국의 공중에서 겪은 이 에피소드는 귀국 후 나의 여행담을 얘기할 때 빠지지 않는 내용이 되었다. 그리고 그 이야기의 끝은 항상 앞으로는 공부를 열심히 해야겠다는 다짐이 되었다. 앞으로 의사가 된 후에도 무수히 두려운 많은 순간들을 만나게 될 것이란 사실이 피부로 느껴졌다. 하지만 앞으로는 나의 무지가 다시금 예기치 못한 상황에서 아픈 사람을 만났을 때 내 발목을 잡고 내 입을 막는 일이 다시는 생기지 말아야 한다. 그리고 기내에서 아저씨가 무사하다는 이야기를 듣기까지 나를 눌러왔던 그 공포감도 다시는 느끼고 싶지 않기에 조금이라도 덜 멍청한 의사가 되도록 노력해야겠다. 창피하고 뒤로 숨는 의사가 되지 않도록 말이다.

동상

너구리

박현진

한양대학교 의학전문대학원 2학년

　분말스프는 물이 끓기 전에 넣는다. 끓은 뒤에 넣으면 물이 확 넘쳐 가스 불을 덮치므로. 말린 해초와 채소가 들어 있는 후레이크 스프도 같이 찢어 털어 넣는다. 공장의 기름 속에 한 번 몸을 담가 딱딱해진 면은, 물이 한소끔 끓으면 넣는다. 각자의 방법이 있겠지만 나는 여기서 후드를 켜고 뚜껑을 열어 놓는다. 그렇게 4분이 지나간다.

　포르말린에 반쯤 절어 돌아오는 날이면 샤워를 하기도 전에 이렇게 라면을 끓인다. 피부를 걷어내고 신경을 박리하기를 수 시간, 저린 손을 쥐고 텅 빈 마음이 되어 돌아올 때쯤이면 입맛은 없지만 뭔가를 먹어야 할 것 같은 마음에 휩싸이는 것이다. 포셉을 우겨넣고 혈관을 끊었던 어떤 이의 숨 없는 몸이, 한때는 나처럼 숨 쉬고 웃고 울고 화내고 슬퍼하던 누군가의 몸임을 떠올리면, 평소에는 그러려니 하다가도 때때로 견딜 수 없는 기분이 되어, 꼭 같은 라면을 끓인다. 해부실습실에서 집에 오는 동안 뭔가를 잃어버렸다는 느낌으로.

조금 우습다는 건 알지만 그래도 나는 어른의 말, 이라는 게 있다고 믿는다. 사람마다 제가끔 낱말과 정의가 다른 어른의 말 사전을 하나씩 가지고 있을 테다. 보통 처음으로 이 사전에 올라가는 건 '섹'으로 시작하거나 '지'로 끝나는 두 글자의, 어린 아이의 입에 담기에는 낯뜨거운 낱말들이다. 공중파 방송에서 통편집을 당하는 그런 낱말을 제하면 내 사전의 첫 페이지에 있는 말은 다름 아닌 상실이었다.

상실이라고 하니까 거창해 보일 수도 있지만 갓 중학생이 된 내가 떠올리던 상실은 굉장히 가소로운 것이었다. 상실이라는 낱말이 가닿은 곳은 숟가락 빠진 더블 비앙코, 롯데 껌 봉지의 세 잎 클로버, 스티커 없는 빵, 구겨진 5.25인치 디스켓 같은 것들이었다. 하긴 《과학동아》 같은 걸 읽던 너절한 중학생이 상실의 감정을 안다는 것도 조금 이상한 일이긴 하다. 어쨌거나 그 낱말에서 내려온 동아줄의 끝에는, 왠지 모르게 '너구리'의 다시마가 있었다.

그래, 고작 '너구리'라니 나도 낯간지럽다. 그렇지만 그 순간만큼은 정말로, 정말로 다시마가 중요했다. 원래는 하나였을 것이 두 개라서 문제였다. 공장의 컨베이어 벨트를 따라 면과 스프 두 개와 다시마가 떨어진 뒤 포장된 나는 설 까맣게 몰랐던 그때, 내 손에 떨어진 두 개의 다시마는 곧 누군가의 '너구리'에 다시마가 없다는 것을 뜻했다. 아, 어딘가의 어떤 대머리 아저씨는 오늘 다시마 없는 '너구리'를 먹겠구나. 그리고 그 말은 곧, 언제 어디선가 나 또한 다시마 없는 '너구리'를 만난다는 암시이기도 했다. ㄱ자로 갈라진 '쌍쌍바'처럼, 캔 따개 꼭다리만 쏙 빠진 콜라처럼.

그랬던 까닭에 엄마, 아빠를 떠나 혼자 도시의 고등학교로 가기 전의 나는, '너구리'를 먹을 때마다 다시마의 개수로 그날의 운을 점치곤 했다. 다시마가 두 개 나오는 날이 생각보다 많았기 때문이다. 공정 문제로 다시마 값을 공연히 더 쓰는 라면 제조사를 걱정하지는 않았다. 그저 '아니, 내가 어떻게 운이 이렇게 좋을 수 있을까' 하는 생각뿐이었다. 그 뒤로 다시마 하나는 평범한 날, 다시마 두 개는 운이 좋은 날을 예고했다. 당해본 적은 없지만 다시마가 없는 날은 불운을 예고했기에 나는 라면 봉지의 뒤통수를 뜯기 전 마음의 준비를 해야 했다. 한 번도 다시마의 개수와 그날의 운이 겹쳤던 적이 없음에도 불구하고 어린 시절의 나는 그렇게 믿었다. 그날의 운세를 '너구리'에 반영하는 알 수 없는 힘이 정말로 있었다면 그 시절 내가 먹었던 너구리에는 다시마커녕 분말스프조차 안 들어 있었을 텐데도.

시간이 지나 '너구리'에는 다시마가 안 들어갈 수 없음을 깨달은 뒤에도 나는 늘 다시마가 하나 더 나오면 마음속으로 작게 환호했다. 엄마, 아빠의 호칭이 어머니, 아버지가 되고 다시 할아버지, 할머니가 되는 그 짧지 않은 시간 동안 내가 비운 수십 수백 봉의 '너구리'는, 어떤 순간에는 피폐한 마음으로 혼자 차려먹는 한 끼의 사료이기도 했고, 또 어떤 순간에는 '츤츤'거리는 늙은 아버지를 위한 나의 '데레데레'이기도 했고, 또 다른 순간에는 사랑하는 사람과 함께 먹는 그날의 소중한 양식이기도 했다. 그 시간들을 거쳐 오면서 '너구리'가 매달려 있던 '어른의 말'은 시옷으로 시작하는 상실이라는 명사에서 기역(ㄱ)이 초성인 동사로 옮아갔다. 그래서 늦은 밤 허기를 못 이기고 '너구리'를 끓일 때면 가끔 그 낱말의 시제를 과거형으로 바꾸어

중얼거렸다. 이 자식, 오늘도 잘 견뎠다.

 한때 목숨을 걸다시피 했던 다시마의 뜻이 변했듯, 우리가 지닌 모든 것은 결국은 형태를 바꾸다 끝내는 사라진다. 사랑도, 슬픔도, 불안도, 순간의 마음도, 피가 돌고 숨이 붙은 몸도 언젠가는 놓아야 한다. 그러나 동시에 우리는 순간 속에서만 살 수 있다. 시간이 흘러도 잊히지 않는 강렬한 기억을 추진제 삼아, 검고 어두운 별들 사이의 바다를 유영하는 위성처럼 앞으로 나아갈 힘을 얻는 것이다. 그리하여, 이제 나는 '너구리'에 다시마가 없으리라는 막연한 불안에 시달리지 않는다. 다만 내가 알지 못하는 과거의 세계에서 온 행운이라는 녀석이 있어, 아주 가끔은 손바닥에 한 장의 다시마를 더 얹어줄 것임을 안다. 또한 누구도 알 수 없는 그날의 운세를 점치지는 않고, 그저 가끔 신발장이나 책상 밑에 들어가 울고 싶을 때면 다시마 하나 정도의 행운이 남아있으면 좋겠다는 기분으로 라면 봉지를 뜯는다. 아무 날도 아닌 날에 종종 멀리 있는 것들을 생각하듯, '고작 다시마'였지만 '무려 다시마' 씩이나 되던, 그 시절 '너구리'의 다시마를 떠올리며.